JN099276

公認心理師
スタンダード
テキストシリーズ

23

［監修］
下山晴彦・佐藤隆夫・本郷一夫
［編著］
伊藤直文・岡田裕子・下山晴彦

関係行政論

ミネルヴァ書房

● 監修者のことば

　多様化する社会のなかで，「心」をめぐるさまざまな問題が注目されている今日において，心の健康は誰にとっても重要なテーマです。心理職の国家資格である公認心理師は，まさにこの国民の心の健康の保持増進に寄与するための専門職です。公認心理師になるためには，心理学に関する専門知識および技術をもっていることが前提となります。

　本シリーズは，公認心理師に関心をもち，これから心理学を学び，心理学の視点をもって実践の場で活躍することを目指すみなさんのために企画されたものです。「見やすく・わかりやすく・使いやすく」「現場に出てからも役立つ」をコンセプトに全23巻からなる新シリーズです。いずれの巻も広範な心理学のエッセンスを押さえ，またその面白さが味わえるテキストとなっています。具体的には，次のような特徴があります。

① 心理学初学者を対象にした，学ぶ意欲を高め，しっかり学べるように豊富な図表と側注（「語句説明」など）で，要点をつかみやすく，見やすいレイアウトになっている。
② 授業後の個別学習に役立つように，書き込めて自分のノートとしても活用でき，自分で考えることができるための工夫がされている。
③「公認心理師」を目指す人を読者対象とするため，基礎理論の修得とともに「臨床的視点」を大切にした目次構成となっている。
④ 公認心理師試験の準備に役立つだけでなく，資格をとって実践の場で活躍するまで活用できる専門的内容も盛り込まれている。

　このように本シリーズは，心理学の基盤となる知識と臨床的視点をわかりやすく，学びやすく盛り込んだ総合的テキストとなっています。心の健康に関心をもち，心理学を学びたいと思っているみなさん，そして公認心理師を目指すみなさんに広くご利用いただけることを祈っております。

下山晴彦・佐藤隆夫・本郷一夫

編著者まえがき

　公認心理師養成課程の科目の中で，おそらくもっとも「違和感」「苦手感」をもって受け止められるのが，「関係行政論」ではないでしょうか。

　長い間，心理臨床の世界は，1対1のやりとりの中でデリケートな心の綾を読み取り，働きかけるという心理療法，カウンセリング・モデルを基盤にすえてきました。20世紀後半からは，グループアプローチやコミュニティアプローチの考え方も有力になってきてはいましたが，現在でもやはり臨床心理学教育の基本に，1対1モデルに基づく，個人心理の理解と関わりが置かれている点は，あまり変化がないように見えます。もちろん，そこには，個々人の心の世界を尊重するところから出発する心理臨床にとって本質的に重要な意味があります。しかし，実際の事例に関わる際には，クライエントを取り巻く現実世界の重要性も軽く見るわけにはいきません。社会的マジョリティの人々にとっては，法律や行政のしくみと軋轢を起こすことはまずなく，それらは当たり前の日常を支えるものとして意識さえされないことが多いでしょう。しかし，何らかの困難を抱え，「当たり前」をいったん失うと，嫌でも法律や行政というものを意識せざるを得ないものなのです。障害を負い，貧困に陥れば福祉制度を，病気になれば医療制度を，不登校になれば学校というしくみを強く意識せざるをえません。心理支援者は，そうした方たちの現実にともに向き合うことになるのです。クライエントの状況を理解し，心に寄り添うためにも，彼，彼女の置かれている社会的現実を理解していることは必要です。

　こんなふうに考えれば，法律や行政のしくみというものが決して心理支援と関わりのないものではなく，むしろ重要な知識の柱であることがわかるでしょう。

　このテキストを編むにあたって，一定の部分を法律家にお願いするという選択もあったのですが，今回は敢えてすべての章を，各領域の心理専門職の方に執筆をお願いしました。皆さんの先輩である執筆者たちも，みな，それぞれの領域で，良い仕事をするために自分で「関係行政論」を学んでいることを感じとっていただきたいと思います。

　このようにいくら科目の意義を強調されても，やはり，とっつきにくいものはとっつきにくいし，難しいものは難しいでしょう。まずは通読して全体像だけ把握するのでも良いと思います。そのうえで，今後心理支援の諸課題を学ぶ中で，その課題について法的，行政的視点から眺めるためにこのテキストを再度参照していただけると嬉しいです。

　そして，法律には，常に法改正の可能性があることも知っておいてください。各章の内容は執筆段階で最新の情報に基づき，各領域の法律や制度の本質が理解できるように書いていただいていますが，みなさんが本書を手にとるときには改正されていることがあります。情報は，ニュースなどで常に流れていますので，自分が関心をもった領域について，知識をアップデートしていっていただきたいと思います。

　そうした作業をすることで，よりいっそう多面的でリアルな事例理解ができることに気づいていただけるでしょう。

　　2023年2月

編者を代表して　伊 藤 直 文

目 次

◖⟨⟨　　本書の使い方　　⟩⟩◗

❶ まず，**各章の冒頭にある導入文（この章で学ぶこと）**を読み，章の概要を理解しましょう。

❷ 本文横には書き込みやすいよう罫線が引いてあります。気になったことなどを自分なりに書き込んでみましょう。また，下記の項目についてもチェックしてみましょう。

　・**語句説明**……重要語句に関する説明が記載されています。

　・**プラスα**……本文で解説している内容に加えて，発展的な学習に必要な項目が解説されています。

　・**参照**……本文の内容と関連するほかの章が示されています。

❸ 本文を読み終わったら章末の「**考えてみよう**」を確認しましょう。

　・**考えてみよう**……この章に関連して調べたり，考えたりするためのテーマが提示されています。

❹ 最後に「**本章のキーワードのまとめ**」を確認しましょう。ここで紹介されているキーワードはいずれも本文で取りあげられているものです。本文を振り返りながら復習してみましょう。

公認心理師
スタンダードテキストシリーズ

関係行政論

臨床の視点

　「『関係行政論』ってなんだ？」というのが，ほとんどの方の正直な第一印象ではないでしょうか。公認心理師の勉強をするのに科目名に「心理」もついていないなんて。
　でも，これは心理支援の仕事が国家資格になったことの必然なのです。「国民の心の健康の保持増進に寄与する」ために設けられた公認心理師の仕事は，人々が生活する現実社会をしっかりと認識したうえで，こころの問題に対処することを求められています。人の心は尊重され守られなければなりませんが，同時に心は現実社会の中で活かされ，満たされることで幸せを感じるものです。心理支援が，人の心と現実の幸せな出会いを助けるものであるために，支援者となる人は，この科目の学修を通して，現実社会のしくみやその法的根拠についても十分に学んでいただきたいと思います。

第 1 章

公認心理師と法律

> この章では，「関係行政論」の導入として，心理支援の場で生じ得る事例を例示したうえで，制度や法律の知識の必要性について①公認心理師の役割を自覚するために，②連携する他職種，他機関の役割，権限を理解するために，③心理支援の営みの法的意味を自覚するために，④法的役割を果たすために，⑤多面的で深くリアルなケース理解を可能にするために，に分けてそれぞれで概説していきたいと思います。

1 | はじめに：法や制度を知る必要性

事例 要保護児童対策地域協議会への出席を求められて

　スクールカウンセラーとして勤める小学校で関わっている 6 年生の男子児童がいます。低学年のころは目立たない児童でしたが，忘れ物が多く，学習に必要なものが用意されていないことなどで折々に話題に上っていたそうです。5 年生の後半から他児童とのトラブルや教師への反抗的態度が目立つようになり，非行傾向のある中学生との交際や夜遊びなど生活の乱れが背景にあるとみられています。母ひとり親家庭の一人っ子で，昼夜働いている母親と学校の意思疎通も不十分です。他方で本人はスクールカウンセラーのところにはよく顔を出し，「疲れた」「眠い」「腹が減った」「勉強がわからない」などとこぼして甘えた態度です。母親とも一回だけ面接ができましたが，学校の尽力には感謝する一方で，「生きていくだけで精一杯」「本人も 6 年生だし，わかっているはず」などと言うばかりです。

　そうしたなか，仲間の中学生と一緒に，万引きや自転車窃盗をして捕まり児童相談所に通告されたことと，地域の児童委員からも虐待疑い（ネグレクト）の通報がされたことから，**要保護児童対策地域協議会***のもと個別ケース検討会議が開かれることになりました。

　児童相談所の児童福祉司，児童委員，地域警察少年課，学校に声がかかり，担任とともにスクールカウンセラーにも出席するよう学校長から指示がありました。しかし，経験が浅いのでこれがどのような会議なのか，他の出席者やそれぞれの機関の役割もよくわからず，どういう姿勢で出席し

語句説明

要保護児童対策地域協議会

2004（平成 16）年の児童福祉法の改正によって，被虐待児童等に対応する市町村の体制を強化するため，関係機関が連携して設置を図る地域ネットワークのこと。実務上は，「要対協」と略して呼ばれることが多い。

> たらよいのかわからず困ってしまいました。

　誰しも経験が浅いときには，さまざまな場面で戸惑うことは多いでしょう。大学，大学院で身につけてきた心理臨床のスキルも十分とはいえない段階で，心理支援に関わりの深い諸制度や法律の概略を知らないと，社会的役割を求められる場面で心細さが何倍にも増幅してしまいます。ここでは，教育領域での架空事例をあげましたが，司法はいうまでもなく，医療，福祉，産業など，どの領域でも同様に起きることです。

　公認心理師という心理職の国家資格ができて，その養成教育において最も強化されたものの一つがこの制度，法律に関わる学びであるといってよいでしょう。実際には，実務についた後に必要に迫られつつ，調べ，学んでいく部分が大きいと考えられますが，ここでは，そもそもこれらの知識がなぜ大切なのかを理解してもらいたいと思います。

2 ｜ 公認心理師の役割を自覚するために

　まず何よりも，公認心理師法に基づいて公認心理師の社会的役割を自覚する必要があります。このあたりは，『公認心理師の職責』の巻で詳述されているので，ここでは要点のみ記します。

1 公認心理師の仕事

　公認心理師法の第 1 条には，「この法律は，公認心理師の資格を定めて，その業務の適正を図り，もって国民の心の健康の保持増進に寄与することを目的とする」と書かれています。ここで「国民」とされているのは，目の前の要支援者や関係者だけでなく「国民」全体を視野に入れた活動が公認心理師に期待されていることを意味しており，「心の健康の保持増進」とあるのは，悩みの解決や障害の軽減だけでなく，幅広い勤労者，学生などをも含む心の健康の総体的な増進への寄与が求められていることを示しています。従来の心理職の学びの核となっていたカウンセリング，心理療法のモデルよりも幅広い活動が期待されているといえましょう。

　これらの役割を果たすために，第 2 条に記されている①要支援者の心理状態の観察，分析，②要支援者への相談，助言，指導などの援助，③要支援者の関係者に対する相談，助言，指導などの援助，④心の健康に関する知識普及のための教育及び情報の提供，を行うのです。

　公認心理師となるための資格要件（欠格事由）もこの法律で厳格に定められ，

プラスα
公認心理師法
公認心理師の資格や役割，責務を定めた法律。2015（平成 27）年 9 月16日に公布。

語句説明
信用失墜行為
公務員や資格職種において，その職の信用を傷つけ，職全体の不名誉になるような行為のこと。法律や倫理規程によって禁じられ，処分対象となることがある。

公認心理師の義務として①**信用失墜行為**[*]の禁止（第40条），②秘密保持義務（第41条），③他職種との連携等（第42条），④資質向上の責務（第43条）などが明文規定されています。秘密保持義務については，1年以下の懲役又は30万円以下の罰金という罰則（第46条）が定められています。

2 公認心理師資格の法的性格

　公認心理師でない者が，公認心理師の名称を使用すると30万円以下の罰金の対象となりますが（第44条），これは公認心理師が「名称独占」の資格だからです。名称独占は，投薬や手術などの行為（医行為）を医師でない者は行えないという「業務独占」とは異なります。心理職が行う相談，助言などは，親や教師，友人なども行いますが，これらを専門家としての「信用」のもと，業務として行うには公認心理師の名称が必要なのです。このように考えると，この名称と専門性への信用，信頼というものは，それを名乗る人たちの努力によって絶えず保持，発展させていかなければならない性質のものであることが理解されるでしょう。

　もう一つの大切なポイントは，第42条の他職種との連携の第2項に定められている（要支援者に）「当該支援に係る主治の医師があるときは，その指示を受けなければならない」という部分です。「病院，クリニックで働いていて医師の指示を受けるのは理解できるけれども，学校や福祉施設で仕事をしている場合に医師の指示というのはどういうことだろう」と疑問をもつ人も少なくないでしょう。これについては，通知によって別に運用基準が定められていますが，その内容は公認心理師の専門的自立性を尊重しながらも，要支援者の利益と安全のためにより強い連携が求められていると理解できます。

　この医師と非医師の専門職との法的関係には，大きく3水準あると考えられます。以下に，この関係を概念図で示しておきます（図1-1）。

　第一は，「診療補助職」というあり方です。これは医師が行う医行為のなかで補助的なものを他職種に任せるというもので，看護師らの仕事を定めた**「保健師助産師看護師法」**[*]（保助看法と略す）に包括的に定められています。極論をいえば，医療は医師と看護師等だけで成り立つのですが，実際の医療現場は専門分化が進み，診療放射線技師，臨床検査技師，理学療法士，作業療法士など，さまざまな国家資格の専門家が仕事をしています。これらの資格は，実はすべて

語句説明
保健師助産師看護師法
疾病者，じょく婦の療養看護や診療の補助にあたる保健師，助産師，看護師の業務を定めた法律。

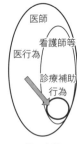

図1-1　非医師と医師との関係

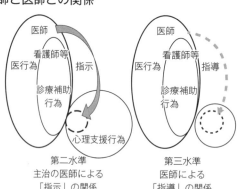

第一水準
保助看法の一部解除
による診療補助
〈診療放射線技師等〉

第二水準
主治の医師による
「指示」の関係
〈公認心理師〉

第三水準
医師による
「指導」の関係
〈精神保健福祉士〉

保助看法の「一部解除」によって，それぞれの専門家に任されているもので，法的には看護師の仕事，さらには医師の仕事の一部を割いて任されているという性質なので，その一体性は最も大きいものです。

　他方，公認心理師とも関わりの深い精神保健福祉士は，**精神保健福祉士法**で，「地域相談支援（中略）の利用に関する相談その他の社会復帰に関する相談に応じ，助言，指導，日常生活への適応のために必要な訓練その他の援助を行う」（第2条）専門職とされていますが，主治の医師との関係は「指導」となっています。これがいわば第三の水準で，医師からの独立性はかなり高いといえます。

　さて，公認心理師の場合は，医療以外の広い領域で仕事をすることもあって，診療補助職としては位置づけられておらず，医師からの独立性は高い一方で，主治医がある場合の医師との連携においては「指導」よりもより拘束力の強い「指示」が必要とされているので，丁度中間の第二水準にあたるといえましょう。

　このことを，「医師の言うことを聞かなくてはならない」と否定的に受け止める向きもあるようですが，むしろ医師の行う「医行為＝診療」にも影響を与え得るデリケートかつ重大な業務であるからこそ，より強い連携と責任性が求められ，第三者（医師）によるチェックも必要とされているのだと考えたほうが，心理職が社会的責任を自覚しつつ仕事をしていくうえで生産的な態度ではないかと思います。実際，要支援者が自殺を考えていたり，過量服薬や服薬停止がみられたり，不眠，摂食異常や大きな体調の変動があったり，あるいは，要支援者の訴えの背後に病理的な異変が疑われるような場合で，要支援者に主治医があることがわかっているにもかかわらず，主治医に連絡をとって必要な指示を受けないままに支援を継続することは，きわめて怠慢で危険な態度です。心理職は，「自分こそが最も対象者の心の近くにいるのだ」という心意気は大切にしなければなりませんが，それが「自分だけが理解者なのだ」という独善にならないように常に第三者からの視点を大切にすることが必要です。

　図では十分に表現しきれていませんが，公認心理師養成カリキュラムにも明記されているように，公認心理師の活動範囲は医療領域以外に，教育，福祉，司法，産業など，基本的に医師の指導に関わらない非常に幅広い領域にわたります。それらの領域においても，他職種との連携を保ちながら，責任感をもって専門性を発揮できなければなりません。

3　公認心理師法制定の経緯

　法律は，立法機関である国会でつくられるものですが，一つの法律ができるまでには，社会的必要性の評価，さまざまな関係者の利害調整，他の法律，制度との整合性の確保などさまざまな条件をクリアすることが必要です。公認心理師法もそうした長い歴史を経て，多くの関係者の努力によって成立したことを知っておきたいものです。こうした経緯を知ることで公認心理師の社会的責

語句説明

精神保健福祉士法
精神保健福祉士の業務の適正を図り，精神保健の向上及び精神障害者の福祉の増進に寄与することを目的とする法律。

プラスα

医行為
治療行為のなかで，医師のもつ専門的知識と技能がなければ，人の心身を害するような行為を指す。

| 表1-1 | 公認心理師法が成立するまで |

黎明期	＜第二次世界大戦後　わが国臨床心理学の誕生＞ 1951～1953年　日本応用心理学会が「指導教諭（カウンセラー）設置に関する建議案」国会提出・採択 1963年　日本心理学会，日本応用心理学会等17団体が「心理技術者資格認定機関設置準備協議会」開催 1966年　日本臨床心理学会（1964年設立）が「心理技術者資格認定機関設立準備会最終報告」提出
混迷期	1960年代後半　当時の全共闘運動と呼応した大学教育体制批判，精神科医療体制への批判が臨床心理学に 　　も及び，日本臨床心理学会は1969年から正常な学会大会が開催不可能に。1971年理事会崩壊 　　この間も，日本臨床心理学会を離れた資格推進派は各地で地域学会，研究会を開催し続けた 1979年　第1回「心理臨床家の集い」開催（1981年の第3回まで継続）
発展期	1982年　日本心理臨床学会設立（心理臨床家の集いの成果を基礎に） 1988年　**日本臨床心理士資格認定協会**設立（16学会協賛，文部省，厚生省，精神科病院協会等協力） 　　　　臨床心理士の認定開始 1989年　日本臨床心理士会の設立　　臨床心理専門職の職能団体 1990年　厚生省（当時）で「臨床心理技術者業務資格制度検討会」開始 1996年　厚生科学研究「臨床心理技術者の資格のあり方に関する研究」として継続（2002年まで） 2001年　日本臨床心理士養成大学院協議会発足　養成大学院のネットワーク
対立・収斂期	2005年　臨床心理士と医療心理士の「2資格1法案」を議員立法として提案（廃案に） 　　　　背景には，心理職の資格として，臨床心理士（大学院修了）をモデルとする「臨床心理職国家 　　　　　資格推進連絡協議会」（推進連）と学部卒の医療領域限定の医療心理師をつくろうとする「医療 　　　　　心理師国家資格制度推進協議会」（推進協）の深刻な対立があった 2008年　「日本心理学諸学会連合」（日心連）が国家資格化を目指す決定 　　　　推進連，推進協，日心連の3団体会談が頻繁に開かれ，関係団体とも接触 2011年10月　「三団体要望書」を作成，約700名の国会議員に送付　　国家資格化が進み始める 2013年　一般財団法人日本心理研修センター設立
結実期	2015年9月9日　公認心理師法案が議員立法により提出され成立 2016年4月　　指定試験機関として日本心理研修センターが指定される 2017年9月15日　公認心理師法施行　　同11月　日本心理研修センターが指定登録機関に指定される 2018年9月9日　第1回公認心理師試験（合格者　28,574人）

出所：野島（2018）を参考に要点のみまとめた

プラスα

日本臨床心理士資格認定協会
臨床心理士の資格試験，管理を行っている公益法人。

任もより深く理解できることでしょう。

　ここでは，この法律が成立するまでの歴史のごくごく概略を，野島（2019）の記述に基づいて一覧にしておきますので，参考にしてください（表1-1）。

3 連携する他職種，他機関の役割，権限を理解するために

　私たちが，要支援者を通して他機関の仕事に触れる場合，他機関での関わりがうまくいかずに自分の場に回ってくることが少なくないために，どうしても他機関の限界や不手際が目につきやすい傾向があります。そのようなわけで，ともすると他機関や他職種を批判的にみてしまいがちで，これはとりわけ経験が浅いうちに強い傾向のように思われます。

　しかし，支援者の他機関，他職種へのネガティブな見方が，要支援者にとっ

てプラスに働くことはまずありません。私たちに必要なことは，他機関，他職種の役割，仕組み，法的制約などをよく知ったうえで，それとは異なる自分の立場で何をなし得るのか，自分がこれまでの支援にどのような肯定的なものをつけ加えることができるのかを考えることでしょう。

　筆者が家庭裁判所に勤務していたころ，非行の背景に深刻な虐待が疑われる事例の扱いをめぐって，家庭裁判所と児童相談所の担当者の間にかなり感情的なやりとりが生じてしまったケースを目の当たりにしたことがあります。双方とも熱心な担当者だったのですが，家庭裁判所側は，児童相談所の担当者が必要な手続きを理解せず，やるべきことをしないので事が進まないと考え，児童相談所の担当者は，事態は急を要するのに家庭裁判所のほうが融通の効かないことを言うと感じていたようです。実際は，それぞれの機関にはそれぞれの機関が果たさなければならない役割や手続きがあるためなのですが，ことケースを挟むと熱心さのあまり感情的になることさえ起きるのです。このようなことがあって，その後，中堅の家庭裁判所調査官*と児童相談所の児童福祉司*で非公式の勉強会を開くようになり，お互いの活動の法的，制度的根拠への理解が深まり，その地域では格段に仕事がしやすくなりました。

　家庭裁判所と児童相談所という，とりわけ権限が強く，法的な枠組みが明確な機関の例をあげましたが，こうした他機関に対する無理解に基づく仕事上の困難は，学校をはじめとする教育機関との間でも福祉機関や医療機関との間でも起きます。特に，各種手続きに関わる必要書類や期限，決済権限の所在，秘密保持をめぐる考え方や手続き等については，機関ごとの事情も感覚も違うので，他機関の根拠規定や制度をある程度知っていることが大切です。

4 ｜ 心理支援の営みの法的意味を自覚する

　心理支援の一つの典型として，カウンセリング関係がありますが，こうした関わり自体が法的意味をもっていることも自覚しておきたいものです。

　支援を求める人（クライエント）がいて，心理職が相談を受ける場合，その心理職は，まず自分がクライエントの要望に応えることができるのかを判断し，自分はどのようなことができるのかの概略を相手に伝えて，クライエントの意向を確認します。カウンセリング実施に合意が得られた場合には，守秘義務をめぐる事項や料金，時間，頻度，面接場所などを十分に理解してもらったうえで，心理学用語としての「面接契約」を行います。

　この面接契約は，それが書面による場合でも口頭のみの場合でも，民法上の「契約」の一形態である「準委任契約」（民法第 656 条。法律行為に関わる委託で

語句説明
家庭裁判所調査官
家庭裁判所に勤める国家公務員資格職種。心理学，社会学などの人間関係諸科学を修めた者が就き，少年非行や家庭問題で当事者に直接会って調査する。

児童福祉司
児童相談所のなかで地域を担当して，虐待などの要保護児童，教護児童の対応にあたる第一線の地方公務員資格職種。

ある第643条の「委任契約」に準ずるもので，委任契約の各条文が準用される）に相当すると考えられます。これは，一方が他方に一定の行為の提供を求め（委託し），他方がこれを承諾することによって成立するもので，ここでいう「一定の行為」こそが，心理職が心理職のもつ専門性に基づいて面接をすることに当たります。

　ところで，委任・準委任契約は，たとえば代金を貰って家を建てる場合のような「請負契約」とは違い，結果を約束するものではありませんから，カウンセリングの結果，期待した改善が得られなかったとしても，直ちに契約違反とはいえません。この点について，民法第644条は「受任者は，委任の本旨に従い，善良な管理者の注意をもって，委任事務を処理する義務を負う」としています。これは「善管注意義務」と呼ばれるものですが，「受任者＝債務者の職業・地位・知識等において一般的に要求される平均人の注意義務を指す点で抽象的であるが，しかし各具体的場合の取引の通念に従い相当と認むべき人がなすべき注意の程度をいう」（中川，1989；アンダーラインは筆者）とされます。つまり，抽象的な一般人の注意義務ではなく，個々の具体的な状況における受任者（医師，教師など）の能力，専門性に即した注意義務が想定されているものです。医療過誤の裁判などでみられる「現在の医療水準に照らして」といった言い回しは，その領域の専門家であれば，現時点で基本的にもっていなければならない，知識・技能に基づいた注意義務を指しているのです。中川（1989）は，さらに続けて「委任事務の各分野における高度の職業的分化や各種無名契約の出現と競争，あるいは学問や技術や研究の進歩にともなって，注意義務の専門的高度化は不断に進行する」とも指摘しています。

　こう考えると，カウンセリングの場合は，クライエントの期待に添って，問題解決，改善に向けた「専門的」能力と技能を提供する契約ということになるので，それを十分に提供しないことは，カウンセラーが，専門家として当然身につけていなければならない標準的な知識，能力に基づいて十分な注意を払いながらカウンセリングをしなかった（できなかった）ことになり，契約違反に問われる可能性があることを知っておかなければなりません。また，これは詳述しませんが，クライエントの秘密を漏らすなど不適切な関わりがあった場合には，公認心理師法に則って刑事罰が科されるだけでなく，不法行為による**民事上の損害賠償責任**（民法第709条）が問われる可能性もあります。

　以上は，1対1のカウンセリング契約を想定した議論ですが，ますます複雑化する心理支援の場面のそれぞれにおいて，要支援者側の期待，要請と支援者側の承諾（契約）がどのようになされているか，なされなければならないかを具体的かつ慎重に考えていく必要があります。その際，委任契約の本質が「信任」にあることを考えれば，どのような場であれ，要支援者との間にいかに信頼関係を形成するか，そして，信任に応える「誠実性」を持続的にもち得てい

プラスα

無名契約

売買契約，賃貸借契約，請負契約，委任契約など13種の典型契約（有名契約）以外の契約。

プラスα

民事賠償責任

「契約不履行」「不法行為による損害賠償」がある。

るかが，事を左右することを自覚すべきでしょう。これは，名称独占資格である公認心理師が，その信頼・信用を日々の営みのなかで確立していくうえでも最重要なことに違いありません。

5 | 法的な役割を果たすために

近年，司法のなかで心理専門職の役割が求められる場面は確実に増えており，公認心理師資格ができたことで，期待はさらに高まるものと考えられます。

現状では大多数の心理職は関わることがありませんが，刑事事件裁判において刑事訴訟法第165条に基づく刑事心理鑑定（情状鑑定）の活用に関心が高まりつつあります。これは，精神科医により被告人の責任能力に注目して行われる「**精神鑑定**[*]」とは異なるもので，被告人の生い立ちや人間関係，環境，性格傾向などを詳細に把握することを通して，犯罪に至る背景事情や動機などを描き出し，犯罪の「意味」を明らかにしようとするものです。少年事件においては，家庭裁判所調査官による調査がそうした役割を担っていますが，成人の場合，裁判の対象が「人」ではなく「犯罪行為」なので，これまではあまり注目されることがありませんでした。しかし，裁判員裁判が導入されるなかで，「なぜ被告人はそのような犯罪をするに至ったか」という問いへの答えがより強く求められるようになり，刑事心理鑑定への関心は高まっています（橋本, 2019）。

また，これほど直接的な関与でなくても，司法手続きに関連して，心理専門職が証言や意見を求められる機会も増えているようです。離婚をめぐる調停事件・訴訟事件で，一方の当事者や夫婦間の子どもが心理支援を受けていたときに，弁護士から意見書提出を求められたり，裁判所から関係資料の提出を求められたりすることは珍しいことではありません。

弁護士から求められた意見提出に応じるか否かは基本自由ですが，調停・訴訟に関わる意見提出について，一方の当事者の代理人である弁護士の話だけに基づいて，それに応じることが適切であるのか，どのように利用される可能性があるのかといったリスク判断を行うのは相当に困難な作業です。慎重に考え，こうしたことに詳しい第三者（経験ある臨床家や弁護士）に相談することが必要です。筆者の関わった事例でも，他機関のカウンセラーが一方の当事者の話だけに基づいて，会ったこともない他方の当事者の性向にまで踏み込んだ意見書を書いているのを知って，非常に驚いたことがあります。

裁判所からの要請は，民事ですと民事訴訟法第226条に基づく「文書送付の嘱託」か，同じく第221条の申立に基づく「文書提出命令」（第223条）です。「嘱託」の場合は，命令ではないので，提出の適切性について十分に検討

語句説明

精神鑑定
司法精神鑑定を指す。狭義には刑事精神鑑定と民事精神鑑定，広義には，精神保健福祉法に基づく精神保健鑑定を含む3種がある。刑事事件で犯罪行為への責任能力があるか否かを判定する刑事精神鑑定が最も知られる。

し，嘱託の趣旨が不明瞭な場合には，担当の裁判所書記官に質問するなどして，判断することが大切です。「命令」の場合は，たとえば第220条2項に該当する請求者本人のカルテ，事例記録などのような場合は拒むことができませんが，これも疑問がある場合は，経験や知識のある人に相談することが大切です。

　少なくとも，司法機関から頼まれたからと安易に応じるのではなく，応じた場合に考えられる利益と懸念されるリスクなどを幅広く考え，判断できる力が必要です。そのためには，法律条文まで細かく知っている必要はありませんが，「法的リスク」を感じとり相談できる程度の知識とセンスはもっていなければなりません。

6 ┃ 多面的で深くリアルなケース理解を可能にするために

　実際の支援の場に出ると，大学，大学院で心理学理論や技法を学んでいたころからは想像できないくらいに，さまざまな背景事情をもった人々と接するようになります。離婚や相続トラブル，犯罪や犯罪被害，虐待，DV，精神疾患による入院，自殺，自分や家族の障害，さまざまな事故，災害，医療事故，貧困と借金問題など，私たちの人生経験からはうかがい知れないような苦悩や深い悩みを抱えて生きている方たちがいかに多いことか。不適応や対人関係の不調などを初期の主訴として来談された方でも，カウンセリングの進行とともに，現時点，あるいは生い立ちのなかで，上述のような深刻な出来事によって傷つき，苦しめられてきたことが語られることは決して珍しくありません。そして，こうした深刻な問題は皆どこかで法律と関わりをもっています。

　私たちは，心理臨床の基本姿勢として「受容」「共感」を繰り返し聞かされますが，これらはリアリティに裏打ちされた，厚みのあるものでなければ，本当の意味で要支援者を支えるものにはなりません。その方たちが体験されたものを，ただ「大変だったのだろうな」という程度に想像するのと，そうした事態に陥った場合に具体的に直面せざるを得ない面倒な手続きややりとり，そのなかで感じるであろう孤独，焦燥や傷つきなどをリアルに想像しながら話を聞くのとでは，自ずと面接の深みは変わってきます。そのためには，多種多様な現実をリアルに想像ができることが欠かせません。社会制度，法律に関わる知識は，そうしたリアルな想像にも大いに役立つのです。

＊

　以上のような直接的に業務に関わることでなくても，私たちが「現実」を生きるうえで法律は重要な意味をもっています。

　私たち心理学を学ぶ者は，「心理的（内的）現実」を大切にし，尊重します

が，人の心に悩みや苦しみが生じるときには，個々人の「心理的現実」とその人が直面しなければならない「外的現実」との間に矛盾や対立が生じていることがほとんどです。そして，そのような意味での「外的現実」の大部分を占める「社会的現実」の土台こそが法律だといっても過言ではありません。

　たとえば，人の「死」は動かしがたい客観的なものにみえますが，医師の死亡診断（死体検案）の手続きによってはじめて社会的現実になります。通常の死亡診断は，瞳孔反射（脳機能）の消失，呼吸の停止，心臓の停止（3 徴候）によって判断されるもので，医師の判断と一般人の実感のずれはあまりないように思います。しかし，1997 年に成立した**臓器移植法**における「脳死」では，呼吸の停止，心臓の停止は必要とされず，脳幹を含む脳の全般的かつ不可逆的機能停止によって「死」と判定し，本人の生前の意思（2020 年の同法改正により，15 歳未満の子どもについては本人の同意がなくても家族の同意により判断）を根拠に臓器移植を可能にしたものです。ここでは，「死」という現実（事実）のあり方が，法律によって変容したといえるでしょう。

　新聞，テレビのニュースに接していると，毎日のように法律問題を目にします。近年大きく扱われたものに限っても，非嫡出子の相続分の変更，性同一性障害者の性別変更の規定，相続法（民法第 5 編）の改正，危険運転致死傷罪をはじめとするいくつかの刑罰の変更等によって，それぞれ私たちの暮らす社会の現実が変容してきているのです。おそらくこれからも，選択的夫婦別姓や同性婚の問題，自動車運転への AI 導入に伴う人の責任の問題，生殖医療の進歩に伴う親子の概念など，法律が定めなければならないことは多くあります。それによって，私たちの生きる「現実」は確実に変わっていくのです。

　法律問題に関心をもち，現在問題になっているトピックについて考えることは，人の生き方や価値観やさまざまなことを深く，広く考える契機になります。国家資格である公認心理師として仕事をし，私たちの仕事を社会のなかに位置づけ，大きな視野からとらえていくためにも法的視点はきわめて重要です。そのうえで，専門家の社会的責任として，望ましい社会のあり方について，現実的な提案ができるような存在になっていきたいものです。

考えてみよう

　あなたのこれまでの人生で出会った出来事で，法律に関わっているかもしれない事柄にはどのようなものがあるでしょう。

_____

_____

_____

プラス α

死亡診断
死亡宣告と同義。医師は，(1) 心肺拍動停止，(2) 呼吸停止，(3) 脳機能の停止，の「死の 3 徴候」を自ら確認して，宣告を行い，死亡診断書を作成する。これに基づいて戸籍法上の死亡届け出ができる。

語句説明

臓器移植法
1997（平成 9）年 10 月に成立。臓器移植とは，重い病気により心臓や肝臓などの臓器の機能が低下し，他の治療法がない場合に，臓器提供者の臓器を移植し，被提供者の健康を回復しようとする医療行為で，脳死の判定，提供者の生前の意思の確認など厳格な手続きを定めている。

本章のキーワードのまとめ

要保護児童対策地域協議会	2004（平成16）年の児童福祉法の改正によって，被虐待児童等に対応する市町村の体制を強化するため，関係機関が連携して設置を図る地域ネットワークのこと。実務上は，「要対協」と略して呼ばれることが多い。
信用失墜行為	公務員や資格職種において，その職の信用を傷つけ，職全体の不名誉になるような行為のこと。法律や倫理規程によって禁じられ，処分対象となることがある。
保健師助産師看護師法	疾病者，じょく婦の療養看護や診療の補助にあたる保健師，助産師，看護師の業務を定めた法律。
精神保健福祉士法	精神保健福祉士の業務の適正を図り，精神保健の向上及び精神障害者の福祉の増進に寄与することを目的とする法律。
日本臨床心理士資格認定協会	民間資格である臨床心理士に関わる認定試験の実施および資格の更新など管理に関する諸事業を実施している公益法人。
民事賠償責任	契約当事者がその契約に基づく債務を果たさない場合の「契約不履行」，他人の権利ないし利益を違法に侵害する行為である「不法行為」よって，民事上の損害賠償責任は生じる。
精神鑑定	司法精神鑑定を指す。狭義には刑事精神鑑定と民事精神鑑定があり，広義には精神保健福祉法に基づく精神保健鑑定を含む3種がある。刑事事件で犯罪行為への責任能力があるか否かを判定する刑事精神鑑定が最も知られる。
臓器移植法	1997（平成9）年10月に成立。臓器移植とは，重い病気により心臓や肝臓などの臓器の機能が低下し，他の治療法がない場合に，臓器提供者の臓器を移植し，被提供者の健康を回復しようとする医療行為で，脳死の判定，提供者の生前の意思の確認など厳格な手続きを定めている。

コラム01　専門職倫理と法律

「専門職倫理」とは

どんな職業にも特有の「倫理」観があり，職業人はそれによって自らを律し仕事に誇りをもてるわけですが，特に，専門職では，その「倫理」により高い水準と自覚が求められます。

「専門職とは何か」も難しい問題ですが，ここでは西島（1973）に従い，以下の5点に整理します。

① 業務の一般原理が確立しており，理論的知識に基づく技術を習得するのに長期間かつ高度の教育，訓練が必要である
② 免許（資格）制度がある
③ 職能団体が結成され，その団体に自律性が確保されている
④ 営利を第一目的にせず，公共の利益の促進を目標とする
⑤ プロフェッションとしての主体性，独立性を有する

さらに，それが専門的であるために教育訓練は（人任せにできず）その職域の成員が主導して行わなければならないこと，職能団体には倫理基準が策定され，専門職としてふさわしくない成員の退会処分を含む懲戒を自律的に行うこと，などが必然的なものとして派生します。

専門職は，社会からその存在と機能が認め（求め）られ，それゆえに一定の特権的地位（名称の独占，職業的優位性等）が与えられます。必然的に専門職は，専門的立場から公共の福祉に資する知見，活動を提供する責任も負うと考えるべきでしょう。

こう考えると「専門職能団体」は，社会から認知され信頼を維持し続けるために，教育訓練を通じて専門性の水準を維持し高める努力を続けるとともに，専門職としてふさわしくないメンバーへの自律的統制を行うことのできるシステムを整備することが必須となるわけで，専門職の「職業倫理」，職能団体の定める倫理綱領は，その核をなすものといえるでしょう。

倫理と法律

倫理基準によって会員の行動を律することを通じて，職能の立場を維持する機能がある以上，その専門職能団体の「倫理」的規制は一般社会を律する法律に優先して（先んじて）機能しなければなりません。つまり，成員の不適切な行動が見出された場合，職能団体は，法的判断を待つことなく自律的に会員への統制を行うことができなければ，社会的信用を獲得することはできません。また，専門職自身にも，「法に触れないから（訴えられても負けないだろうから）大丈夫」という姿勢は許されないということになります。

2015年に成立した公認心理師法でも，個人に関わる義務規定は，第40条「信用失墜行為の禁止」，第41条「秘密保持義務」，第42条「連携等」，第43条「資質向上の責務」，第44条「名称の使用制限」に限られ，罰則があるのは「秘密保持義務」と「名称の使用制限」だけです。このあたりの事情は，社会福祉士及び介護福祉士法，精神保健福祉士法なども同様です。

他方で，公認心理師協会，臨床心理士会をはじめ専門職能団体の倫理基準の記述ははるかに細部にわたっています。専門職の倫理は，専門職としての理想を示し，クライエントの最善の利益を追求しようとする「努力倫理」と，守らなければならない最低基準である「命令倫理」の両面（村本，2012）をもちますが，専門職能集団は，常に理想を目指して，自らの能力を磨いていかなければならないのです。

（心理援助職の倫理については，『公認心理師の職責』の巻で詳述されています）。

第2章

法の世界を理解する：公認心理師の法律入門

現代社会において法は，生活のあらゆる側面の基盤として存在していますが，法そのものの内容や考え方は私たちにとってあまり馴染みのないものです。この章では，第一に現実のなかで起こる事象に対し法が多層的に作用していること，第二に法の条文を読んで理解するための基礎知識，第三に法の種類と分類について，それぞれ学びます。

1 現実生活における法：法的関係の多層性

現代社会では，生活のあらゆる事象は何らかの法によって規制されています。生活のさまざまな事柄を支えている法律は，見えないけれど頑丈なピアノ線のようなものです。ここではそのピアノ線が，さまざまな当事者間において幾重にも張りめぐらされていること，つまり現実の事象に対する法の適用は多層的であることを示したいと思います。

1 一組の当事者と複数の法律関係

初めにミクロの視点で一つの当事者関係をみてみましょう。

プラスα

「六法全書とは何か」

六法とは，最も基本的な法である，憲法，民法，刑法，商法，民事訴訟法，刑事訴訟法の6つの法のこと。「六法全書」とは，上記の六法はもちろん，それ以外の多くの法律を集めて編纂した書物のことをいう。「福祉六法」「教育六法」など，分野別の主要な法令を集めた六法全書もある。

> **事例1**
>
> 会社員のAさん（男性）は，直属の上司であるB部長にたびたび呼び出され，仕事上の些細なミスを強く叱責されていました。ある日，Aさんが釈明しようとすると，激高したB部長はAさんを突き飛ばしました。Aさんは転んで足を骨折し，全治2か月の傷を負いました。

| Aさん | ⇆ | B部長 |

これは職場におけるパワーハラスメントの事例ですが，この事象において，AさんとB部長という一組の当事者だけに着目すると，次のような法律関係が存在します。

① 被害者を A さんとした，B 部長への傷害罪の成立（刑法第 204 条）
② A さんから B 部長に対し，不法行為に基づく損害賠償として治療費や慰謝料を請求する権利（民法第 709 条）

つまり，A さんに怪我を負わせたという B 部長の一つの行為から，刑事と民事の 2 つの面での法的責任が生じるということになります。

2　一つの事象から広がる複数の法的関係

次に先ほどの事例をもう少し俯瞰してみてみましょう。

> **事例 1-①**
>
> A さんと B 部長は C 株式会社の社員です。A さんは足の怪我に加えて精神的なショックも大きく，精神科医師から心的外傷後ストレス障害（PTSD）およびうつ病との診断書をもらって 6 か月間の休職をすることになりました。C 社では休職期間中の給料は一切支払われず傷病手当金を受け取っています。C 社の所在地の自治体には D 労働局および E 労働基準監督署があります。

同じ事象を視野を広げてみてみると，他にも関係者（機関）が現れました。ここには，さらに次のような法律関係が存在します。

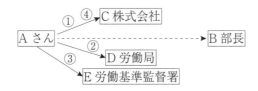

① A さんから C 社に対するハラスメント相談（労働施策総合推進法第 30 条の 2 第 1 項）
② A さんから D 労働局に対し，B 部長のパワーハラスメントについての紛争の調停を申請（労働施策総合推進法第 30 条の 6）
③ A さんから E 労働基準監督署に対し，労働災害補償の請求（労働者災害補償保険法）
④ A さんから C 社への使用者責任による損賠賠償請求（民法第 715 条）

A さんが B 部長から受けた被害について，B 部長だけではなく会社および労働局や労働基準監督署を通じて，被害の回復や紛争解決について法的な手段をとれることがわかります。発端は A さんと B 部長との間に起こった出来事ですが，法的関係は二当事者間を超えてみていく必要があります。

語句説明

不法行為による損害賠償

故意（わざと行うこと）または過失によって，他人に損害を与えた場合に，その損害を賠償させる制度のことを，不法行為による損害賠償という（民法第 709 条）。財産以外の損害（精神的損害など）についても，金銭的に賠償する責任があるとされている（第 710 条）。

語句説明

労働局

厚生労働省の地方の出先機関であり，各都道府県に置かれている。労働局の下に，労働基準監督署や公共職業安定所が置かれている。労働局は，労働環境の整備や，職業安定のための業務を行っている。またハラスメントなど個別労働紛争に関する相談を受けたり，紛争調整委員会によるあっせんを行う（個別労働紛争促進法第 6 条）。

労働基準監督署

厚生労働省管轄の機関であり労働局の下部組織にあたり，事業所において労働基準法などが守られるように指導監督したり，労働災害補償の給付などを主な業務とする。

3 関係行政論の5領域間の重なり合い

さらに視野を広げるために、Aさんのその後の経過をみてみましょう。

事例1-②

　6か月の休職期間中、AさんはF精神科クリニックに通院していましたが、精神症状の改善はみられず、Aさんは結局、C社を退職してさらに自宅療養を続けました。C社、B部長とはまだ交渉中で損害賠償は受け取っておらず、労働災害補償もいまだ認定されていないため、経済的に苦しい状況です。退職から1年が経過してようやくAさんは、再就職のことを考え始めましたが、以前と同じペースで働く体力、気力があるのかと心配しています。

Aさんがこのような物心ともに苦しい状況にある場合、次のようなサポート資源を利用することができます。

---

①　健康保険組合に対する傷病手当金*の受給（健康保険法第99条）
②　居住する市への自立支援医療*の受給（障害者の日常生活及び社会生活を総合的に支援するための法律第53条）
③　職業リハビリテーションの利用（障害者雇用の促進等に関する法律第2章）
④　障害者雇用制度による就職（障害者雇用の促進等に関する法律第3章）

　Aさんに対し、医療、福祉、そして労働の機会の確保というさまざまな面から、公的なサポートが存在していることがわかります。また上述のようにAさんは刑事、民事の司法制度を利用することもできました。つまりAさんをめぐる法律関係は、関係行政論の5領域のうち、保健・医療、福祉、司法・犯罪、産業・労働の4つの領域にまたがっているのです。

　このように一つの事例が複数の領域に関連することは、稀なことではありません。特に昨今は「包括的な支援」のための地域連携が法改正や政策目標の一つの柱になっており、障害者、高齢者、児童の各福祉領域は、医療や産業領域、教育領域と連携しながら支援をはかる仕組みができています。また少年法は司法と児童福祉が、心身喪失者等医療観察法（略称）は、司法と精神医療が、それぞれ密接に関連しています。

　Aさんの事例から、法の世界の重層性が少しイメージできたでしょうか。公認心理師として一人のクライエントだけに相対しているとしても、そのクライエントの周辺にはさまざまな法的関係が重層的に存在しているということに思いをはせてみてください。

語句説明

傷病手当金
職場の健康保険に入っている被用者が、業務外の事由による傷病のために働けなくなったときに支給される。支給額は、標準報酬日額の3分の2程度で、最長1年6か月支給される。

自立支援医療
自立支援医療とは、心身の傷害を軽減・除去するための医療について、医療費の自己負担額を軽減するための公費負担制度である。精神科への通院医療については、統合失調症などの精神疾患を有し、継続的な通院医療が必要な人が対象となる。

2 ｜ 条文を解読する

　次に現実の事象から離れ，法の条文そのものについてみてみます。

　難解そうな条文を読むことはハードルが高く，その概説書を読むほうがわかりやすいと思われるかもしれません。しかし心理職の仕事にたとえるなら，知能検査についての所見を読む場合，まずは WAIS などの知能検査のスコアを見たいと思うのではないでしょうか。法の世界も同じです。ある法制度について理解しようとすれば，根拠条文を読むことで視点が定まります。そのうえで概説書を読むと，格段に理解がしやすくなります。条文はどのような文章構造をもち，どのように理解（解読）すればよいのでしょうか。

1 要件 − 効果

　条文の内容を，まずその形（構造）からみてみましょう。

　条文は基本的に，「要件*」と「効果*」という形をとります。つまりある特定の条件を備えている場合（要件）には，ある特定の権利，地位，資格，義務などが認められる（効果）という形をとるのです。例として公認心理師法から一つの条文をみてみましょう。

> **第 4 条**　公認心理師試験（以下「試験」という。）に合格した者は，公認心理師となる資格を有する。

　ここでの要件は「公認心理師試験に合格」することであり，効果は「公認心理師となる資格を有する」ということになります。

　このように「ある要件があれば，ある効果が生じる」ということが，条文の基本的な構造です。したがって条文を読むときは，「要件」と「効果」が何にあたるのかに着目すると，内容を理解しやすくなります。

　また「効果」には，何らかの権利や資格が得られる場合と，何らかの義務や罰則が課される場合とがあります。そのことから，法とは「権利と義務」の体系であるともいわれます。

2 条文解釈と判例

　一般的に条文は，抽象的で簡潔な言葉で書かれており，具体的などのような行為，状況がその文言に当てはまるのかまでは書かれていません。一つの条文をみてみましょう。

語句説明

要件・効果
法律要件，法律効果ともいう。法律上の権利義務関係の発生，変更，消滅などが生じることを法律効果という。そして，その法律効果が生じるために必要とされる条件を法律要件という。

刑法第204条 人の身体を傷害した者は，十五年以下の懲役又は五十万円以下の罰金に処する。

これは刑法の傷害罪の規定です。「人の身体を傷害した者」が要件にあたります。いささか物騒な話ですが，具体的にどのような行為が「身体を傷害した」といえるのか考えてみます。殴る，蹴る，ナイフで刺す，などの行為によって打撲傷，骨折，裂傷などの外傷を与えることが傷害罪にあたることは文言から当然に理解できます。しかし，刑法第204条にはそのような具体的な行為は列挙されていません。人を傷つける行為や，傷の態様は数多くあるため，その一つひとつを列挙することは不可能です。そこで条文は抽象的な言葉を用いて傷害罪の要件としているのです。抽象的な言葉であれば，さまざまな態様の傷害の行為を包摂することができるからです。

すると問題は，現実に行われたある具体的行為が，刑法第204条の「人の身体を傷害した」に該当するのかどうかを，どのように判断するかです。というのは「傷害」といえるかどうか微妙な場合もあるからです。次の場合はどうでしょうか。

> 男性Aは女性Bを，暴行・脅迫を用いてホテルに監禁したところ，女性Bは重篤な心的外傷後ストレス障害（PTSD）を発症した。

さてこのAの行為は「人の身体を傷害した」に該当するでしょうか。PTSDは精神的な疾患で，身体の外側から見えないものですが，傷害といえるでしょうか。

このように具体的な行為にその条文の文言を適用できるかどうかを判断するためには，条文の文言の意味を具体的に明らかにすることが必要であり，それを**法解釈**といいます。法解釈は文言を出発点に，立法趣旨や利益衡量に鑑みながら論理的に行われます。一つの文言の解釈は，論理的にはいく通りか存在しうるのですが，それが裁判で争われた場合には裁判所の判断，最終的には最高裁判所が判断することによって決着がつけられます。これを**判例**[*]といいます。

ちなみに上記のようにAがBを監禁し，BがPTSDを発症した事例について，最高裁判所は傷害罪に該当すると判断しました（最判平成24年7月24日刑集[*]第66巻8号709頁）。この判決は，監禁の結果，被害者が医学的な診断基準において求められる特徴的な精神症状が継続して発現し，PTSDを発症したと認められる場合は，刑法にいう「傷害」にあたると述べています。身体の外側に見える外傷だけでなく，継続的な精神症状がある精神疾患を発症した場合も「傷害」に該当すると判断したわけです。

最高裁判所の判例は，条文の解釈に対する権威ある先例となり，その後の裁

プラスα

法解釈
法解釈とは，法を具体的な事件に適用する際に，条文が意味するところを具体的に明らかにすることをいう。法解釈の方法としては，文意解釈，反対解釈，拡張解釈など，さまざまな論理的なテクニックが用いられる。

語句説明

判例
広義では，裁判所が出す判断のことをいい，地方裁判所などの裁判による判断も含む。しかし狭義では，最高裁判所が出す判断のことをいう。

刑集
刑集とは，刑事事件の重要な判例について最高裁判所が出す公式の判例集である。明治憲法下での大審院刑事判例集と，最高裁判所刑事判例集とをさす。同様に民集とは，大審院民事判例集と最高裁判所民事判例集をさす。

プラスα

判例のデータベース
判例を調べるためには，さまざまな民間のデータベースが存在するが，最も簡単に調べるには裁判所のデータベースである「裁判例検索」を利用することができる。

判では同じ事案については原則として判例と同じ解釈が行われることになりま
す。したがって，ある具体的行為に対して条文が適用されるかどうかを知りた
いとき，つまりその法解釈について考える必要がある場合には，まず最高裁判
例を調べることが重要になります。

3　行政による解釈 – 通達など

　上述のように条文解釈については最高裁判例が重要ですが，とはいえ，すべ
ての条文の文言に判例が存在するわけではありません。判例として判断が下さ
れるためには，その条文の適用をめぐって何らかの裁判が起こされ，さらにそ
れが控訴，上告されて最高裁判所で判断されなければならないのですが，あら
ゆる条文でそのような判断が下されるまで待つわけにはいきません。

　ことに現代社会では生活のあらゆる部分に無数の法律が存在しています。そ
れを管轄の行政機関が実施することによって，私たちの社会生活が成り立って
います。したがって現実的には，行政機関が法を実施する前提として法解釈を
行っています。そしてその法解釈（法の具体的な運用指針となります）は，「通
達」などの形で上級の行政機関から，その所管する機関や職員に伝えられます。

　公認心理師に身近な例をあげましょう。

> **公認心理師法　第 42 条 2 項**　公認心理師は，その業務を行うに当
> たって心理に関する支援を要する者に当該支援に係る主治の医師があ
> るときは，その指示を受けなければならない。

　この条文に関し，「主治の医師」の有無の確認の方法や，主治の医師からの
「指示」への対応など，公認心理師として何をどうすればよいのかについては，
具体的に考えるとさまざまな疑問が浮かびます。

　この条文については，平成 30 年 1 月 31 日付けで，文部科学省の局長と厚
生労働省の部長の連名で，「公認心理師法第 42 条第 2 項に係る主治の医師の
指示に関する運用基準について」との題名の通達が出されています。この通達
では，公認心理師に対する主治の医師の指示に関し，かなり具体的な指針が述
べられています。

　これは一例にすぎず，現代ではほとんどの法令について，行政機関が通達な
どによって具体的な法の運用基準を示しています。これらも法解釈の一般的な
あり方です。

4　若干の技術的なこと

　実際に条文を読みこなすために役立つ，若干の技術的なことについて簡単に
お伝えしたいと思います。

語句説明

通　達
行政機関である各省な
どが，法令の解釈や運
用の指針などを，職員
などに対して知らせる
ことをいう。現実の行
政は，通達に従って行
われることが多いのが
実態である。

①条文の調べ方

現行の法令の条文は,「e-Gov 法令検索」というウェブサイトによって見ることができます。このサイトでは法令名や事項によって検索することができ,簡単に法令の全条文を読むことができます。

法令は大抵の場合,冒頭に目次が掲げられています。e-Gov による法令検索が便利な点は,法令の最初の目次の部分をクリックすれば,該当の条文をすぐに探し出せることです。

法令の第1条(あるいはその近辺)には多くの場合,その法令の目的が記載されています。法令の目的は,法令の制定された立法趣旨と,法令の内容の全体像を簡潔に示していますので,目的をじっくり読むことで概要をつかむことができます。

②成立・公布・施行

法律は,国会の議決を経るなど,それぞれ一定の制定手続きによって「成立」しますが,その法律が効力を生じるためにはさらに手続きを要します。

成立した法律を公表して,一般の国民に知らせることを「公布」といいます。公布の具体的な方法は,官報*または公報に掲載することです。「公布」が必要とされるのは,たとえば一般の国民に知らされない間に法律が成立しており,国民がそれを知らずに違法な行為をしてしまったとしたら,そこに法律を適用するのは公正ではないからです。

しかし公布された法律が国民に知れ渡るまでには少し時間が必要です。官報に掲載された瞬間に法律の効力が生じたとしたら,あまり公布の意味がありません。法律が実際に効力を生じるとき,つまり法律が適用されるのは,「施行」される日からです。「法の適用に関する通則法」という法律の第2条では「法律は,公布の日から起算して二十日を経過した日から施行する。ただし法律でこれと異なる施行期日を定めたときは,その定めによる」とされています。

このように法律の成立,公布,施行の日は異なっているので区別が必要です。特に,公認心理師の業務上最も重要なのは「施行日」です。

③章,条,項,号

法律の条文にはナンバリングの決まりがあります。そして少しわかりにくい以下のような慣用的なルールがあります。これを知っておけば,多職種でのカンファレンスなどで,条文を声に出して読むときに自信がもてると思います。

まず「章(しょう)」があります。たとえば公認心理師法では「第一章 総則,第二章 試験……」と条文に書かれていますので,これは問題なく読めます。

次に「条(じょう)」があります。これも「第一条」「第四十条」などと書かれていますので,問題ありません。

さて問題は,第○条のなかに振られている算用数字(2,3,4……)と漢数字(一,二,三……)をどう読むのかということです。

語句説明

官 報

法令などを公布するための国の機関紙である。公務員の人事異動や政令,破産手続き開始決定,国家試験合格者の情報なども掲載される。インターネット版の官報もある。

　条の次のナンバリングである算用数字は「項（こう）」と読みます。項は「第1項」「第2項」と続きます。ところが不思議なことに，第1項は数字を書かないことが慣用となっています。第1項は数字がなく，第2項から数字が2，3……と続くのです。たとえば次のような条文です。

> **公認心理師法　第四十四条**　公認心理師でない者は，公認心理師という名称を使用してはならない。
> 2　前項に規定するもののほか，公認心理師でない者は，その名称中に心理師という文字を用いてはならない。

　このように第1項には「1」という番号は振られていないのですが，条項を読む場合には「第44条第1項」となります（ただし，法令集などでは編集者によって第1項にも番号が付されている場合もあります）。
　算用数字の「項」に続く漢数字のナンバリング（一，二，三……）は，「号（ごう）」と読みます。号は，いくつかの事項を列記するときに用います。したがって，項がない場合にも，号を使うことがあります（たとえば公認心理師法第3条）。

3 ｜ 法のさまざまなあり方

　ここからは視点を広げ，日本の法の全体を見渡し，どのようなカテゴリー分けができるのかを述べたいと思います。まずは制定方式に着目して「法の種類」について，次に法の内容に着目して「法の分類」について述べていきます。

1　法の種類とヒエラルキー

　法といっても，憲法，法律，条令など，さまざまな種類があります。それらは，どのような公的機関が，どのような手続きを経て制定するかの違いによって区別されます。また，それらの異なる法の効力には階層的な優劣関係（ヒエラルキー）があります。まずは法の種類を概観しましょう。
①憲　法
　憲法とは，国の組織および活動の基本的事項を定めた国家の基本的な法です。憲法が目指している目的は，国民の人権を守ることであり，そのために平和主義や国民主権，その他の統治機構についての規定があると理解されています。
②法　律
　法律とは，国会の議決によって制定される法をいいます。国民主権のもと，

国民の直接選挙によって選ばれた国会議員から構成される国会は，国権の最高機関であり，国の唯一の立法機関です（憲法第41条）。

③条　約

　条約とは，文書によって締結される国家間の合意をいいます。「条約」という名称だけでなく，「○○憲章」「○○宣言」「○○協定」などの名称の条約もあります。条約は，国家の代表者が他国との間で署名・調印することによって締結され，内閣によって批准（国内的にも条約に拘束されることを国家機関が確定する行為）されます。条約は法律に優先するというのが通説です。

④命　令

　行政機関が制定する法は一般に「**命令**」と呼ばれます。命令には，内閣が制定する「政令」（憲法第73条6号）と，各章の大臣が制定する「省令」（国家行政組織法第12条1項）が含まれます。

　現代の福祉国家においては，国民生活全般にわたる行政の複雑な活動を，国会が定める法律によって規定することは不可能です。法律によって大まかなところを決定し，より具体的な部分については法律を執行する行政機関に委ねざるを得ません。つまり国会が定めた法律を，行政機関が現実に執行するために必要な法が「命令」です。

⑤規　則

　「規則」とは，行政組織が定めるもののほか，両議院や最高裁判所が定めるものです（憲法第58条2項，第77条1項）。それぞれの機関の自律性を尊重して，機関の運営などについてその機関自体が法として定めています。

⑥条　例

　「条例」は，地方公共団体の議決によって定められる法です（憲法94条）。憲法は，地方自治体に一定の自治権を認めて条例制定権を授与しています。しかし条例の内容は，法律に反するものであってはなりません（地方自治法第14条）。

　さて，法の種類には以上のようなものがありますが，ここで重要なことは，これらのさまざまな種類の法には歴然としたヒエラルキー（階層構造）があるということです。この階層構造の序列は次のようになります。

> 憲法 ＞ 条約 ＞ 法律 ＞ 命令・条例・規則

　法に階層があるというのは，具体的には次のことを意味します。たとえば，ある法律が憲法に反するものだとすれば，その法律は無効（効力を有しない）ということになります。同様に，行政機関が定める命令が，国会の定める法律に反する場合には，その命令は効力を有しません。つまり序列の下位にある法

は，上位にある法に反することができず，反する場合は無効となるのです。

　法の序列の形式的理由としては，憲法が国の最高法規であると定められていることや（憲法第98条），国会が国権の最高機関であり行政は法律に基づいて行われると定められていること（憲法第41条，第73条）があげられます。

　法の効力の序列には，実質的な理由もあります。憲法が最高法規であるのは，**立憲主義**に基づき，日本では憲法の定める基本的人権の尊重と国民主権が普遍的価値であるとの合意があると解されているからです。また国会の定める法律が，その他の法の形式より優位であるのは，国会は国民による選挙で選ばれた国会議員で構成されており，国民主権において国民の民意に最も近い国家機関だからということになります。これもまた，憲法に定める国民主権という統治の基本原則が尊重されているのです。

2　法の分類について

　法はその性質や目的などからいくつかに分類することができます。法の分類は，その法の規定が，誰を対象とし，どのような事柄について定めているのかを，大づかみに理解する視点を提供します。

①行為法と組織法

　行為法とは，人の行為に関するルールを定める法です。たとえば公認心理師法の第4章では，公認心理師のさまざまな義務について規定しています。これらは公認心理師の業務上の行為のルールを示しています。

　しかしそれに限らず法は，国や地方におけるさまざまな組織についての設置や運営のルールを定めているものもあります。その一つである学校教育法は，幼稚園，小学校から大学，専修学校に至るまで，各種の学校の設置と運営について定めた法律です。たとえば学校教育法第3条は，学校の設置基準に関して定めています。

　ほかにも，医療領域では医療法や精神保健福祉法，福祉領域では児童福祉法，老人福祉法，障害者総合支援法といった**組織法**があり，その領域における制度の基盤を定めています。

②実体法と手続法

　実体法とは，人と人，あるいは組織と人との間に生じる権利と義務について定める法のことです。たとえば民法第555条は売買契約について，「売買は，当事者の一方がある財産権を相手方に移転することを約し，相手方がこれに対してその代金を支払うことを約することによって，その効力を生ずる」と規定しています。この条文は，売買契約における売主と買主のそれぞれの権利義務を定めているのです。

　しかし，法律がいかに権利と義務を明確に定めていたとしても，それぞれの人がその義務を果たさなければ，権利は絵に描いた餅にすぎません。義務を果

語句説明

立憲主義
立憲主義とは，国家は憲法によって統治されなければならないという原則である。また立憲主義における憲法とは，基本的人権の尊重をうたうものでなければならないと考えられている。

基本的人権
人が生まれながらにもっている基本的な権利のことをいい，憲法第11条では，「基本的人権は，侵すことのできない永久の権利」であることが明記されている。

行為法
人の行為に関する法であり，人の行動に関するルールを定めている。

語句説明

組織法
組織に関する法であり，組織の設置，人員，構成など，組織のあり方に関する事柄を定めている。

実体法
法的な関係そのものについて定めた法のことである。権利・義務の発生・変更・消滅などを定めた法は，実体法である。

語句説明

手続法
実体法に定められた権利・義務を，国家の力によって実現するための手続きについて定めた法のことである。民事訴訟法や刑事訴訟法などが，手続法にあたる。

民事法
私人と私人の間の権利義務関係について定めた法律。民法，商法などがこれにあたる。

刑事法
犯罪と刑罰に関する法のこと。刑法がその代表だが，覚醒剤取締法など，特別な領域での刑事法もある。

私的自治の原則
私人としての私的な生活での法的関係は，基本的に各人の意思に基づいて自由に決め，国家はそれに干渉せず，必要不可欠な規制のみを行うとする原則。たとえば私的な取引内容は，私人と私人が自由に決めて契約を交わしてもよいとされる。ただし，公序良俗に反する契約は無効になる（民法第90条）。

たさない人に対して権利を実現するためには，訴訟を提起し，裁判所によって権利を認めてもらい，さらにその強制執行を求めるという手続きを踏む必要があります。そのように権利義務を実現するための規律を定めるものが**手続法**です。さきほどの民法の売買契約の例でいえば，もし買主が売買の品を受け取ったにもかかわらず代金を支払わないならば，売主は民事訴訟法に基づき買主を訴え，裁判所による勝訴判決を得て代金を請求することができますし，それでも買主が代金を払わないならば，買主は民事執行法によって強制執行を行うこともできます。そうした手続きについて規定している民事訴訟法や民事執行法のような法律を手続法といいます。

③民事法と刑事法

民事法とは，私人間の権利・義務関係などの法律関係をめぐる法のことです。民法や商法，民事訴訟法がこれにあたります。

刑事法とは，人が犯罪を起こした場合に，国が犯罪者に対して刑罰を科すための規律を定めた法のことです。刑法，刑事訴訟法，少年法などがこれにあたります。

民事法においては私的自治の原則の下，できる限り当事者の自由な意思を尊重されます。他方，刑事法においては，罪を犯したと疑われる人の自由を奪う手続きが含まれるため，国家権力がいかに適切に行使されるように法制度を運用するかということが重視されています。

4 | 法制度を理解する意義

本章では，法の基本的事項について述べてきました。法制度は，目に見えなくとも現実の社会のさまざまな出来事を網の目のように支え，コントロールしています。また法制度は，世のなかの変化に敏感に反応し，改正が重ねられています。公認心理師としてさまざまな領域で相談者，被援助者に向き合うとき，その人がどのような法制度のなかにいるのかを理解しておくことは，状況を深くとらえ，適切な援助を下支えするはずです。

次の章からは，公認心理師が関わる保健・医療，福祉，教育，司法・犯罪，産業・労働の5つの領域において知っておくべき法制度について学びます。本章で学んだ，多層的に法律関係を見る視点，そして条文から出発しつつ，その法制度がどのような具体的事象に適用されるかという法解釈の視点を忘れずに，それぞれの法制度について考えてみてください。

考えてみよう

1. 各領域の土台となる法律である，精神保健福祉法，学校教育法，老人福祉法，児童福祉法などについて，目次の部分を見比べてみましょう。次に法律の条文の見出しだけをみていきましょう。法律の構成や内容に，どのような共通点があるでしょうか。

2. あなたが実習などで実際に接している相談者や被援助者を一人思い浮かべて，その人に関連する法制度を考えてみましょう。

本章のキーワードのまとめ

立憲主義	憲法に基づき，国家権力を統制することによって，国民の自由と権利を守るという統治の原則。立憲主義における憲法は，基本的人権を尊重するものであることが前提である。
法　律	法律とは，国会の両議院によって可決された法のこと（憲法第59条）。その効力は憲法，条例に次ぎ，政令，命令よりも上位にある。広義においては，「法」と同じものとして用いられる。
命　令	行政機関が定める法規範のこと。命令のなかには政令，省令，規則が含まれる。その効力は，法律よりも下位であり，条例よりも上位にある。
規　則	行政機関や裁判所によって定められる法であり，法律に基づく手続きや要件などを細かく定めたもの。具体的には，議員規則，最高裁判所規則，人事院規則などがある。
条　例	地方公共団体がつくる法。都道府県などによって制定され，その地域のなかだけで適用される。条例は法律の範囲内で定めなければならない。
判　例	広義では，裁判所が出す判断のことをいい，地方裁判所などによる裁判による判断も含む。しかし狭義では，最高裁判所が出す裁判例のことをいう。
法解釈	法解釈とは，法を具体的な事案に適用する際に，条文が意味するところを具体的に明らかにすることである。法は，現実に起こりうる事象のすべてについて規定することは困難であり，また妥当でもないため，法の規定は一般的，抽象的なものとならざるをえない。そこに法解釈の必要性が生じる。
行為法と組織法	行為法とは人の行為を規律する法をいう。組織法とは，国や地方におけるさまざまな組織の設置や運営のルールを定めている法をいう。
実体法と手続法	実体法とは，法的な関係そのものについて定めた法をいい，手続法とは，実体法に定められた権利・義務を，国家の力によって実現するための手続きについて定めた法をいう。
民事法と刑事法	民事法とは，私人間の権利義務関係について定めた法律であり，刑事法とは，犯罪と刑罰に関する法をいう。

コラム02　法律学と実証主義

　心理学の研究においては，実証主義が重視されています。現実に得られたデータに基づき，そして科学的な正確性をもった方法論を用いて，結論を出すことが求められます。

　では法律学ではどうでしょうか。一つの例をあげて考えてみましょう。民法の婚姻年齢についての規定は，長い間，次のようなものでした。

民法第 731 条（旧）　男は，18 歳に，女は，16 歳にならなければ婚姻をすることができない。

　この条文で，婚姻年齢に男女差がある理由としては，次のようにいわれてきました。

　「男女の間には成熟する年齢に差異があり，女性のほうが早く成熟する」

　しかしこの条文は国際的に「男女差別にあたる」などの批判がありました。また，男女間で心身の発達に差異があるとしても，婚姻年齢については社会的，経済的な成熟度を重視すべきであり，その観点からは男女差はないと考えるべきという意見もありました。

　近年，成年年齢を 20 歳から 18 歳に引き下げるための法改正が議論されると同時に，婚姻年齢についてもそれに合わせる形で議論され，2018 年の民法改正（2022 年 4 月より施行）によって，婚姻年齢の規定は，次のように改められました。

民法第 731 条（新）　婚姻は，18 歳にならなければ，することができない。

　この民法改正によって，男女の婚姻適齢を区別せず，一律 18 歳と定めたのです。

　もし法律学にも心理学のような実証主義が用いられるならば，この改正について次のような疑問が生じます。

　「結婚生活に適応可能と考えられる身体的，精神的成熟とは何か。どのように測定できるのか。測定した結果，男女ともに 18 歳には成熟しているとの結果が得られるのか」

　しかし今回の改正にあたって，そのような実証研究の結果が根拠として採用されてはいないようです。医学，心理学，社会学の観点からの婚姻適齢に関する議論や研究は，以前から世のなかに存在していたと思われますが，改正にあたってそれらの研究に基づく実証的なデータは必須とはされていなかったのです。

　このように一般的に法律の制定や改正では，心理学で想定されるような実証主義は採用されておらず，さまざまな議論を経たのち国会の議決によって決まります。法律のあり方は，さまざまな社会的事情を考慮し，総合的に決定されているのです。

　ただし，実証主義に基づかないからといって法律がいい加減に制定されているわけでは，もちろんありません。立憲主義に基づく日本の法体系のなかでは，法律の制定や改正の方向性（一定の価値の選択によって行われるもの）は，最終的には日本国憲法に示された人権と平和という価値観に反するものであってはなりません。

　また，科学的な実証主義ではないとしても，法律の制定や改正には「立法事実」が必要だということがいわれています。「立法事実」とは，法律の制定を根拠づけ，法律の合理性を支える社会的・経済的・文化的な一般事実です。それらの事実については，人口統計的なデータが用いられたり，科学的知見が取り上げられることもあります。立法事実を欠く法律は，最終的には最高裁判所に違憲と判断される可能性もあります（憲法第 98 条）。

　法律は厳密な実証主義からみれば，根拠の曖昧なものにみえるかもしれませんが，立憲主義の下の法体系と，立法事実の存在によって，その実質的内容の正当性が支えられているのです。

第3章 教育領域の制度と法

ふだん身近な存在である学校も，実は多くの法によって規定されています。ここでは，学校や教育領域に関する重要な制度と法について学びます。日本における教育の目的，学校教育・制度に関する基本的な仕組みや，近年推進されつつある諸施策に関係した法規をみていきましょう。

1 学校・教育と法

1 学校と法

　日本にはどんな学校があるでしょうか。まずは幼稚園，小学校，中学校，高等学校，義務教育学校[*]，中等教育学校[*]，特別支援学校，高等専門学校[*]，そして大学（短期大学および大学院を含む）があげられます。この9種類は学校教育法第1条で規定されていることから，「1条校」と呼ばれます。1条校は，公教育の水準を維持し，国民の教育を受ける権利を守るために学校教育法第3条の学校設置基準に従わなければなりません。また，1条校以外はこれらの名称を用いることは禁じられています（学校教育法第135条）。

　では，1条校に該当しないものには何があるでしょうか。学校教育法で規定はありますが，専修学校[*]，各種学校[*]は1条校には含まれません。また，幼保連携型認定こども園は，「就学前の子どもに関する教育，保育等の総合的な提供の推進に関する法律」で規定されることから，1条校ではありませんが教育基本法第6条に基づく「法律に定める学校」です。また，小規模の塾や外国人向けの教育施設などで法令に基づかないものを無認可校と呼びます。

> **事例** <u>もう一度6年生をやり直したい</u>
>
> 　しのぶさんは小学6年生。春から学校を休みがちとなり，2学期からは全く登校できませんでした。学年末が近づくにつれ，このまま中学に入っても勉強についていけないのではないかと不安を感じたしのぶさんと両親は卒業を延期して6年生をもう一度やり直したいと考えるようになり，

語句説明

義務教育学校
義務教育として行われる普通教育（小学校課程と中学校課程）を一貫して行う学校。

中等教育学校
中高一貫教育を目的として創設された学校。

高等専門学校
5年一貫（商船学科は5年6か月）で技術者に必要な教養と体系的な専門知識を身につけることができる学校。工業系，商船系などの学科がある。

専修学校
職業もしくは実際生活に必要な能力を育成し，または教養の向上を図ることを目的として，修業年限が1年以上，教育を受ける者が常時40人以上など，組織的な教育を行うもの（学校教育法第124条で規定されている）。入学資格に限定がない「一般課程」，中学校卒業者対象の「高等課程」，高等学校または

学校に相談しました。

　大学でいえば留年ということですが，教育委員会の学校管理規則等では「原級留置」といいます。この場合，まず考慮すべきは日本の義務教育制度は年齢主義の立場をとっていることです。学校教育法第17条で，保護者は「子の満6歳に達した日の翌日以後における最初の学年の初めから，満12歳に達した日の属する学年の終わりまで」子どもを小学校（あるいは義務教育学校の前期課程，又は特別支援学校の小学部）に就学させる義務を負うと規定されています（中学校についても同様に年齢で規定されています）。また，学校教育法施行規則第57条で小学校の卒業認定にあたっては「児童の平素の成績を評価して」とあり，出席日数で卒業が決まるわけではありません。長期欠席で原級留置を望んだ児童とその保護者が，進級をさせた学校に対して裁判を起こした例があります（神戸市立菅の台小学校の長欠児童進級処分事件）。裁判所は，同年齢の児童ごとに教育する年齢主義的な運用を適切とし，進級させた学校側の判断を正当と認めました（原告側敗訴）。また，課程修了認定の判断は「高度に技術的な教育的判断」であり，学業成績や出席日数だけでなく，「児童本人の性格・資質・能力・健康状態・生活態度・今後の発展性を考慮した教育的配慮の下で総合的判断により決せられなければならない」との判断を示しています（解説教育六法編修委員会，2019）。

　しかし，児童の権利に関する条約*第12条「意見を表明する権利」を引き合いに出すまでもなく，このような場合はしのぶさんの気持ちや保護者の意向を十分に聞き取る必要があります。文部科学省は2019年の「不登校児童生徒への支援の在り方について」という通知のなかで「保護者等から学習の遅れに対する不安により，進級時の補充指導や進級や卒業の留保に関する要望がある場合には，補充指導等の実施に関して柔軟に対応するとともに，校長の責任において進級や卒業を留保するなどの措置をとるなど，適切に対応する必要がある」との方針を示しています。

2　教育法規の概観

　現在の教育制度を理解するためには，その歴史的変遷を知ることが役立ちます。簡単に教育制度の歴史をみたうえで，現在の教育法規の体系・特徴を概観しておきます。

①教育制度をめぐる歴史的経緯

　明治政府は，日本最初の近代学校教育制度の法令である学制（1872年）で「不学ノ人ナカラシメン事ヲ期ス」と国民皆学を目指しました。1890年には「教育ニ関スル勅語」（教育勅語）が発布され，戦前の教育の基本方針となります。これは，天皇が臣民に対して発した言葉（勅語）という形で，教育は臣民

3年制の高等専修学校卒業者対象の「専門課程」があり，最後のものが一般に「専門学校」と呼ばれる。

語句説明
各種学校
1条校以外で，学校教育に類する教育を行い，所定の要件を満たして認可を受けた教育施設（学校教育法第134条）。和洋裁，簿記，珠算，自動車整備，調理・栄養，看護師，保健師，理容，美容，英会話，工業などの各種学校がある。

語句説明
児童の権利に関する条約
1989年国連で採択され，日本は1994年に批准した。第12条では「自己の意見を形成する能力のある児童がその児童に影響を及ぼすすべての事項について自由に自己の意見を表明する権利を確保する。この場合において，児童の意見は，その児童の年齢及び成熟度に従って相応に考慮されるものとする」とされている。
→5章，12章参照

プラスα
「教育ニ関スル勅語」（教育勅語）
1890年に発布された明治天皇の勅語。戦前の大日本帝国憲法には教育に関する条項がなく，教育勅語が教育・道徳の基本理念であった。

の義務とし，その目的は「忠良の臣民」として忠君愛国の精神を形成することにありました。

こうしてつくり上げられた近代の日本の教育制度は，第二次世界大戦を経て，大きく変わります（表3-1）。

表3-1 **戦後の教育体制整備の重要な動き**

- 1946年：来日した米国教育使節団からの教育改革の勧告を受けて教育刷新委員会が戦後教育改革を推進する。
- 同年：日本国憲法公布。国民の教育を受ける権利を保障。
- 1947年：教育基本法と学校教育法が公布される。
- 1948年：教育委員会法公布（1956年に廃止され，地方教育行政の組織及び運営に関する法律が制定される）

戦後の教育制度では，教育を受けることは義務ではなく「権利」として憲法によって保障され，その目的は「忠君愛国」から教育基本法で「人格の完成」へと変わりました。また，中央集権の教育行政から地方自治の尊重へ（旧教育委員会法）と大きな転換がなされました。教育の機会均等，学問の自由の尊重，男女平等の原則も示されました。

その後，教育職員免許法，社会教育法の公布（ともに1949年）や**学習指導要領**の告示化（1958年）など，戦後の教育制度が整えられていきます。一方で，受験競争の激化や画一的な教育の問題，いじめ問題や国際化・情報化への対応の必要性等を背景に，教育改革の必要性が叫ばれるようになります。たとえば，学校週5日制の導入（1992年，学校教育法施行規則の改正当初は月1回でしたが2002年より完全実施），民間人校長の登用（2000年，学校教育法施行規則の改正により，学校運営上特に必要がある場合には，免許状をもたない民間人を校長として採用できるようになった），副校長・主幹教諭・指導教諭の法制化（2007年の学校教育法の改正による）等の改革が行われてきました。なかでも，2006年の教育基本法の改正は，戦後の教育制度の基盤であった教育基本法を約60年ぶりに全面的に改正した，重要な出来事でした。

さらに，近年の動向として，子どもや学校が直面している問題に対して次々に具体的な対策（法律）が制定されています。たとえば，いじめ防止対策推進法（2013年制定），子どもの貧困対策の推進に関する法律（2013年制定），障害を理由とする差別の解消の推進に関する法律（2013年制定），義務教育の段階における普通教育に相当する教育の機会の確保等に関する法律（2016年制定），教育職員等による児童生徒性暴力等の防止等に関する法律（2021年制定）などがあげられます。2022年には，12年ぶりに「**生徒指導提要**」が改訂されました。

また，新しい時代の学校組織を目指して，中央教育審議会は2015年に「チームとしての学校の在り方と今後の改善方策について（答申）」を出しまし

プラスα

副校長・主幹教諭・指導教諭
従来，学校組織は校長・教頭以外の教員はすべて同格の「鍋ぶた型」の構造だったが，2006年の教育基本法の改正を受けて，校長のリーダーシップの下で効率的な組織運営を図るために「置くことができる」ようになった職である。校長－副校長－教頭－主幹教諭－指導教諭－一般教員というピラミッド型の組織が可能になった。

生徒指導提要
生徒指導の理論・考え方や実際の指導方法等をまとめた，学校・教職員向けの基本書。2022年の改訂では性的マイノリティに関する理解と学校における対応や，校則の運用・見直し等が盛り込まれた。

た（いわゆる「**チーム学校**」）。これは，「校長のリーダーシップの下，カリキュラム，日々の教育活動，学校の資源が一体的にマネジメントされ，教職員や学校内の多様な人材が，それぞれの専門性を生かして能力を発揮し，子供たちに必要な資質・能力を確実に身に付けさせることができる学校」（同答申より）をつくり上げることを求めています。具体的には，「専門性に基づくチーム体制の構築」，「学校のマネジメント機能の強化」，「教員一人一人が力を発揮できる環境の整備」の 3 つの視点で学校の在り方の転換を図ることを求めています。教員以外の専門スタッフにはスクールカウンセラーやスクールソーシャルワーカーが含まれ，2017 年の学校教育法施行規則改正で法制化されました（第 65 条の 3，4）。

②主な教育法規と憲法第 26 条

教育分野の主な法規を表3-2に示しておきます。

表3-2　主な教育法規

教育の基本	日本国憲法，教育基本法
学校教育	学校教育法（学校教育法施行令，学校教育法施行規則），公立義務教育諸学校の学級編制及び教職員定数の標準に関する法律，公立高等学校の適正配置及び教職員定数の標準等に関する法律，私立学校法
保健安全	学校保健安全法（学校保健安全法施行令，学校保健安全法施行規則），学校給食法，いじめ防止対策推進法
教育行財政	地方教育行政の組織及び運営に関する法律，義務教育費国庫負担法，義務教育諸学校の教科用図書の無償措置に関する法律
教職員	地方公務員法，教育公務員特例法，教育職員免許法
教育奨励	就学困難な児童及び生徒に係る就学奨励についての国の援助に関する法律，義務教育の段階における普通教育に相当する教育の機会の確保等に関する法律

まず，憲法と教育基本法が教育の大まかな方針を示しており，そのうえで学校の設置や教職員についての法や保健安全に関する法などさまざまな法があります。

ここでは，教育に関する最も中心的な規定である**憲法第 26 条**をもとに，日本の教育法規の基本的な特徴をみておきましょう。条文は次のとおりです（表3-3）。

表3-3　憲法第 26 条

> すべて国民は，法律の定めるところにより，その能力に応じて，ひとしく教育を受ける権利を有する。
> 2　すべて国民は，法律の定めるところにより，その保護する子女に普通教育を受けさせる義務を負ふ。義務教育は，これを無償とする。

この条文で定められていることは，大きく 3 つあります。

プラスα

学校教育法施行規則
スクールカウンセラーは，第 65 条の 3 で「小学校における児童の心理に関する支援に従事する」とされ，スクールソーシャルワーカーは，第 65 条の 4 で「小学校における児童の福祉に関する支援に従事する」と規定されている。両条項とも，中学校，高等学校等にも準用される。

学校給食法
学校の給食については学校給食法（第 2 条）で「健康の保持増進」や「日常生活における食事について正しい理解を深め」ること等の目標が示されている。

第一に，教育を受ける権利が保障されています。戦前の教育は天皇の命による臣民の義務でしたが，戦後の憲法では国民の権利として法律が保障しています。ここで注目したいのは，「すべて国民は」という表現です。子どもだけでなく，成人に対しても生涯にわたって教育（社会教育や生涯教育）を受ける権利を保障しているのです（教育基本法第3条でも明記されています）。また，国民が教育を受ける権利をもつということは，国や地方公共団体が教育制度を整え，学校や体育館，図書館などの学習環境を整備し，公教育を維持する義務（学校設置義務や就学奨励義務）を負うことを意味します。2項では親（保護者）の「教育を受けさせる義務」を定めています。憲法（および教育基本法第5条1項）では「普通教育を受けさせる義務」ですが，学校の設置等について定める学校教育法では「子に9年の普通教育を受けさせる義務を負う」（第16条）と具体的な就学義務（第17条で年齢を示して小学校，中学校等への就学義務を明記しています）とされています。

第二に，教育の機会均等です。1項の「ひとしく」の部分であり，さらに教育基本法第4条では「人種，信条，性別，社会的身分，経済的地位又は門地によって，教育上差別されない」と明記されています。さらに同条2項，3項で，障害のある者への教育上必要な支援や，経済的理由によって修学が困難な者への奨学の措置を国や地方公共団体に義務づけています。

第三に，教育の無償制です。「義務教育は，これを無償とする」の部分ですが，ではいったい教育の何が無償なのでしょうか？　まずは，教育基本法第5条4項に「国又は地方公共団体の設置する学校における義務教育については，授業料を徴収しない」とあり，公立学校の授業料が無償であることがわかります。次に，「義務教育諸学校の教科用図書の無償に関する法律」（1962年）および「義務教育諸学校の教科用図書の無償措置に関する法律」（1963年）により，国公私立を問わず義務教育段階のすべての児童生徒に教科書が無償で給付されています。しかし，給食費や副教材費，制服代などは無償の範囲には含まれていません。

では，次節から主な教育法規をそれぞれ取り上げていきます。

プラスα

教育基本法第3条
「国民一人一人が，自己の人格を磨き，豊かな人生を送ることができるよう，その生涯にわたって，あらゆる機会に，あらゆる場所において学習することができ，その成果を適切に生かすことのできる社会の実現が図られなければならない」。

2 ｜ 教育と学校の基本的な制度に関する法規

1 教育基本法

教育基本法は，教育を受ける権利を国民に保障した憲法の下，日本の教育の基本理念を規定する重要な法律です。憲法と同じように前文を設定して法の制

定趣旨を示しており，教育法規のなかで準憲法的な性格をもっています。2006 年に約 60 年ぶりの全面的改正がなされました。

　第 1 条では，教育の目的として，「教育は，人格の完成を目指し，平和で民主的な国家及び社会の形成者として必要な資質を備えた心身ともに健康な国民の育成を期して行われなければならない」と定められています。この目的を実現するため，第 2 条では教育の目標が定められており，「豊かな情操と道徳心を培う」「勤労を重んずる態度」「公共の精神」「環境の保全に寄与する態度」「伝統と文化を尊重」する態度を養うことといった 5 つが示されています。その後の条文で，「教育の機会均等」「義務教育」「学校教育」「私立学校」「教員」「政治教育」「宗教教育」等がそれぞれ規定されていきます。また，第 17 条で定められている**教育振興基本計画**の策定は旧法にはなかったもので，法改正までは政府全体の基本計画は策定されていませんでした。一方で第 16 条の「教育は，不当な支配に服することなく，この法律及び他の法律の定めるところにより行われるべきもの」という条文からは，教育に対する国家の関与についての慎重な姿勢がみられます。

2　学校教育法（学校教育法施行令，学校教育法施行規則）

　学校教育法は法律であり，学校教育法施行令は政令（法律の授権に基づき内閣が制定するもの），学校教育法施行規則は省令（法律の授権に基づき各省庁の大臣が制定するもの）と呼ばれ，法律＞政令＞省令の順番に優先されます。たとえば，学校の設置基準について学校教育法では「文部科学大臣の定める設備，編制その他に関する設置基準に従い，これを設置しなければならない」（第 3 条）と定めていますが，学校教育法施行規則ではより具体的に「その学校の目的を実現するために必要な校地，校舎，校具，運動場，図書館又は図書室，保健室その他の設備を設けなければならない」（第 1 条）としています。このように，基本的な事項を法律で定めておき，具体的な事項は政令や省令で規定するという形をとっていますので，教育法規の体系を学ぶうえでは政令や省令も重要です。

　学校教育法は，一般的な 6-3-3-4 制の学校制度の基本構造を定めた法律です。幼稚園から大学までを規定し，全 146 条あります。また，学校教育法施行令，学校教育法施行規則も含めると，その内容は多岐にわたります。2006 年の教育基本法の改正後，学校教育法も 2007 年に改正されました。

　まず第 1 章（第 1 条〜第 15 条）の総則ですべての学校種に関係する事項を定めています。学校の定義（第 1 条），学校の設置者は国，地方公共団体，学校法人に限られる（第 2 条）ことや，経費負担（第 5 条），授業料の徴収（第 6 条），校長・教員の配置（第 7 条），健康診断（第 12 条）等について定められています。また，第 11 条で，校長及び教員の懲戒権を認めていますが，体罰は

プラスα

教育基本法第 10 条

「父母その他の保護者は，子の教育について第一義的責任を有するものであって，生活のために必要な習慣を身に付けさせるとともに，自立心を育成し，心身の調和のとれた発達を図るよう努めるものとする」。

※児童の権利に関する条約第 18 条の，保護者が「児童の養育及び発達についての第一義的な責任を有する」に対応している。

教育振興基本計画

教育基本法第 17 条では，政府が教育の振興に関する施策についての基本的な方針及び講ずべき施策等についての基本的な計画を定め，国会に報告し，公表することが義務づけられている。地方公共団体には努力義務である。

学齢児童・学齢生徒

学校教育法第 17, 18 条では，保護者が就学させなければならない子を「学齢児童」（小学校などの初等教育の課程に就学させなければならない子），「学齢生徒」（中学校などの前期中等教育の課程に就学させなければならない子）としている。

プラスα

校務分掌
学校運営上必要な仕事の担当を決めて受けもつこと。学校教育法施行規則第43条「小学校においては、調和のとれた学校運営が行われるためにふさわしい校務分掌の仕組みを整えるものとする」との規定がある。中学校、高等学校等にも準用される。

校長の権限
学校教育法第37条4項では「校長は、校務をつかさどり、所属職員を監督する」と規定され、校務掌理権（①学校教育の管理、②所属職員の管理、③学校施設の管理、④学校事務の管理）と所属職員監督権（①職務上の監督、②身分上の監督）をもつ。学校経営の責任者であり、学校を代表して学校の意思や方針を外部に発信する立場でもある。

地教行法
地教行法の第30条には「地方公共団体は、法律で定めるところにより、学校、図書館、博物館、公民館その他の教育機関を設置するほか、条例で、教育に関する専門的、技術的事項の研究又は教育関係職員の研修、保健若しくは福祉厚生に関する施設その他の必要な教育機関を設置することができる」とあり、これが各自治体の教育支援センター、教育相談所・室、等の設置根拠となっている。

禁じています。また、義務教育の性質上、「停学」は、公立、私立を問わず、学齢児童、学齢生徒に対しては行うことができません（施行規則第26条4項）。「退学」は、公立の小学校、中学校、義務教育学校、特別支援学校に在学する学齢児童、学齢生徒に対して行うことは認められていません（施行規則第26条3項）。

第2章は義務教育について定めています。保護者の就学義務（第16条、17条）、病弱等による就学義務の猶予・免除（第18条）、就学の援助（第19条）や義務教育の目標（第21条）が定められています。

第3章から第11章は、幼稚園、小学校、中学校、高等学校、特別支援教育、大学等の学校種別ごとになっています。小学校の規定が詳しく、他の学校種の章では小学校の関連条文を準用する規定が付いています。小学校を例にとると、教育の目的（第29条）、目標（第30条）、修業年限（第32条）、教育課程（第33条）、教科用図書・教材の使用（第34条）、出席停止（第35条）、職員（第37条）、情報の提供（第43条）等の規定があります。職員については、そもそも第7条で「学校には、校長及び相当数の教員を置かなければならない」とありますが、第37条において、小学校では、校長、教頭、教諭、養護教諭、事務職員が必置とされ、さらに副校長、主幹教諭、指導教諭、栄養教諭等の必要な職員を設置者の判断で置くことができると規定されています。

③ 地方教育行政の組織及び運営に関する法律

縮めて「**地教行法**」と呼ばれ、その多くは**教育委員会**制度に関わる規定です。前身は1948年制定の「教育委員会法」で、戦後教育改革の理念である、教育の地方分権、教育行政の一般行政からの独立や民衆統制の考え（当初は教育委員を直接選挙で選出していた）を制度化したものでした。しかし、委員の直接選挙が委員会内や委員会と首長・議会との間で政治的な摩擦を生み出す等の弊害があり、1956年に教育委員会法を廃止して本法が制定されました。地教行法では、教育委員は、地方公共団体の首長が議会の同意を得て任命することとなっています。2014年の改正で、首長が教育等に関する大綱を定めること（第1条の3）、首長と教育委員会から成る総合教育会議を設けること（第1条の4）等が定められました。

教育委員会の意義としては、次のような点をあげることができます（文部科学省ホームページより）。

①政治的中立性の確保：特定の党派的影響力からの中立性を確保する。
②継続性・安定性の確保：教育は、学習期間を通じて一貫した方針の下、安定的に行われることが必要。
③地域住民の意向の反映：教育は専門家のみが担うのではなく、広く地域

図3-1　教育委員会の組織のイメージ

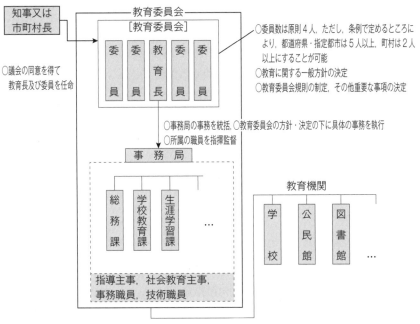

出所：文部科学省ホームページ

プラスα

教育委員会（狭義）
教育委員会とは教育長および原則4人の委員で組織される合議体の機関。教育長および委員は，地方公共団体の長が，議会の同意を得て任命する。

住民の意向を踏まえて行われることが必要。

　教育委員会の組織については，イメージ図（図3-1）を見てください。

　教育委員会は，狭義の教育委員会と事務局から構成されています。事務局には，事務職員等の他に「指導主事」が置かれます（第18条1項）。**指導主事**は，「教育に関し識見を有し，かつ，学校における教育課程，学習指導その他学校教育に関する専門的事項について教養と経験がある者」（第18条4項）とされ，現職の教員を充てることができます。

　教育委員会は，都道府県および市区町村等に置かれ，「学校の設置，管理」「就学，入学，転学，退学」「学校の組織編制，教育課程，学習指導，生徒指導及び職業指導」「教科書その他の教材の取扱い」等のほか，教職員の研修，社会教育，文化財の保護，スポーツの振興等（以上，第21条）の幅広い施策を展開しています。

3 　学校運営と教育活動に関する法規

　この章では，個々の法規ではなく，学校運営やそれぞれの教育活動ごとに関連する法規を学んでいくことにしましょう。

1 保健と安全

保健と安全について，学校には何が求められているでしょうか。学校教育法第12条で，学校では「幼児，児童，生徒及び学生並びに職員の健康の保持増進を図るため，健康診断を行い，その他その保健に必要な措置を講じなければならない」とあり，これを受けて学校保健安全法が定められています。**学校保健安全法**は，主に「学校保健」に関する規定（学校保健計画の策定と実施，健康診断，健康相談，保健指導，感染症の予防等）と，事故・加害行為・災害等に対応するための「学校安全」に関する規定（学校安全計画の策定と実施，学校環境の安全の確保，危険等発生時対処要領の作成とその周知・訓練）とで構成されています。

2 いじめ防止

①いじめ防止対策の概観

2013年に制定された**いじめ防止対策推進法**では，国，地方公共団体，学校設置者，学校及び学校の教職員，そして保護者の責務が定められています（第5〜9条）。また，第11条を受けて，文部科学大臣が「いじめ防止等のための基本的な方針」（2013年10月文部科学大臣決定，2017年3月改定）を定めました。これを参酌しながら，地方公共団体は「地方いじめ防止基本方針」策定の努力義務（第12条），学校は「学校いじめ防止基本方針」の策定義務（第13条）を負うことが規定されています。「いじめの防止等」とは，「いじめの防止」「いじめの早期発見」「いじめへの対処」（第1条）のこととされています。

②いじめへの対応について

いじめ防止対策推進法第2条では，いじめは「児童等に対して，当該児童等が在籍する学校に在籍している等当該児童等と一定の人的関係にある他の児童等が行う心理的又は物理的な影響を与える行為（インターネットを通じて行われるものを含む。）であって，当該行為の対象となった児童等が心身の苦痛を感じているものをいう」と定義されています。先述の文部科学大臣による基本的な方針では，いじめにあたるか否かの判断は，「表面的・形式的にすることなく，いじめられた児童生徒の立場に立つことが必要である」と述べられています。定義のなかの「心身の苦痛を感じているもの」という要件についても，いじめられていても本人がそれを否定する場合があることを踏まえ，当該児童生徒の表情や様子をきめ細かく観察することや，特定の教職員のみによることなく「いじめの防止等の対策のための組織」（いじめ防止対策推進法第22条）を活用していじめの認知を行うことなどを求めています。そして，いじめが確認されたら，いじめを受けた児童等とその保護者に対する「支援」，いじめを行った児童等に対する「指導」，その保護者に対する「助言」を継続的に行う

プラスα
学校保健安全法第7条
「学校には，健康診断，健康相談，保健指導，救急処置その他の保健に関する措置を行うため，保健室を設けるものとする」。

プラスα
いじめ防止対策推進法第11条
「文部科学大臣は，関係行政機関の長と連携協力して，いじめの防止等のための対策を総合的かつ効果的に推進するための基本的な方針を定めるものとする」。

プラスα
いじめ防止対策推進法第22条
「学校は，当該学校におけるいじめの防止等に関する措置を実効的に行うため，当該学校の複数の教職員，心理，福祉等に関する専門的な知識を有する者その他の関係者により構成されるいじめの防止等の対策のための組織を置くものとする」。

こととされています。

　いじめ防止対策推進法では，保護者についても「子の教育について第一義的責任を有するものであって，その保護する児童等がいじめを行うことのないよう，当該児童等に対し，規範意識を養うための指導」（第9条）に努めることと，「いじめを受けた場合には，適切に当該児童等をいじめから保護する」（同2項）ことを求めています。

③重大事態への対処

　重大事態とは，いじめ防止対策推進法第28条1項で，①いじめにより「児童等の生命，心身又は財産に重大な被害が生じた疑いがあると認めるとき」，②いじめにより「相当の期間学校を欠席することを余儀なくされている疑いがあると認めるとき」，と規定されています。文部科学省は，2017年に「いじめの重大事態の調査に関するガイドライン」を発表しています。

3　不登校児童生徒への支援

　文部科学省は，年度間に連続又は断続して30日以上欠席した児童生徒のなかで，「何らかの心理的，情緒的，身体的，あるいは社会的要因・背景により，児童生徒が登校しないあるいはしたくともできない状況にある者（ただし，「病気」や「経済的理由」，「新型コロナウイルス感染回避」による者を除く。）」を「不登校」と定義しています。不登校（長期欠席児童生徒）は，長らく生徒指導上の重要な課題の一つであり，2020年度は小中学校あわせて196,127人（全体の2.1％）が報告されています。特に中学校では132,777人（4.1％＝約25人に1人）が不登校の状態にあり，各クラスに1～2人の不登校の生徒がいる計算になります（「令和2年度　児童生徒の問題行動・不登校等生徒指導上の諸課題に関する調査結果」）。

　従来から不登校児童生徒支援のための多くの報告書や通知が出されてきましたが，2016年に「義務教育の段階における普通教育に相当する教育の機会の確保等に関する法律」（**教育機会確保法**）が成立し，不登校支援が法律上明記されました。基本理念の一つとして，「不登校児童生徒が行う多様な学習活動の実情を踏まえ，個々の不登校児童生徒の状況に応じた必要な支援が行われるようにすること」（第3条2項）が規定されています。この法律は，不登校の児童生徒（在宅の子どものほか，フリースクール，フリースペース等に通う子どもたち）だけでなく，義務教育段階で普通教育相当の教育を十分に受けられなかった人々（年齢や国籍に関わりなく）の教育機会を確保することも含んでいます。

　また文部科学省は2017年に教育機会確保法第7条を受けて，「義務教育の段階における普通教育に相当する教育の機会の確保等に関する基本指針」を出しました。2019年に出された「不登校児童生徒への支援の在り方について

プラスα

教育機会確保法第7条
「文部科学大臣は，教育機会の確保等に関する施策を総合的に推進するための基本的な指針を定めるものとする」。

（通知）」（元文科初第 698 号）では，学校等の取り組みとして「児童生徒理解・支援シート」の活用や「**スクールカウンセラーやスクールソーシャルワーカーとの連携協力**」等をあげたうえで，「一人一人の状況に応じて，**教育支援センター**，不登校特例校，フリースクールなどの民間施設，ICT を活用した学習支援」などの多様な教育機会を確保する必要があることや，夜間中学において，本人の希望を尊重したうえでの受入れも可能であることを指摘しています。こうした学校外の公的機関や民間施設で相談・指導を受けている場合は，それが不登校児童生徒の社会的な自立を目指すものであり，登校を希望した際に，円滑な学校復帰が可能となるよう個別指導等の適切な支援を実施していること等の一定の要件を満たせば，校長が指導要録上出席扱いとすることができることになっています。

4 特別支援教育

　特別支援教育とは，2007 年 4 月から学校教育法に位置づけられ，障害のある幼児・児童・生徒一人ひとりの教育的ニーズを把握し，すべての学校において適切な指導および必要な支援を行うものです。それまで盲・ろう・養護学校または特殊学級などで障害の種類や程度に応じて行っていた「特殊教育」を大きく転換しました。特徴としては，第一に従来の特殊教育の対象であった視覚障害，聴覚障害，知的障害，肢体不自由，病弱・身体虚弱，言語障害，情緒障害に加え，発達障害（学習障害，注意欠如・多動症，自閉スペクトラム症等）のある子どもを対象に加えたことです。第二に，盲・ろう・養護学校を「特別支援学校*」として一本化し，障害種別に拘束されない弾力的な教育を可能にしたことがあげられます。さらに，特別支援学校だけでなくすべての学校において通常学級に在籍する「教育上特別の支援を必要とする幼児，児童及び生徒」に対して「障害による学習上又は生活上の困難を克服するための教育を行うものとする」（学校教育法第 81 条 1 項）と定められました。

　なぜこのような転換が図られたのでしょうか？　まず，通常の学級に在籍している児童生徒のなかに，発達障害をもつ子どもたちが相当数いることが明らかになったことがあげられます。2005 年施行（2016 年改正）の**発達障害者支援法**には，障害や教育，支援に関する理念をみることができます。発達障害者の定義として，第 2 条 1 項では先述のような「学習障害」「注意欠陥多動性障害」（注意欠如・多動症）等の障害名に触れつつも，それだけでなく 2 項では「発達障害及び社会的障壁により日常生活又は社会生活に制限を受けるもの」としています。「社会的障壁」とは，「日常生活又は社会生活を営む上で障壁となるような社会における事物，制度，慣行，観念その他一切のもの」（同条 3 項）を指します。ここには，障害の種類や程度だけで障害を判断するのではなく，社会の側の要因（社会的障壁）を考慮するという障害観の変化があります。

語句説明

特別支援学校

「視覚障害者，聴覚障害者，知的障害者，肢体不自由者又は病弱者（身体虚弱者を含む。）に対して，幼稚園，小学校，中学校又は高等学校に準ずる教育を施すとともに，障害による学習上又は生活上の困難を克服し自立を図るために必要な知識技能を授けることを目的」（学校教育法第 72 条）としている。

世界保健機関（WHO）が 2001 年に発表した「国際生活機能分類」（ICF）や国連で 2006 年に採択された「障害者の権利に関する条約」も同様のとらえ方をしています。

　次に，第 8 条で「可能な限り発達障害児が発達障害児でない児童と共に教育を受けられるよう配慮しつつ，適切な教育的支援を行うこと」としており，ノーマライゼーション*の方向を目指していることがわかります。そして，第 2 条の 2 の 3 項では，「発達障害者の支援は，個々の発達障害者の性別，年齢，障害の状態及び生活の実態に応じて，かつ，医療，保健，福祉，教育，労働等に関する業務を行う関係機関及び民間団体相互の緊密な連携の下に，その意思決定の支援に配慮しつつ，切れ目なく行われなければならない」とあります。特別支援教育においても，一人ひとりの教育的ニーズを把握することが求められます。それを「切れ目なく」学校間で引き継ぎ，将来的には就労の支援に結び付けることが必要です。そのための手立てとして，**個別の教育支援計画***の作成」が第 8 条で定められています。

　また，2013 年に制定（2016 年施行）された「障害を理由とする差別の解消の推進に関する法律」の第 7 条 2 項では，「行政機関等は，その事務又は事業を行うに当たり，障害者から現に社会的障壁の除去を必要としている旨の意思の表明があった場合において，その実施に伴う負担が過重でないときは，障害者の権利利益を侵害することとならないよう，当該障害者の性別，年齢及び障害の状態に応じて，社会的障壁の除去の実施について必要かつ合理的な配慮をしなければならない」と規定されています。障害を理由とする不当な差別的取扱いは行政機関等（公立学校が含まれる）も民間事業者（私立学校が含まれる）も禁止（第 7 条 1 項，第 8 条 1 項）で，「合理的配慮」の提供は行政機関等（公立学校含む）は法的義務（第 7 条 2 項）で，民間事業者（私立学校含む）は努力義務（第 8 条 2 項）です。

　小学校や中学校における特別支援教育は，特別支援学級を置いて行われるものと，障害による困難に対して特別な配慮・支援を受けながら通常学級で行われるもの，そして通常学級で教育を受けながら必要に応じて特別支援学級等で指導を受ける「**通級による指導**」などの形態があります。

語句説明

ノーマライゼーション
障害のある者も障害のない者も同じように社会の一員として社会活動に参加し，自立して生活することのできる社会を目指すという理念。
→ 4 章参照

個別の教育支援計画
「教育に関する業務を行う関係機関と医療，保健，福祉，労働等に関する業務を行う関係機関及び民間団体との連携の下に行う個別の長期的な支援に関する計画」のこと（発達障害者支援法第 8 条）。

プラスα
合理的配慮
合理的配慮については，内閣府 HP の「合理的配慮サーチ」（https://www8.cao.go.jp/shougai/suishin/jirei/）に具体例が掲載されている。

・「教育基本法」を読み，内容を確認してみましょう。
・出版されている「教育小六法」（何種類かあります）にどのような法規が掲載されているかを調べ，学校教育に関する法を概観・整理してみましょう。
・身近な地方自治体や学校の「いじめ防止基本方針」を調べてみましょう（いくつかを調べ，比較してみましょう）。
・学校での「合理的配慮」の例を考えてみましょう。

🪶 本章のキーワードのまとめ

憲法第 26 条	国民の教育を受ける権利，その保護する子女に教育を受けさせる義務，義務教育の無償を規定している。戦前のような勅語によってではなく，国民の代表者が定めた法律によって教育を規定している。
教育基本法	憲法の下，日本の教育の基本理念を規定する法律。前文に「我が国の未来を切り拓く教育の基本を確立し，その振興を図るため」と制定の趣旨が述べられている。
教育振興基本計画	教育基本法第 17 条で国に策定が義務づけられた，教育の振興に関する基本的な計画。第 1 期（2008 年閣議決定），第 2 期（2013 年），第 3 期（2018 年）と策定されてきている。
学校教育法	学校教育の基本構造を規定する法律である。学校運営場面では，施行令，施行規則と合わせて理解しておく必要がある。
地教行法	「地方教育行政の組織及び運営に関する法律」のこと。教育委員会の設置，学校等の教育機関の職員の身分取り扱い，その他地方公共団体における教育行政の組織及び運営の基本を定めている。
学校保健安全法	学校内で確保されるべき保健と安全について定める法律である。健康診断，環境衛生，保健指導，感染症予防や，安全の確保，危険等発生時対処要領（危機管理マニュアル）作成等を規定している。
教育機会確保法	「義務教育の段階における普通教育に相当する教育の機会の確保等に関する法律」のこと。不登校児童生徒に対する教育の機会の確保や，義務教育の段階における普通教育を十分に受けていない人に対する支援を定めている。
いじめ防止対策推進法	いじめの防止等のための対策を総合的かつ効果的に推進することを目的とした法律である。いじめの防止等とは，①いじめの防止，②いじめの早期発見，③いじめへの対処を指す。
発達障害者支援法	切れ目なく発達障害者の支援を行うために，学校教育における発達障害者への支援，発達障害者の就労の支援，発達障害者支援センターの指定等について定めている。
学習指導要領	学校教育法第 33 条，学校教育法施行規則第 52 条に従い文部科学大臣が公示する教育課程の基準。
生徒指導提要	生徒指導の実践に際し，教員間や学校間で教職員の共通理解を図り，組織的・体系的な生徒指導の取り組みを進めることができるよう，生徒指導に関してまとめられた学校・教職員向けの基本書。
教育委員会	教育行政の政治的中立性や継続性・安定性の確保，地域住民の意向の反映を目指して，首長との連携を図りつつも一般行政から独立した合議制の執行機関。
指導主事	教育委員会の事務局に置かれる職で，教育課程や学習指導等に関する教養と経験がある者とされ，現職の教員が充てられることが多い。
チーム学校	複雑化する学校現場で，校長のリーダーシップの下，教職員と学校内外の多様な専門スタッフがそれぞれの能力を発揮して教育の効果を高めるような学校組織のあり方。

個別の教育 支援計画	発達障害者支援法で規定され，学校等の教育機関と医療，保健，福祉，労働等に関する機関との連携の下に作成される個別の長期的な支援に関する計画のこと。
スクールカウンセラー・スクールソーシャルワーカー	法的には学校教育法施行規則第65条の3，4で規定され，それぞれ「児童の心理に関する支援」「児童の福祉に関する支援」に従事する職。
特別支援教育	2007年4月から学校教育法に位置づけられ，障害のある幼児・児童・生徒一人ひとりの教育的ニーズを把握し，すべての学校において適切な指導および必要な支援を行うこと。
通　級	学校教育法施行規則第140条に基づき，大部分の授業を通常の学級で受けながら，一部の授業については障害に応じた特別な指導を別室等で受ける教育形態のこと。
教育支援センター （適応指導教室）	不登校児童生徒等に対する指導を行うために教育委員会等が，学校以外の場所や学校の余裕教室等において，学校生活への復帰を支援するため，児童生徒の在籍校と連携をとりつつ，個別カウンセリング，集団での指導，教科指導等を組織的，計画的に行う組織として設置したもの。
教育相談所・ 教育相談室	主として教育相談を行う機関のことであり，教育センター・教育研究所のなかや，地方教育事務所の建物のなかに設置されている。

コラム03　いじめ防止対策推進法

　いじめ防止対策推進法（以下，「この法」と表記）は，2013（平成25）年に成立・施行されました。この法の目的は，児童等の尊厳を保持するために，いじめの防止等の対策に関して，「基本理念を定め，国及び地方公共団体等の責務を明らかにし，並びにいじめの防止等のための対策に関する基本的な方針の策定について定めるとともに，いじめの防止等のための対策の基本となる事項を定めることにより，いじめの防止等のための対策を総合的かつ効果的に推進すること」（第1条）です。そのために，学校の設置者は，その設置する学校におけるいじめの防止等のために必要な措置を講ずる責務があり，学校および学校の教職員は，「基本理念にのっとり，当該学校に在籍する児童等の保護者，地域住民，児童相談所その他の関係者との連携を図りつつ，学校全体でいじめの防止及び早期発見に取り組むとともに，当該学校に在籍する児童等がいじめを受けていると思われるときは，適切かつ迅速にこれに対処する責務を有する」（第8条）とされています。しかし，そこに罰則規定はなく，一部の学校や教員の対応の不備や遅れが問題になることがあります。

　そのような背景もあり，2019年に，この法の改正を目指す超党派の国会議員による勉強会が，「いじめに適切に対応しなかった教職員を懲戒処分の対象とする条文の明記を検討している」と報道されました（毎日新聞，2019）。しかし，法改正によらなくとも，公立学校でいじめが起きた場合には，国家賠償法第1条による民事案件として，まず公共団体が損害賠償をし，公共団体が公務員個人に求償する可能性があります。私立学校の場合にも，学校法人の使用者責任や，教師の不法行為責任が追及される可能性があります（田中，2007）。参考として，欧州諸国ではいじめ防止のための立法は日本よりも早い時期になされました。たとえばノルウェーでは，教育法にいじめの認知と対応の責務を示しており，故意に違反した学校の管理職は罰金あるいは3か月までの懲役刑あるいはその両方が科されます。

　いじめ防止対策推進法では，保護者にも，いじめの防止に関わる責務が規定されており（第9条），学校などが講ずるいじめの防止等のための措置に協力するよう努めるものとされています。

　実際にこの法の運用にあたって困難をもたらすのは，いじめの定義の変遷や不一致です。文部科学省が示すいじめの定義は変遷しており，また，いじめの定義は関係者間でも一致しているわけではありません（戸田，2013）。それが共通理解や協働の妨げになる場合や，対立をこじらせる要因となる場合があり，それぞれの地域などでの，いわゆる共通理解の構築が求められます（小林・三輪，2013）。そのためにも，「学校いじめ防止基本方針」（第13条）を，各学校の実情に即して，児童生徒や保護者とも議論を重ねて改訂し続けることが望まれます。

　日本でのいじめ問題への社会的な関心や教育関係者の努力の度合いは，いじめ自殺事件へのメディア・フォーカスに左右され（戸田，2010），教育委員会のいじめに関する研修も，社会的関心が薄れると低調になっていました（阪根・青山，2011）。そのなかで2011年に起きた，滋賀県大津市でのいじめ自殺事件では，教育委員会や当該学校のいじめに対する姿勢に批判が集中し，この法の立法に至った経緯があります。しかし，地域や学校による「いじめ対応・最優先」の姿勢の違い，各教師のいじめに関する認識やスキルの違い，いわゆる「温度差」は未だに大きいと思えます。そのため，いじめ対応ができていない教師への保護者の不信は大きく，先述のように，不適切な対応をした教師個人への懲戒という議論も出てきます。

　一方で，教師の側も困難な事情を抱えています。「学校は，いじめが犯罪行為として取り扱われるべきものであると認めるときは所轄警察署と連携してこれに対処するもの」（第23条第6項）とされていますが，対教師暴力等の多くを警察に通報せずに指導してきた学校もあり，どこから警察と連携する事案とするのか迷いがあります。加害側の子も教え子であり，厳しく対応できない場合もあります。大規模な私立学校のなかには退職した警察官を顧問に雇用している例もありますし，韓国では複数の学校を担当する学校警察官がいじめ問題にも対応するようになっていますが，警察や司法の専門家が学校をサポートする体制が，今後さらに望まれると思われます。

第4章

福祉領域の制度と法(1) 障害者(児)福祉

> この章では，障害者（児）福祉に関わる法律や制度が，社会における障害観の変容や時代的背景をもとに，どのように変遷してきたのかを追いながら，各法制度について概観していきます。障害を抱えている人が，その人らしく生きることを支援するためには，当事者の生活を支える幅広い法制度の知識が不可欠です。さらに，関連法を学ぶことは他職種の役割や立場を理解する機会となり，場に即した支援を展開させていくのに役立つでしょう。

1 障害者(児)とその家族の生活を支援するために

事例 **家族全体のゆとりを取り戻す**

　20代のユウタさんは，両親と3人で生活しています。ユウタさんは，重度の知的障害を抱えており，平日は就労継続支援B型施設（作業所）※に通所しています。電車に乗ることが好きで，小さいころから週末は，母親と一緒に電車で小旅行することを楽しみにしていて，最近では少しずつ一人で出かけられる場所も増えてきました。仕事で忙しい父親は，ユウタさんのことについてすべて妻に任せきりでした。母親自身も，ユウタさんの世話はなるべく自分が引き受けようという意識が強く，幼少期からずっと二人三脚でやってきました。

　しばらく前から，母親は疲れやすく，時に荷物も持てないほど体調が優れない日々が続くようになりました。病院を受診したところ，難病の一つ「全身性エリテマトーデス（SLE）」であると診断を受けました。病気がわかってからもユウタさんの世話に対する父親からの協力は得にくく，夫婦間の衝突が増えました。週末の電車旅行に行けなくなることも多く，家庭内の緊張状況を敏感に感じ取ったユウタさんは精神的に不安定になり，些細なことで激しくかんしゃくを起こすようになりました。自分の病状に対する不安に加え，家族の問題も重なり精神的に追い詰められた母親は，ユウタさんが通う施設の担当職員からの勧めもあり，悩んだ末に心理相談室を訪れました。

　状況を聞いた心理士は，ユウタさん親子にまず必要なのは，休息（レス

語句説明
就労継続支援B型
障害や体調に合わせて自分のペースで働く場を提供する事業である。雇用契約を結ばず，給料の代わりに「工賃」が支払われる。事業所によって，クッキーやパンの製造や部品加工など，作業内容はさまざまである。

パイト）して家族がそれぞれに精神的ゆとりを取り戻すことだと考えました。心理士は母親のこれまでの苦労を労い，ユウタさんの短期入所の利用と，母親に対しても家事援助の居宅介護を利用してはどうかと提案し，申請の流れを説明しました。今後の見通しが立ったことにより，父親からの協力も得やすくなり，福祉サービスを活用しながら少しずつ家族全体がゆとりを取り戻していきました。

　ここでは，一般的な心理相談の場で出会う事例を取り上げました。事例に出てきたユウタさんが通う「就労継続支援 B 型施設」，心理士が母親に提案した「短期入所（ショートステイ）」「居宅介護*」は，2013 年に施行された**障害者の日常生活及び社会生活を総合的に支援するための法律（障害者総合支援法）**で定められた障害福祉サービスにあたります。障害者（児）福祉領域の相談では，障害を抱える本人への生物―心理―社会的アセスメントのみならず，本人をサポートする家族全体の機能を見立て，生活を支援する視点が不可欠となります。関連する法制度や活用できる**障害福祉サービス**の知識を活かしながら，当事者にとって役立つ支援を考えることが必要です。

　では，障害者総合支援法で規定されている，地域での障害福祉サービスにはどのようなものがあるのでしょうか。障害福祉サービスは「自立支援給付」と「地域生活支援事業」で構成されています（図4-1）。

　たとえば，日中活動として就労したいときに利用できる福祉サービスをみてみると，さきほどの事例に出てきた「**就労継続支援 B 型**」のほかに，「**就労継続支援 A 型**」「**就労移行支援**」と呼ばれる事業があります。また，一人で外出することが難しい場合には，地域生活支援事業の一つである「移動支援」の利用が考えられるでしょう。これらの福祉サービスを利用するためには，市町村への申請が必要であり，判定された障害支援区分によってサービスの種類や受けられる量が決められています。障害福祉サービスは，少しずつその対象と内容の拡充が図られて現在に至っています。しかし，依然として制度の谷間で受給対象とならずにサービスを利用できなかったり，制度化されたサービスでは充分とはいえなかったりすることも起きています。図4-1にある公的サービス以外にも，地域によっては多くの社会資源があります。法律から少し話は逸れますが，公的サービスの特質を知ったうえで，地域で活用できる資源（地域ボランティア団体や NPO 法人の活動など）について情報を得ることも非常に有益です。

　障害者（児）福祉の領域は，子どもから高齢者まで対象になる年齢層が幅広く，18 歳と 65 歳を境目として基盤になる法律が変わります（18 歳未満の子どもに対しては基本的に児童福祉法，18 歳以上～65 歳未満の成人は障害者総合支援法，65 歳以上の高齢者については介護保険法・老人福祉法が適用されます）。さ

語句説明

居宅介護
障害支援区分が区分 1 以上（児童の場合はこれに相当する心身の状態）である人を対象に，身体介護（入浴，排泄，食事等の介助）や家事支援（調理，洗濯，掃除，生活必需品の買い物等）その他生活上の必要な相談等を行う。

障害者総合支援法
障害者自立支援法の改正により，2012 年に成立。障害や難病のある人を対象として，障害の程度だけでなく生活状況も加味して障害支援区分を判定し，個々のニーズに応じて福祉サービスを組み合わせ，利用できる仕組みを定める。

就労継続支援 A 型
65 歳未満で障害や難病のために一般企業への就職が難しい人を対象に，一定の支援がある職場で働けるサービスである。雇用契約を結び，給料が支払われる。

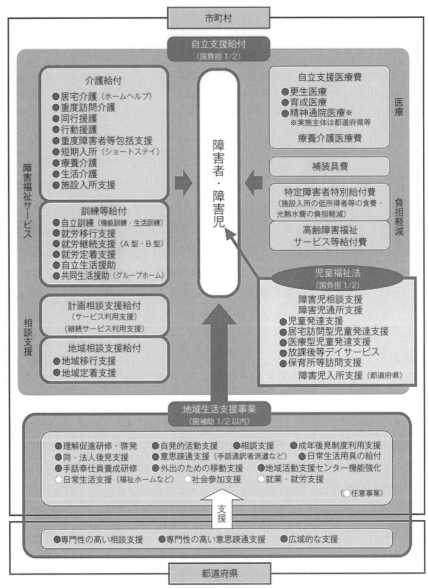

図4-1 地域における障害福祉サービス

市町村

自立支援給付
（国負担 1/2）

障害福祉サービス

介護給付
●居宅介護（ホームヘルプ）
●重度訪問介護
●同行援護
●行動援護
●重度障害者等包括支援
●短期入所（ショートステイ）
●療養介護
●生活介護
●施設入所支援

訓練等給付
●自立訓練（機能訓練・生活訓練）
●就労移行支援
●就労継続支援（A型・B型）
●就労定着支援
●自立生活援助
●共同生活援助（グループホーム）

相談支援

計画相談支援給付
（サービス利用支援）
（継続サービス利用支援）

地域相談支援給付
●地域移行支援
●地域定着支援

障害者・障害児

医療

自立支援医療費
●更生医療
●育成医療
●精神通院医療※
　※実施主体は都道府県等

療養介護医療費

補装具費

負担軽減

特定障害者特別給付費
（施設入所の低所得者等の食費・
光熱水費の負担軽減）

高齢障害福祉
サービス等給付費

児童福祉法
（国負担 1/2）

障害児相談支援
障害児通所支援
●児童発達支援
●居宅訪問型児童発達支援
●医療型児童発達支援
●放課後等デイサービス
●保育所等訪問支援
障害児入所支援（都道府県）

地域生活支援事業
（国補助 1/2 以内）

●理解促進研修・啓発　●自発的活動支援　●相談支援　●成年後見制度利用支援
●同・法人後見支援　●意思疎通支援（手話通訳者派遣など）　●日常生活用具の給付
●手話奉仕員養成研修　●外出のための移動支援　●地域活動支援センター機能強化
○日常生活支援（福祉ホームなど）　○社会参加支援　○就業・就労支援
○（任意事業）

支援

●専門性の高い相談支援　●専門性の高い意思疎通支援　●広域的な支援

都道府県

出所：社会保険研究所，2021「障害者福祉ガイド（令和3年4月版）」

らに，「障害」の様相も非常に多岐にわたっており，18歳以上の人を対象とした障害福祉サービスを定める障害者総合支援法では，身体障害・知的障害・精神障害（発達障害を含む）の3障害に加え，新たに難病も対象となりました（図4-2）。

　福祉に関わる法律は基本的に，法律ごとに3年または5年に一度見直しの時期がきます。たとえば障害者総合支援法は，ただ障害福祉サービスを規定するのみならず，市町村や都道府県の責務として，障害を抱えた人が地域で生活

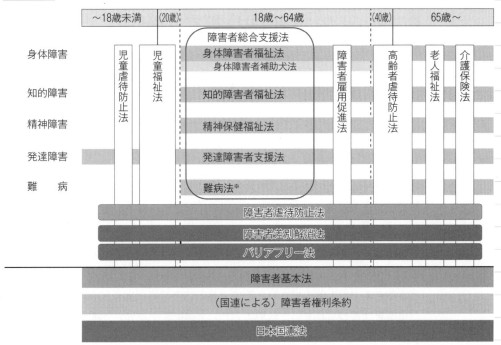

図4-2　障害者（児）福祉に関連する主な法律

注：※障害者総合支援法においては，難病法で規定されている基準のうち，「発病の機構が明らかでない」「患者数が人口の 0.1％程度に達しない」の 2 点を要件とせず，難病法よりも対象を広げている。平成 30 年 4 月より 359 疾患が対象となっている。
出所：二本柳覚（2018）をもとに作成

　しやすい社会にするため，必要な計画を立てることも定めています。2018 年に法制定後初めての改正がなされ，たとえば歩行器や義手などの補装具にかかる費用について，従来は購入のみが対象とされていましたが，成長期にある障害児にとっては成長に伴い，短期間で交換する必要が生じるため，貸与もその対象となりました。また，2020 年 10 月に国会へ提出された改正案では，地域生活の支援体制を拡充するために，一人暮らし等を希望する場合や退去後の相談を共同生活援助（グループホーム）の支援に含むことの明確化，「就労選択支援」の創設によって，多様な就労ニーズを支援することなどが盛り込まれました。支援を必要としている人々に，より適切な障害福祉サービスが行き届くよう，社会の変容に沿いながら今後も拡充されていくことが望まれます。障害者（児）福祉の法制度の学習には，社会における障害観の変容や社会情勢も踏まえながら，その変遷を理解していく視点が不可欠です。現代に至るまで，障害者（児）福祉領域がどのような歴史をたどってきたのか，時代的背景も含めて概観していきましょう。

2 ｜ 障害者(児)福祉の歴史

1 戦前・戦中（～1945 年）

　日本において，国をあげて本格的な障害者（児）保護施策が始まったのは戦後に入ってからです。戦前は，一般的な窮民対策のなかで障害者も救貧の対象とされたり，治安維持のため取締りの対象とされたりするのみでした。精神障害者に関する最初の法律は 1900 年施行の精神病者監護法であり，この法では精神障害者の監護責任者（主に家族）が，今でいう都道府県知事に許可を得て，私宅に監置できるとされていました。精神障害に対する治療薬も治療方法も充分に確立されておらず，精神障害者は治療ではなく隔離する対象であったことがうかがわれます。当時は，障害者（児）の保護は家族によってなされるものとする考え方が大前提であり，障害者施策の多くは民間の篤志家や宗教家，社会事業者に委ねられていた状態でした（文部科学省 障がい者制度改革推進会議，2010）。

2 終戦直後（1945 年～1950 年代）

　終戦後に制定された日本国憲法では，第 25 条のなかに「福祉」が位置づけられました。戦後直後は，救貧と戦災孤児の救済が緊急の課題であり，その結果「福祉三法」として，生活保護法（1946 年），児童福祉法（1947 年），身体障害者福祉法（1949 年）が制定されました。このことによって，福祉サービスは国の責任のもとに，国から委任された地方公共団体の長が事務を執り行い，国から委託された社会福祉法人が福祉事業を行うという体制（措置制度）がつくられました。国が行う福祉サービスなので，家族に経済的負担が大きくかからぬよう，費用は応能負担とされました。この体制は，2003 年まで長く続きました。

　1947 年に制定された学校教育法では，それまで教育の対象とされていなかった障害児にも，特殊教育として教育の機会が与えられると制度上は位置づけられました。しかし実際には，1979 年に養護学校が義務制となるまで，本人や保護者の意思にかかわらず，多くの障害児に対して就学猶予や就学免除の適用がなされていました（満 6 歳を迎えた子どもに対する自治体と保護者の義務として，障害児は就学の対象から外されていました）。

　1950 年には精神衛生法が制定され，それまで認められていた精神障害者を私宅で監置することを禁止し，精神病院の設置は都道府県の義務とされました。

プラスα
日本国憲法第 25 条
「すべて国民は，健康で文化的な最低限度の生活を営む権利を有する。
2 国は，すべての生活部面について，社会福祉，社会保障及び公衆衛生の向上及び増進に努めなければならない」。

語句説明
応能負担
経済的負担を軽減するため，所得に応じて決められた費用を支払う。
→ 7 章参照

図4-3　障害者施策の動向

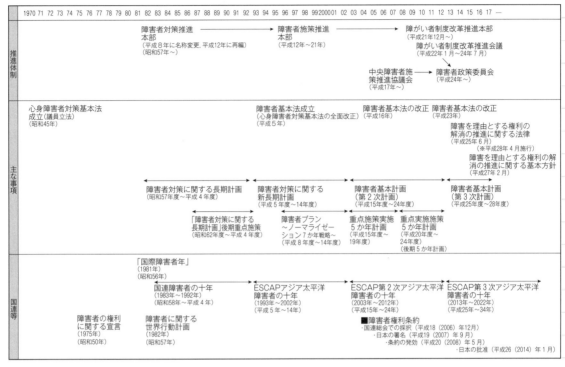

出所：内閣府，2015『平成27年版 障害者白書』

3　1960年〜1970年代

　高度経済成長期に入り，東京オリンピックを4年後に控えた1960年，障害者を対象とした雇用施策として身体障害者雇用促進法が制定されました。その後1973年に起きたオイルショックの影響によって日本経済は低成長期に転じました。

　身体障害者の雇用困難を打開するため，1976年の改正では法定雇用率[*]制度が法定義務化される等，今日の障害者雇用促進法の原型となりました。

　同じく1960年には，精神薄弱者福祉法（現：知的障害者福祉法）が制定されました。障害種別を越えた施策の基本指針として，心身障害者対策基本法が1970年に制定されますが，心身障害者の定義は「肢体不自由，視覚障害，聴覚障害，平衡機能障害，音声機能障害若しくは言語機能障害，心臓機能障害，呼吸器機能障害等の固定的臓器機能障害又は精神薄弱等の精神的欠陥」とされ，精神障害は対象に含まれていませんでした。障害ごとに施策が展開されていくものの，戦後ようやく国家による福祉サービスが始まったばかりの日本では，1960年代にはすでにノーマライゼーション[*]の思想や脱施設化，統合教育が始まっていた先進諸外国と比べて大きな隔たりがありました（図4-3）。

語句説明

法定雇用率
障害者雇用促進法で義務づけられている従業員のうち，障害者を雇う割合。1976年の改正では，身体障害者のみが対象であり，雇用率は民間企業で1.5%とされた。2018年4月より，身体障害・知的障害に加えて，精神障害も含められ，2021年3月からは民間企業で2.3%，国や地方自治体では2.6%に引き上げられた。

1950年代のデンマークで，知的障害者施設での生活を改善しようとする親たちの運動を契機に，行政官としてともに取り組んだN・E・バンク-ミケルセンが提唱して生まれた理念。厚生労働省では「障害のある人が障害のない人と同等に生活し，ともにいきいきと活動できる社会を目指す」と提唱。

プラスα

福祉八法

①児童福祉法（1947年），②身体障害者福祉法（1949年），③社会福祉事業法（1951年に制定，2000年に社会福祉法へ改称），④精神薄弱者福祉法（1960年に制定，1998年に知的障害者福祉法へ改称），⑤老人福祉法（1963年），⑥母子及び寡婦福祉法（1964年に制定，2014年に母子及び父子並びに寡婦福祉法へ改正），⑦老人保健法（1982年に制定，2008年に高齢者の医療の確保に関する法律へ改称），⑧社会福祉・医療事業団法（1984年に制定，現在は廃止）。
※1946年に制定された生活保護法は，福祉三法・六法には含むが，八法には含まない（野崎，2018）。

4 1980年代～1990年代前半

そんななか，国連総会は障害者の「完全参加と平等」をテーマに謳い，1981年を国際障害者年と宣言しました。1982年に総会で決議された「障害者に関する世界行動計画」の実施に向け，1983～1992年までを「国連・障害者の十年」として各国が取り組むこととなりました。1993年以降も引き続き，「アジア太平洋障害者の十年（1993-2002）」が採択されました。

さらにこの国際的な取り組みは10年ごとの延長を継続し，現在は2013～2022年の10年間を「第三次アジア太平洋障害者の十年」として行動計画の実施に取り組んでいます。このように，国際障害者年宣言に伴う世界行動計画の取り組みは，日本の障害者施策にも影響を及ぼし，大きく推進させる原動力となったといえます。

1980年代，入院中に職員から暴行を受けて精神障害の患者が死亡した事件（宇都宮病院事件）を契機に，精神障害者の人権が守られていないことと，その処遇に対して国内外から批判が高まり，精神衛生法を改正して1987年に精神保健法が成立しました。この法律では，精神障害者の人権擁護と社会復帰の促進が謳われました。また同じく1987年には，社会福祉士及び介護福祉士法が制定されました。

1990年の福祉八法改正では，身体障害者福祉法と精神薄弱者福祉法において在宅福祉サービスが法定化され，市町村の福祉サービスに一元化されました。

1993年には，心身障害者対策基本法が**障害者基本法**へと改定され，精神障害者が初めて福祉の対象として位置づけられることになりました。障害者基本法の基本的理念として，第3条に「全て障害者は，社会を構成する一員として社会，経済，文化その他あらゆる分野の活動に参加する機会が確保されること」とあるのは，1981年の国際障害者年のテーマ「完全参加と平等」を具現化しようとする流れであるといえましょう。

さらに，地域生活の基盤を整備するための法整備もなされ，高齢者，身体障害者が円滑に利用できる特定建築物の建築の促進に関する法律（ハートビル法）が1994年に制定されました。

5 1990年代後半～2000年代

①精神障害者への施策の充実と地域生活の基盤整備

障害者基本法の改定に伴い，1995年に精神保健法は，精神保健福祉法（正式名称：精神保健及び精神障害者福祉に関する法律）へと大幅に改正されました。この改正に伴い，「自立と社会経済活動への参加」が目的に加えられ，精神障害者保健福祉手帳制度が創設されました。また1997年には精神障害者の社会復帰を促進するにあたってその相談支援を行う役割を担う職種として精神保健

福祉士が国家資格として定められました（1997 年，精神保健福祉士法）。

　精神障害者の保護者（主に家族）は，本人に治療を受けさせ，自傷他害を起こさせないように監督する義務を負ってきました。そうしたなか，ある精神障害者が起こした事件に関する裁判で，保護者が監督責任を果たさなかったという理由で高額の損害賠償を命じられる判決が出されました。この判決をきっかけに，家族にかかる過重な負担と理不尽さに対して世間の理解が広まり，1999年の精神保健福祉法改正では，保護者への自傷他害防止監督義務規定が削除されました。しかし現在もなお，家族にかかる責任は軽減されてはいません。

　1999 年の改正では，社会復帰施設に精神障害者地域生活支援センターが追加され，市町村を実施主体として精神障害者居宅生活支援事業（ホームヘルプ，ショートステイ，グループホーム）が法定化される等，社会復帰を促進させる施策が拡充されました。

　地域生活の基盤整備はさらに進み，高齢者，身体障害者等の公共交通機関を利用した移動の円滑化の促進に関する法律（交通バリアフリー法）が 2000 年に，補助犬を使う身体障害者の自立と社会参加を促進する，身体障害者補助犬法が 2002 年に制定されました。また，ハートビル法と交通バリアフリー法を統合して，高齢者，障害者等の移動等の円滑化の促進に関する法律（バリアフリー新法）が 2006 年に定められ，建物の利用や交通機関の利用に際する施策が打ち出されました。

②応能負担から応益負担へ

　バブル経済が崩壊した後，国の財源不足をはじめとする財政問題を背景として，社会福祉の基礎構造改革のため，2000 年に社会福祉の増進のための社会福祉事業法等の一部を改正する等の法律案が成立しました。戦後から続いてきた，行政が福祉サービスを提供する措置制度から，2003 年に契約制度（支援費制度）へと転換させ，利用者側が希望するサービスを選択し，事業者と契約を結んで利用する形へと移行しました。これに伴い，費用の負担についても，収入に応じて負担が変わる応能負担から，収入の差にかかわらず一律の費用を負担する応益負担*へと変わりました。その結果，利用者数の増大や財源不足，障害種別ごとに縦割りでサービスが提供される仕組み上の問題，さらに地域間のサービス格差が大きいといった新たな課題が生じました。その解決策として，身体・知的・精神の 3 障害の福祉サービスを統合し，国の財政支援を受けながら市町村が一元的にサービスを提供すると定めた，障害者自立支援法が2006 年に施行されました。しかし，障害程度区分の難しさ，利用者負担をめぐる訴訟問題，さらには介護保険との統合など多くの問題点が指摘され，2013 年に障害者総合支援法（正式名称：障害者の日常生活及び社会生活を総合的に支援するための法律）へと改正されることになりました。

　この間，3 障害のなかに定義されず，長らく福祉の谷間に取り残され，サー

語句説明

応益負担
所得にかかわらず，受けたサービスに応じて 1 割ないし 2 割の負担を支払う。

ビスの対象から外れていた発達障害者に対し，その援助を定めた発達障害者支援法が2004年に制定されました。2010年の障害者自立支援法一部改正の際，発達障害もその対象となることが明記されました。

③障害者権利条約批准の経緯と国内における法整備の段階

松井（2008）は，そもそも障害が医療や福祉の問題というよりも権利の問題であるという認識が広まるきっかけとなったのは，1975年の国連総会で「障害者の権利宣言」が採択されたことであったと指摘しています。その後，1981年の国際障害者年の宣言を発端に世界的なキャンペーンが展開され，1990年代には障害当事者団体が発言力をもつようになっていきました。その結果2000年代に入って，障害者団体も同席しながら障害者権利条約の草案作りが進められ，「Nothing About Us Without Us！（私たちのことを，私たち抜きに決めないで！）」をスローガンに，2006年に**障害者の権利に関する条約（障害者権利条約）**が国連総会で採択されました。

障害者権利条約の前文と第1条には，障害および障害者の定義が明示されています。

前文（e）「障害が発展する概念であること（中略）障害が，機能障害を有する者とこれらの者に対する態度及び環境による障壁との間の相互作用であって，これらの者が他の者との平等を基礎として社会に完全かつ効果的に参加することを妨げるものによって生ずる」

第1条「障害者には，長期的な身体的，精神的，知的又は感覚的な機能障害であって，様々な障壁との相互作用により他の者との平等を基礎として社会に完全かつ効果的に参加することを妨げ得るものを有する者を含む」

ここには，障害が「機能障害」と「環境要因」から成り立っていることが明示されています。これは世界保健機関（WHO）が2001年に採択した，「**国際生活機能分類（ICF**：International Classification of Functioning, Disability and Health）」の考え方を反映していることがわかります。

ここで，世界の障害観がどのように変容したのか，このICFモデルへの転換をもとにみてみましょう。

ICFモデルが採択されるまで，WHOでは「国際疾病分類（ICD）」の補助として発表した「国際障害分類（ICIDH：International Classification of Impairments, Disabilities and Handicaps）」が用いられてきました。ICIDHの基本理念は，国際障害者年（1981年）の世界行動計画にも取り入れられ，大きな影響を与えました。このモデルでは障害を，①機能・形態障害，②能力障害，③社会的不利に分類し，3つを合わせた全体が「障害」であるとしました（図4-4）。

語句説明

ICF
WHOで2001年に採択。人間の生活機能と障害について，「生活機能」の3分類（「心身機能・身体構造」「活動」「参加」）と「健康状態」，「背景因子」（「環境因子」「個人因子」）で構成され，それぞれが影響し合うとするとらえ方である。障害の有無に関係なく，すべての人に用いることができる。

図4-4　ICIDH（国際障害分類）モデル

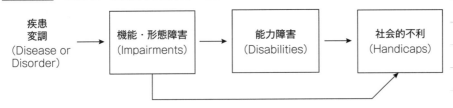

出所：上田，2005 をもとに作成

　ICIDH は発表された直後から，障害のマイナス面ばかりに注目していて，障害のある人の立場が理解されていない等の批判が起こったり，誤解が生じたりしました（上田，2005）。その後，障害のある当事者も議論に参加し，検討を重ねて，ICIDH の改訂版として 2001 年に発表されたのが ICF モデルです（図4-5）。

図4-5　ICF（国際生活機能分類）モデル

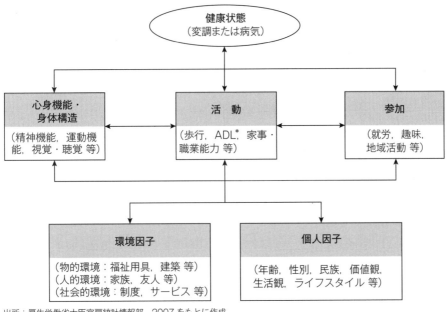

出所：厚生労働省大臣官房統計情報部，2007 をもとに作成

語句説明

ADL（Activities of Daily Living：日常的生活動作）
起床から着替え，食事，移動，排泄，入浴等の日常的な動作をいう。

　ICF の目的は，健康状況と健康関連状況を記述するための，統一的で標準的な言語と概念的枠組みを提供することです（厚生労働省 社会・援護局，2002年）。障害の有無にかかわらず，すべての人についてこのモデルでとらえることができるようにしました。ICF では，人が生きていくための "生活機能" を，生物・個人・社会レベル（「心身機能・身体構造」「活動」「参加」）の 3 軸からとらえます。この生活機能は，ICD（国際疾病分類）を基に分類される疾病や傷害などの「健康状態」と，2 つの "背景因子"（「環境因子」「個人因子」）から影響を受け，さらに各要素が相互作用しているとしました。それぞれの人が

図4-6　　障害者権利条約批准までの法整備

（条約の成立から締結までの日本の取組）
2006年12月　国連総会で条約が採択される
2007年9月　日本が条約に署名
2008年5月　「障害者権利条約」の発効

条約締結に先立ち，障害当事者の意見も踏まえつつ，
国内法令の整備を推進

2011年8月　障害者基本法の改正
2012年6月　障害者総合支援法の成立
2013年6月　障害者差別解消法の成立
　　　　　　障害者雇用促進法の改正

2013年11月の衆議院本会議，12月の参議院本会議
にて，全会一致で締結が承認

2014年1月に条約を批准，2月に我が国について発効

出所：内閣府，2016『平成28年度版 障害者白書』

もつプラスの要素にも着目しながら，人が生きることを多軸でとらえたところにICFの特徴があります。生き難さ（障害）は，相互に影響し合う「生活機能」と「健康状態」，「背景因子」によってとらえられ，すべての人が生きやすい環境，すなわち共生社会が必要であると方向づけました。

　こうした世界的な障害観の変容を経て，障害者権利条約は生まれました。2007年に日本は条約署名をしてから，その批准に向けておよそ6年をかけて国内の法整備を進めていきました（図4-6）。

　2011（平成23）年，まず障害者基本法が改正され，障害者の定義は「身体障害，知的障害，精神障害（発達障害を含む）その他の心身の機能の障害がある者であつて，障害及び社会的障壁により継続的に日常生活又は社会生活に相当な制限を受ける状態にあるものをいう」とされました。また，「社会的障壁」の定義を，「障害がある者にとつて日常生活又は社会生活を営む上で障壁となるような社会における事物，制度，慣行，観念その他一切のものをいう」として，個人の機能障害だけでなく，社会的障壁が「障害」を取り巻く課題としてとらえられることになりました。ここにもICFの考え方が見て取れます。さらに2013年には，**障害を理由とする差別の解消の推進に関する法律（障害者差別解消法）** が公布されました。この法律によって，障害を理由とする差別の禁止と，合理的配慮 の提供が求められるようになりました。

　こうした権利条約批准に向けた法整備の一方で，相次ぐ障害者（児）施設における虐待問題に対応すべく，2011（平成23）年6月に**障害者虐待の防止，**

語句説明
合理的配慮
障害をもつ人から，社会のなかで生じる困りごとや障壁を取り除くための配慮が求められた場合，合理的な範囲で調整や変更を行うことをいう。2021年に障害者差別解消法が改正され，合理的配慮の提供は，行政機関等に加えて民間の事業者にも義務化された。

表4-1 障害者虐待における虐待防止法制の対象範囲

所在場所＼年齢	在宅（養護者・保護者）	福祉施設・事業						企業	学校病院保育所
		障害者総合支援法		介護保険法等	児童福祉法				
		障害福祉サービス事業所（入所系，日中系，訪問系，GH等含む）	相談支援事業所	高齢者施設等（入所系，通所系，訪問系，居住系等含む）	障害児通所支援事業所	障害児入所施設等※3	障害児相談支援事業所		
18歳未満	児童虐待防止法 ・被虐待者支援（都道府県）※1	障害者虐待防止法 ・適切な権限行使（都道府県・市町村）	障害者虐待防止法 ・適切な権限行使（都道府県・市町村）	—	障害者虐待防止法（省令） ・適切な権限行使（都道府県・市町村）	児童福祉法 ・適切な権限行使（都道府県）※4	障害者虐待防止法（省令） ・適切な権限行使（都道府県・市町村）	障害者虐待防止法 ・適切な権限行使（都道府県労働局）	障害者虐待防止法 ・間接的防止措置（施設長・管理者）
18歳以上65歳未満	障害者虐待防止法 ・被虐待者支援（市町村）			—	【20歳まで】※2	【20歳まで】	—		
				【特定疾病40歳以上】	—	—			
65歳以上	障害者虐待防止法 高齢者虐待防止法 ・被虐待者支援（市町村）			高齢者虐待防止法 ・適切な権限行使（都道府県・市町村）	—	—	—		

注：※1 養護者への支援は，被虐待者が18歳未満の場合でも必要に応じて障害者虐待防止法も適用される。
なお，配偶者から暴力を受けている場合は，配偶者からの暴力の防止及び被害者の保護に関する法律の対象にもなる。
※2 放課後等デイサービスのみ。
※3 小規模住居型児童養育事業，里親，乳児院，児童養護施設，障害児入所施設，児童心理治療施設，児童自立支援施設，指定発達支援医療機関等（児童福祉法第33条の10）
※4 障害児一体で運営されている施設においては，児童福祉法に基づく給付を受けている場合は児童福祉法，障害者総合支援法に基づく給付を受けている場合は障害者虐待防止法の対象になる。
出所：厚生労働省社会・援護局 障害保健福祉部，2018 より引用

障害者の養護者に対する支援等に関する法律（障害者虐待防止法）が成立し，翌2012（平成24）年10月から施行されました。

この法律では「障害者虐待」の定義を（1）養護者による障害者虐待，（2）障害者福祉施設従事者等による障害者虐待，（3）使用者*による障害者虐待の3種類に分類しています。障害者に対する虐待を防止するだけでなく，日常生活で関わる養育者の負担を軽減するため，養育者への支援を盛り込んでいること

語句説明

使用者
障害者を雇用する事業主や，事業の経営担当者等を指す。

は，この法律の特徴の一つです。なお，18歳未満の障害児および65歳以上の高齢者にも，総則等は適用範囲とされています。どのような場で起きた虐待事例であるかにより，対応についてはそれぞれの年齢によって，児童虐待防止法，障害者虐待防止法，高齢者虐待防止法が適用されることになります（表4-1）。

3 │ 障害者（児）福祉領域で働く心理職に求められること

　公認心理師法施行前に行われた，村瀬ら（2015）の厚生労働科学特別研究事業「心理職の役割の明確化と育成に関する研究」では，福祉分野における心理職の実態調査が実施されています。当時は国家資格ではない心理職は人員配置基準がないため別職名で雇用されていることが多く，国の統計にも反映されていませんでした。そこで，これまで心理職について行われた動向調査や先行調査研究等，あらゆる資料をもとに算出し，福祉領域に従事する心理職者数を約5,500～10,600人（重複計上を含む）と推定しています。2018年の障害福祉サービス等報酬の改定では，福祉施設（療養介護，生活介護，自立訓練，就労移行支援，継続支援，共同生活援助，児童発達支援，医療型児童発達支援，放課後等デイサービス，福祉型障害児入所施設，医療型障害児入所施設）における福祉専門職員の人員配置体制加算*の要件が見直され，公認心理師の有資格者も対象となりました（厚生労働省，2018）。今後もさらに，福祉領域の設置基準に公認心理師の名前があげられ，少しずつ必要とされる領域が拡大していくのではないかと考えられます。

　日本における福祉施策の歴史を振り返ると，多領域にわたる職種の人々がこれまで尽力してこられたことがわかります。法制度を熟知することは，その知識や情報を，障害者（児）および当事者を支える人々に活かすのみにとどまりません。同時に，他職種への理解を深め，一人ひとりが“その人らしく生きていくこと”への的確なアセスメントをもとに，生活全体像を視野に入れた支援へと展開させていくことが，この領域における心理職に求められているのではないでしょうか。

語句説明

人員配置体制加算
施設利用者の障害程度に応じて，ふさわしいサービスの提供体制が確保されるよう，人員の配置基準が設定されている。基準を満たしている場合に報酬が加算される。逆に，基準を満たさない場合は報酬が減算される。

考えてみよう

障害者総合支援法では，障害者基本法を踏まえ，第 1 条の 2 にて「全ての国民が，障害の有無によって分け隔てられることなく，相互に人格と個性を尊重し合いながら共生する社会を実現する」ことを基本理念として掲げています。障害を抱える人々にとって，社会生活を営むうえでの障壁を減らしていくには，法制度の整備だけでは不十分であり，一人ひとりの意識を変えていくことが重要です。

"心理職として" という前に，あなたは "一市民として" どのようなサポートを考えますか。

🪶 本章のキーワードのまとめ

障害者の日常生活及び社会生活を総合的に支援するための法律（障害者総合支援法）	障害者自立支援法の改正により，2012年に成立。障害や難病のある人を対象として，障害の程度だけでなく生活状況も加味して障害支援区分を判定し，個々のニーズに応じて福祉サービスを組み合わせ，利用できる仕組みを定める。
障害を理由とする差別の解消の推進に関する法律（障害者差別解消法）	すべての国民が，障害の有無によって分け隔てられることなく，相互に人格と個性を尊重し合いながら共生する社会の実現に向け，障害を理由とする差別の解消を推進することを目的として，2013年に成立。不当な差別的取扱いの禁止と，合理的配慮の提供が求められる。
障害者虐待の防止，障害者の養護者に対する支援等に関する法律（障害者虐待防止法）	2011年に成立。この法の目的には，障害者への虐待防止だけでなく，養育者の負担軽減を図るなど養育者への支援も含まれている。虐待の類型として，身体的，放棄・放置，心理的，性的，経済的虐待の5つをあげている。
障害者基本法	障害施策の基本事項を定める法律。障害者権利条約批准のため，2011年に大きく改正され，目的と障害者の定義の見直しが図られた。また，あらゆる社会的障壁を減らすための基本方針が定められている。
障害者の権利に関する条約（障害者権利条約）	2006年に国連にて採択され，日本は2014年に批准。障害者の人権および基本的自由の享有を確保し，障害者の固有の尊厳の尊重を促進することを目的として，障害者の権利の実現のための措置等について定める。
国際生活機能分類（ICF）	WHOで2001年に採択。人間の生活機能と障害について，「生活機能」の3分類（「心身機能・身体構造」「活動」「参加」）と「健康状態」，「背景因子」（「環境因子」「個人因子」）で構成され，それぞれが影響し合うとするとらえ方である。障害の有無に関係なく，すべての人に用いることができる。
ノーマライゼーション	1950年代のデンマークで，知的障害者施設での生活を改善しようとする親たちの運動を契機に，行政官としてともに取り組んだN・E・バンク-ミケルセンが提唱して生まれた理念。厚生労働省では「障害のある人が障害のない人と同等に生活し，ともにいきいきと活動できる社会を目指す」と提唱。
障害福祉サービス	障害者総合支援法によって提供されるサービスで，「介護給付（居宅介護，施設内での生活介護など）」と「訓練等給付（生活能力の維持向上を目指す自立訓練，就労移行支援など）」に分かれる。
就労継続支援A型	障害者総合支援法に基づく障害福祉サービスの一つであり，65歳未満で障害や難病のために一般企業への就職が難しい人を対象に，一定の支援を実施しながら働く場を提供するサービスである。雇用契約を結び，給料が支払われる点がB型と異なる。
就労継続支援B型	A型と同じく障害福祉サービスの一つで，障害や体調に合わせて自分のペースで働く場を提供する事業である。A型とは異なり雇用契約を結ばず，給料の代わりに「工賃」が支払われる。事業所によって，クッキーやパンの製造や部品加工など，作業内容はさまざまである。

コラム 04　発達障害者支援法

　発達障害者支援法は、2004年12月に国会にて全会一致で可決成立し、2005年4月より施行となりました。この法律によって、発達障害が初めて支援の対象となったのです。その第2条において、「発達障害」とは、「自閉症、アスペルガー症候群その他の広汎性発達障害、学習障害、注意欠陥多動性障害その他これに類する脳機能の障害であってその症状が通常低年齢において発現するもの」と定められています。さらに、発達障害を有するために日常生活又は社会生活の制限を受ける者とし、発達障害者に対して、その心理機能の適正な発達を支援し、および円滑な社会生活を促進するために発達障害の特性に対応した医療的・福祉的及び教育的援助が必要とされています。なお、法で定義された障害は、医学的な発達障害とは異なり、知的障害が含まれていないことに注意が必要です。日本の法律では、すでに知的障害への支援を定めた知的障害者福祉法があったため、別に扱われています（図1参照）。

　この法律施行の結果として、2010年には障害者自立支援法の改正、2011年には障害者基本法の改正が行われました。その中で、「身体障害、知的障害、精神障害（発達障害を含む。）」と明記され、以前は支援の乏しかった知的障害のない発達障害の人たちも支援の対象と認められました。これより前に、文部科学省を中心に、知的障害を伴わない発達障害については「軽度発達障害」と呼び、知的障害を伴う発達障害とは区別して教育支援をしようとする動きもありましたが、2007年に出された通達により、「軽度発達障害」という用語の原則的な使用が停止され、「発達障害」は、「高機能のみならず自閉症全般を含むなどより広いもの」として定められました（文部科学省、2007）。

　さらに、2016年には、発達障害者支援法が改正され、その定義には「発達障害及び社会的障壁により日常生活又は社会生活に制限を受けるもの」というICFの障害概念に基づく内容が追加され、発達障害を環境との相互作用によるものとして位置づけることが、より明確化されました。また、改正発達障害者支援法には、「支援は、社会的障壁の除去に資すること」という合理的配慮に関する文言も明文化されています。新しい視点として、いじめ防止、司法手続きにおける意思疎通の手段の確立、就労の定着支援などの内容がもりこまれました。こうした法整備に伴い、発達障害者支援センターが都道府県、政令指定都市に設置され相談業務等が行われています。このように、近年、発達障害については社会全体の啓発や支援が進みつつあるといえます。

　発達障害者支援法に関連する重要な法律として、障害者差別解消法（正式名称：障害を理由とする差別の解消の推進に関する法律）があります。この法律は、障害者全体を対象としたもので、国連の障害者権利条約を批准するために進められた国内法整備の一環として制定されたものです。障害者差別解消法では、障害を理由とした不当な差別的取り扱いを禁止し、それを法的義務としています。また、同時に、障害のある人への合理的配慮の提供を求めています。差別の解消を実現するための政府の基本的な考え方は、2015年2月に「基本方針」として閣議決定され、2016年4月1日に同法は施行されました。この法律で求められた合理的配慮とは、障害のある人の人権が、障害のない人と同じように保障されるとともに、教育、就業、その他社会活動に参加できるよう、それぞれの障害特性やニーズに合わせて行われる配慮のことです。障害の有無にかかわらず、一人ひとりのニーズにそった公平な社会を実現するための重要な概念と考えられます。合理的配慮の提供は、公的な機関では法的義務となり、民間では努力義務とされています。

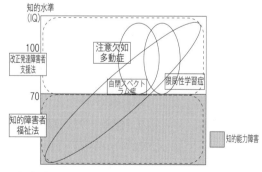

図1　**発達障害と法律の関係**

出所：黒田，2018を改編

第 5 章

福祉領域の制度と法(2)
児童福祉

この章では，児童虐待等不適切な環境にある子どもと家族に対して，児童の安全と健全な育ちを保障するためにどのような対応がされているかについて学びます。主に児童福祉法と児童虐待防止法に基づいた制度の概要について，関連するその他の法律等も踏まえて理解し，この領域に携わる心理師が果たせる責務や役割についての認識を深めます。

1 | 児童福祉施策の基盤となる法律

1 児童福祉法

児童福祉法は，1947（昭和22）年に制定された法律で，児童福祉施策の基盤となるものです。児童の権利条約の精神にのっとり，児童の健全な養育，生活の保障，心身の成長と発達の保障など福祉の保障（第1条）および児童の意見尊重，最善の利益の考慮，健全育成についてすべての国民が責任をもつこと（第2条第1項）を理念としています。児童や要保護児童等の定義，国・都道府県・市町村の役割，児童相談所等の児童福祉を担う公的機関の役割，児童養護施設等の児童福祉施設の役割，児童福祉司・保育士・児童委員等の支援者の役割，児童自立支援事業等の児童福祉事業に関する規定などを定めています。2000年の児童虐待の防止等に関する法律制定以降，児童虐待防止施策を中心に法改正が繰り返されています。

2 児童虐待の防止等に関する法律（児童虐待防止法）

児童虐待防止法は，2000（平成12）年に，超党派議員による議員立法として国会に提出，全会一致で可決成立，同年に施行された法律です。児童虐待が児童の人権を著しく侵害し，その心身の成長や人格の形成に重大な影響を与え，将来の世代の育成にも懸念を及ぼすことを踏まえて，児童虐待の定義，児童虐待の禁止，予防および早期発見等に関する国および地方公共団体の責務，児童虐待を受けた児童の保護および自立の支援のための措置等を定めることで，児童虐待の防止等に関する施策を促進し，もって児童の権利利益の擁護に資す

ることを目的としたものです。児童福祉法と一体のものとして解釈運用されて
います。

3　民　法

　民法には，子の監護及び教育をする身上監護権（民法第820条），および子
どもの財産の管理等に関する財産管理権（第824条）等の親権に関する規定が
定められています。児童虐待は子どもの権利擁護と親の親権とがしばしばぶつ
かる問題でもあります。親権の行使が著しく困難又は不適当である場合，家庭
裁判所が親権の喪失の審判をすることができる規定が民法には定められていま
す（第834条）。さらに2011（平成23）年の民法の改正において，親権喪失
制度に加えて，新たに**親権停止**の制度が新設されました（第834条の2）。こ
れは親の虐待等によって子どもの利益が著しく害されている場合に，親の親権
を一時的に停止（最長で2年間）する制度で，子どもの安全を確保したうえで，
家庭環境を改善し，親子関係の再構築を図ることが目的です。

　親権の見直しについては，さらに検討が進められており，現在は，親の懲戒
権_*（第822条）についても，その見直しの議論が進められています。

4　子どもの権利条約（児童の権利に関する条約）

　子どもの権利条約は，1989（平成元）年11月に国連で採択された条約です。
日本は1994（平成6）年に批准しました。条約は前文および全54条で構成さ
れています。子どもの権利条約の一般原則は，差別の禁止（第2条），子ども
の最善の利益（第3条），生命，生存，発達の権利（第6条），子どもの意見の
尊重（第12条）とされています。政府や親，行政機関や民間機関，地域社会
等，子どもに関連した人や機関等がいかなる行動をとる場合において，これら
の一般原則を基本とすべきとうたっています。

> ■事例1　**家庭からの保護を検討する必要がある事例**
>
> 　保育所に通所している4歳のゆうくんです。父母と2歳の弟と1歳の
> 妹との5人家族で暮らしています。3歳から保育所に入所となりました。
> 保育所では，入所当時から落ち着きがなく，他児と遊んでいるとき，思い
> どおりにならないと叩いたり噛んだりしてしまいます。絵本の読み聞かせ
> などの集団活動の際でも，立ち歩いて他児にちょっかいを出すため，ゆう
> くんの入所以来，保育活動が中断してしまうことが増えました。強く注意
> すると激しく泣いて，頭を壁に打ち付けるなど，興奮して手がつけられな
> いほどです。まだオムツがとれず，給食も手づかみで食べるときがあるな
> ど，基本的生活習慣が十分でなく，午睡も目を開いたまま眠ろうとしませ
> ん。保育所では，ゆうくんの状態の背景として，登園の際の母親のゆうく

プラスα

親権喪失・親権停止

親権喪失も親権停止も
家庭裁判所の審判を必
要とする。ひとり親家
庭で，親権喪失，ある
いは親権停止となった
場合，未成年後見人が
選定される。適切な未
成年後見人が選任され
るまでの間は，児童相
談所の所長が親権を代
行できる。なお，未成
年後見人とは，親権者
の死亡などのため，未
成年者に対し親権をも
つ者がいない場合に未
成年者の代理人となり，
未成年者の監護養育，
財産管理，契約等の法
律行為などを行う者を
いう。

語句説明

懲戒権

親権を行う者が，監護
および教育に必要な範
囲内でその子を懲戒す
ることができるとした
民法の規定のこと。

プラスα

子どもの権利条約

日本がこの条約を批准
したのは，国連加盟国
のなかでは158番目
であった。条約の批准
にあたって法改正など
の国内法の整備はなく，
2016（平成28）年
の児童福祉法の改正に
おいて，その理念規定
である第1条に，「児
童の権利に関する条約
の精神にのっとり」と
初めて明記された。

んに対する言動が乱暴なことから，親子関係を特に気にしていました。ある日，登園したゆうくんの顔が赤く大きく腫れているので担当保育士が母親に尋ねると，母親の表情が険しくなり，「昨晩転んで怪我をした」と応えました。保育士は不審に思い，この後ゆうくんに尋ねると，「お父さんとお母さんにたたかれた」と話しました。以前にも手足に痣があったことがあり，家庭で虐待が起きていないかとても心配になり，保育所から児童相談所に連絡（通報）しました。

事例2 家庭からの保護を必要とする子どもの事例

　小学校に通う3年生のさきちゃんは，母子家庭の長女で5歳になる年長の弟がいます。小学校の入学当初から，友達は少なく，おとなしくて目立たない子どもでした。教師の指導には従順で，指示されたとおりに素直に行動します。授業にもまじめに取り組んでいます。しかし，そうした姿勢に反して，学業成績は良好ではありません。時折ボーッとすることもあり，声をかけると気もそぞろのときがありますが，3年生になってからそれが目立つようになりました。忘れ物や宿題をしてこないことも多くなり，学校を連絡なく休む日も増えてきました。担任教諭が本人に尋ねると必ず「大丈夫です」と応えます。母親に連絡すると，腹痛や風邪などの体調を理由に欠席させたとの返答を繰り返します。この1週間は連続して登校しておらず，担任教諭は体調以外の理由があるのではないかと心配しています。というのも，近所に住むPTAで主任児童委員から，このところ母親は家に引きこもって顔を見ることもなく，1人で買い物や洗濯等をしているさきちゃんを何度も目撃していると聞かされたからです。さらに母親は長男を出産したころからうつ病を患い，精神科クリニックに通っているようですが，状態に波があるようで，仕事も思うようにできていないようだといいます。心配した担任教諭は校長とも相談し，市の児童福祉相談の窓口に連絡（通告）。さきちゃんが不適切な養育環境におかれている可能性があることを伝え，どのような対応をしたらよいかも含めて一緒に検討してほしい旨を伝えました。

プラスα

民生委員，児童委員，主任児童委員

民生委員は，厚生労働大臣から委嘱され，それぞれの地域において，常に住民の立場に立って相談に応じ，必要な援助を行い，社会福祉の増進に努める人々であり，児童委員を兼ねている。

児童委員は，地域の子どもたちが元気に安心して暮らせるように，子どもたちを見守り，子育ての不安や妊娠中の心配ごとなどの相談・支援等を行う。また，一部の児童委員は児童に関することを専門的に担当する「主任児童委員」の指名を受けている。

　これらは，いずれも福祉的対応が必要な事例です。事例1のように，子どもの安全な暮らしを阻害するリスクが懸念される場合は，子どもを保護するなどの緊急対応が必要です。また事例2のように，生命の危険までには至らずとも，長期にわたって子どもの健全な育ちを阻害するような不適切な養育環境にある場合は，その改善に向けた支援を行うことが必要となります。心理職がこうしたケースに関わる場合，所属する機関の他の専門職や関係機関の職員と

協働して，ケースのアセスメントを行い，アセスメントに基づいた心理的支援を行うことが期待されます。その際には，関係する法制度を踏まえて，それに則った適切な行動をとる必要があります。

5　こども基本法

こども基本法は，2022年に新たに制定された法律で，日本国憲法および子どもの権利条約の精神にのっとり，次代の社会を担うすべてのこどもが，生涯にわたる人格形成の基礎を築き，自立した個人としてひとしく健やかに成長することができ，こどもの心身の状況，置かれている環境等にかかわらず，その権利の擁護が図られ，将来にわたって幸福な生活ができる社会の実現を目指して，こどもの施策を総合的に推進することを目的として定められました。

この法律に基づいてこども政策推進会議が設置され，そこでは，こども大綱の策定を中心に，各分野横断的にこども施策を審議し，その実施を推進していきます。

2 ｜ 児童福祉に関連する用語の定義や機関等の役割

1　児童，要保護児童，要支援児童，特定妊婦，社会的養護

①児　童

児童福祉法では，児童の定義を満18歳に満たない者と定めています。児童は年齢等によって次のように分かれます（児童福祉法第4条）。

乳児　満1歳に満たない者

幼児　満1歳から，小学校就学の始期に達するまでの者

少年　小学校就学の始期から，満18歳に達するまでの者

②要保護児童，要支援児童，特定妊婦

児童のうち，保護者のない児童や，保護者に監護させることが不適当であると認められる児童のことを**「要保護児童」**といいます（児童福祉法第6条の3第8項）。要保護児童に準じて，保護者の養育を支援することが特に必要と認められる児童を「要支援児童」といいます。また出産後の養育について出産前から支援を行うことが特に必要と認められる妊婦を**「特定妊婦」**といい，これらは総称して「要支援児童等」として支援の対象となります（児童福祉法第6条の3第5項）。

要保護児童や要支援児童等に該当するケースに対しては，濃密な支援を必要とし，ニーズに応じて必要な支援機関との協働が不可欠となります。先の事例

プラスα
その他の児童福祉法上の定義
保護者：親権を行う者，未成年後見人その他の者で，児童を現に監護する者（児童福祉法第6条）。
妊産婦：妊娠中又は出産後1年以内の女子をいう（児童福祉法第5条）。

で示したような子どもたちがその対象となる可能性があります。

③社会的養護

　社会的養護とは，保護者のない児童や，保護者に監護させることが適当でない児童を，公的責任で社会的に養育し，保護するとともに，養育に大きな困難を抱える家庭への支援を行うことをいいます（厚生労働省子ども家庭局家庭福祉課「社会的養護の推進について」2020年）。広義では一時保護された子どもや，在宅支援の対象となった要保護児童や要支援児童等のケースも含む概念ですが，狭義では，代替養育（家庭以外の養育の場で暮らすこと）を指します。一般的には狭義の意味で用いられています。

2 児童相談所について

　児童相談所（以下，児相）は，児童虐待対応等，児童福祉施策を展開する中心的機関です。児童福祉法に基づく機関で，すべての都道府県および政令指定都市に1か所以上の設置義務があります（児童福祉法第12条第1項）。2006年から中核市にも設置が可能，2016年には東京都の特別区にも設置が可能となりました。全国で225か所（2021年4月1日現在）に設置されています（厚生労働省子ども家庭局家庭福祉課調べ）。

　市町村が一般的な子育て支援から要保護児童のケースに対する支援まで幅の広い対象を扱うのに対して，児相は，より重篤なケース，あるいは一時保護や施設入所等の行政措置を必要とするケースを中心とすることで，市町村との役割分担がなされています。児相の児童福祉法に規定されている基本的機能は以下の4つに集約されます（児童相談所運営指針，2018年）。

①相談機能

　児童に関する相談で，専門的な知識や技術を必要とするものについて，総合的なアセスメントをもとに援助方針を定め，関係機関等を活用して一貫した子どもの援助を行うもの（児童福祉法第11条第1項第二号ロ，児童福祉法第12条

表5-1　相談種別とその内容

養護相談	児童虐待や保護者の失踪等，養育困難な状況におかれた児童に関する相談
障害相談	知的障害，発達障害，重度の心身障害などの相談
非行相談	虞犯や触法行為等のある非行児童に関する相談
育成相談	しつけ，不登校，家庭内暴力，進路の適正等の相談
保健相談	未熟児，虚弱児，小児喘息等の疾患をもつ子どもの相談

第 2 項）。児相が応じている相談種別は，養護相談，障害相談，非行相談，育成相談，保健相談の 5 つに分かれます（表5-1；児童相談所運営指針，2018 年）。近年は，児童虐待通告の増加から養護相談が激増しています。

②一時保護機能

必要な場合に，子どもを家庭から離して一時保護をするものです（児童福祉法第 33 条）。児童相談所長は，必要があると認めるときは，「児童の安全を迅速に確保し適切な保護を図るため，又は児童の心身の状況，その置かれている環境その他の状況を把握するため，児童の一時保護を行い，又は適切な者に委託して，当該一時保護を行わせることができる」（児童福祉法第 33 条）とされています。保護のねらいは，大きく次の 2 つに整理されます（厚生労働省子ども家庭局「一時保護ガイドライン」，2020 年）。

- 緊急保護：深刻な虐待状況にあるなど，子どもの福祉が侵害されている状況にある子どもの安全を守るために保護する場合
- アセスメント保護：適切な援助方針を検討するために，十分な行動観察等の実施を含む総合的なアセスメントを行う必要がある場合

多くの児童相談所が，一時保護所を備えており，そこで保護し，行動観察や支援をします。ただ児童相談所は，一時保護を原則としてどこにでも委託できます。たとえば，一時保護が必要な児童で，怪我や病気で入院治療が必要な場合であれば病院に一時保護委託しますし，乳児や 2 歳未満の幼児であれば乳児院に一時保護委託する場合がほとんどです。

③措置機能

里親や児童福祉施設に子どもを委託，通所，または入所させて，子どもへの必要な支援，指導を行うものです（児童福祉法第 27 条第 1 項第三号）。里親委託や施設入所には，原則，親権者または未成年後見人の同意が必須となります。また，継続支援を行政処分として行う「児童福祉司指導」は措置機能に含まれます。

④市町村援助機能

市町村における子ども家庭相談への対応について，市町村間の連絡調整，市町村への情報の提供その他必要な援助を行うものです（児童福祉法第 11 条第 1 項第一号，児童福祉法第 12 条第 2 項）。

児相には児童福祉司，児童心理司，一時保護所職員，医師，保健師などの専門職が配置されています。さらに 2016（平成 28）年から弁護士が配置されるようになりました（児童福祉法第 12 条第 3 項）。児童福祉司は全国で 5,430 人，児童心理司は全国で 2,337 人が配置されています（2021 年 4 月 1 日現在，2022 年度全国児童福祉主管課長・児童相談所長会議資料）。児童心理司は，児相

プラスα

児童福祉司と児童心理司

児童福祉司と児童心理司は，児童相談所における主要な役職である。児童福祉司は，子どもと保護者からの相談に応じ，必要な調査，社会診断を行い，必要な支援，指導，関係調整を行う。児童心理司は，子ども，保護者等の相談に応じ，診断面接，心理検査，観察等によって子ども，保護者に対する心理診断を行い，子ども，保護者，関係者等に，心理療法，カウンセリング，助言指導等を行う（児童相談所運営指針（2018 年）より抜粋）。

児童相談所のアセスメント

児童相談所の診断（アセスメント）は，児童心理司による心理診断，児童福祉司による社会診断，医師による医学診断，一時保護所の行動診断があり，これら 4 つを総合した総合診断として示される。

要保護児童の保育所等の利用

要保護児童等の保育所（認定こども園を含む）入所については，利用できるために特別な配慮をするよう児童虐待防止法第 13 条の 3，および児童福祉法第 24 条第 2 項に定めている。

児童家庭支援セン
ター
乳児院や児童養護施設
に併設されているとこ
ろが多く，全国で
154 か所（2021
（令和3）年6月8日
現在：全国児童家庭支
援センター協議会）に
設置されている。相談
員として心理職が配置
されており，市町村に
おける子どもと親への
支援の専門機関として
の特徴を備えている。

社会的養護を担う
児童福祉施設
児童福祉施設のなかで，
主に社会的養護を担う
児童福祉施設としては，
⑥乳児院，⑦児童養護
施設，⑧児童心理治療
施設，⑨児童自立支援
施設，⑩母子生活支援
施設が該当する。
このうち，乳児院，児
童養護施設，児童自立
支援施設への入所は，
児童相談所の措置によ
るが，児童自立支援施
設は，措置以外に家庭
裁判所からの送致によ
る場合もある。また母
子生活支援施設は，福
祉事務所での利用契約
による入所となる。
これらすべての施設で，
心理職の配置が可能と
なっている。

自立援助ホーム
義務教育を終了した児
童であって，児童養護
施設等を退所した児童
等が最大22歳の年度
まで入所可能なホーム
である。児童福祉施設
には該当せず，児童福
祉法の児童自立生活援
助事業（第6条の3）
に基づくものである。

で担うケースに対して，心理的側面からのアセスメント（心理診断）を行い，児相の総合的なアセスメント（総合診断）に貢献し，必要な心理的支援を行っています。また市区町村や施設あるいは里親に対して，心理的側面からのコンサルテーションの役割を担っています。

3 児童福祉施設について

児童福祉施設とは，児童福祉に関する事業を行う施設の総称で，児童福祉法をはじめとする法令に基づいて事業が行われます。児童福祉法が定めている児童福祉施設には，以下の13施設があります（児童福祉法第7条）。

①助産施設

必要があるにもかかわらず，経済的理由により，入院助産を受けることができない妊産婦を入所させて，助産を受けさせることを目的とした施設です（児童福祉法第36条）。

②保育所

保育を必要とする乳児・幼児を日々保護者の下から通わせて保育を行うことを目的とした施設です（児童福祉法第39条）。

③幼保連携型認定こども園

幼保連携型認定こども園は，義務教育及びその後の教育の基礎を培うものとしての満3歳以上の幼児に対する教育，及び保育を必要とする乳児・幼児に対する保育を一体的に行い，これらの乳児又は幼児の健やかな成長が図られるよう適当な環境を与えて，その心身の発達を助長することを目的とした施設です（児童福祉法第39条の2，認定こども園法第2条の7）。

④児童厚生施設

児童に健全な遊びを与えて，その健康を増進し，又は情操をゆたかにすることを目的とする施設で児童遊園，児童館等が該当します（児童福祉法第40条）。

⑤児童家庭支援センター

児童に関する相談のうち，専門的な知識と技術を必要とするものに応じ，必要な助言を行うとともに，市町村の求めに応じて，技術的助言や必要な援助を行うほか，要保護児童とその保護者に対して支援を行う施設です（児童福祉法第44条の2第1項）。

⑥乳児院

乳児（保健上，安定した生活環境の確保その他の理由により特に必要のある場合には，幼児を含む）を入院させて養育し，あわせて退院した者への相談等の援助を行うことを目的とした施設です（児童福祉法第37条）。心理職が配置されています。

⑦児童養護施設

保護者のない児童（乳児を除く。ただし，安定した生活環境の確保その他の

理由により特に必要のある場合には，乳児を含む），虐待されている児童その他環境上養護を要する児童を入所させて養護し，あわせて退所した者に対する相談その他の自立のための援助を行うことを目的とした施設です（児童福祉法第 41 条）。

⑧児童心理治療施設

家庭環境，学校における交友関係その他の環境上の理由により社会生活への適応が困難となった児童を，短期間，入所させ，又は保護者の下から通わせて，社会生活に適応するために必要な心理に関する治療及び生活指導を主として行い，あわせて退所した者について相談その他の援助を行うことを目的とした施設です（児童福祉法第 43 条の 2）。

⑨児童自立支援施設

不良行為をなし，又はなすおそれのある児童及び家庭環境その他の環境上の理由により生活指導等を要する児童を入所させ，又は保護者の下から通わせて，個々の児童の状況に応じて必要な指導を行い，その自立を支援し，あわせて退所した者について相談その他の援助を行うことを目的とした施設です（児童福祉法第 44 条）。都道府県に設置義務があります。また国立の施設が 2 か所（国立武蔵野学院と国立きぬ川学院）あります。

⑩母子生活支援施設

配偶者のない女性又はこれに準ずる事情にある女性とその子どもを入所させて，保護するとともに，母子の自立の促進のためにその生活を支援し，あわせて退所した母子の相談その他の援助を行うことを目的とした施設です（児童福祉法第 38 条）。

⑪障害児入所施設

障害児入所施設は，障害児を入所させて，支援を行うことを目的とした施設です（児童福祉法第 42 条）。これには以下の 2 種類があります。

福祉型障害児入所施設：保護，日常生活の指導及び独立自活に必要な知識技能の付与を目的とする施設です（児童福祉法第 42 条 1 号）。

医療型障害児入所施設：保護，日常生活の指導，独立自活に必要な知識技能の付与及び治療を目的とする施設です（児童福祉法第 42 条 2 号）。

⑫児童発達支援センター

地域の障害児の健全な発達において中核的な役割を担う機関として，障害児を日々保護者の下から通わせて，高度の専門的な知識・技術を必要とする児童発達支援を提供し，あわせてその家族や支援に携わる関係機関に対して，相談，助言，その他必要な援助を行う施設です（児童福祉法第 43 条）。

⑬里親支援センター

里親の普及啓発，里親の選定，里親と子どものマッチング，里親と子どもの相談援助等を行う機関です（児童福祉法第 44 条の 3）。

表5-2 児童福祉法が定める子育て支援事業

事業名	概　要
乳児家庭全戸訪問事業	生後4か月までの乳児のいるすべての家庭を訪問し，子育て支援に関する情報提供や養育環境等の把握を行い，乳児家庭の孤立化防止などを目的としたもの。児童虐待による死亡事例が0歳児に多いことから，早期の把握と支援の展開を目指したもの（児童福祉法第6条の3第4項）。
子育て援助活動支援事業（ファミリー・サポート・センター事業）	乳幼児や小学生等の児童を有する子育て中の労働者や主婦等を会員として，児童の預かりの援助を受けることを希望する者と援助を行うことを希望する者との相互援助活動に関する連絡，調整を行うもの。活動の例として，保育施設までの送迎，保育施設の開始前や終了後又は学校の放課後の子どもや病児・病後児の預かりなどがある（児童福祉法第6条の3第14項）。
一時預かり事業	日常生活上の突発的な事情や社会参加などにより，一時的に家庭での保育が困難となった乳幼児を保育所等で一時的に預かる事業（児童福祉法第6条の3第7項）。
地域子育て支援拠点事業	公共施設や保育所，児童館等の地域の身近な場所で，乳幼児のいる子育て中の親子の交流や育児相談，情報提供等を実施するもの。NPOなどさまざまな機関の参画による地域の支えあいを促進し，地域の子育て力の向上を目指したもの（児童福祉法第6条の3第6項）。
子育て短期支援事業	母子家庭等が安心して子育てをしながら働くことができる環境を整備するため，一定の事由により児童の養育が一時的に困難となった場合に，市町村が児童養護施設，母子生活支援施設，乳児院，保育所，ファミリーホーム等を活用して，子どもを預かる事業。大きく短期入所生活援助（ショートステイ）と夜間養護等（トワイライトステイ）の2つがある（児童福祉法第6条の3第3項）。
養育支援訪問事業	養育支援が特に必要であると判断される家庭に対して，保健師・助産師・保育士等が居宅を訪問し，妊娠期の支援，出産後間もない時期（概ね1年程度）の養育者に対する相談や養育技術の提供等，虐待のおそれやそのリスクを抱える家庭に対する養育環境の改善や子の発達保障等のための相談・支援，児童養護施設等の退所又は里親委託の終了により児童が家庭復帰した後の相談・支援等（児童福祉法第6条の3第5項）。
放課後児童健全育成事業	保護者が労働等により昼間家庭にいない小学校に就学している児童に対し，授業の終了後等に小学校の余裕教室や児童館等を利用して適切な遊び及び生活の場を与えて，その健全な育成を図るもの（児童福祉法第6条の3第2項）。
病児保育事業	保育を必要とする乳児・幼児又は保護者の労働若しくは疾病その他の事由により家庭において保育を受けることが困難な小学校就学児童について，保育所，認定こども園，病院，診療所等で保育を行うもの（児童福祉法第6条の3第13項）。
児童育成支援拠点事業	養育環境等の課題を抱える主に学齢期の児童を対象に，児童の居場所となる拠点を開設し，児童に生活を与えるとともに児童や保護者への相談等を行うもの（児童福祉法第3条の3第20項）。
親子関係形成支援事業	要支援児童，要保護児童及びその保護者，特定妊婦を対象とし，親子関係の適切な関係性の構築を目的とし，子どもの発達等の状況に応じた支援を行うもの（児童福祉法第3条の3第21項）。

4　市町村の役割

　日本での児童虐待対応の歴史を振り返ると，その役割を担う中心機関は，長く都道府県・政令市の児童相談所でしたが，2004 年の児童福祉法の改正で，児童相談所だけでなく，市町村も加わることとなりました。これにより，市区町村は，従来のような一般の子どもと家族を対象とした子育てサービスの提供だけでなく，養育環境等に課題を抱えたハイリスクの家族に対しても，より濃密かつ集中的な支援を提供することが求められるようになりました。ここでいうハイリスクケースとは，要保護児童や要支援児童等が該当します。

①市町村が行う事業

　市町村が行う児童福祉領域の事業としては，出生した児童のすべての家庭を訪問する乳児家庭全戸訪問事業（児童福祉法第 6 条の 3 第 4 項）や要支援児童の家庭に出向いて養育の相談や必要な支援を行う養育支援訪問事業（児童福祉法第 6 条の 3 第 5 項），保育所等で一時的に子どもを預かる一時預かり事業（児童福祉法第 6 条の 3 第 7 項），乳児院や児童養護施設等で短期に子どもを預かる（午後から夜にかけて預かるトワイライトと宿泊を伴うショートステイ）などがあります。児童福祉法の定める主な子育て支援事業とその内容を表5-2に示します。

　また市町村においては母子保健領域（母子保健センター）が，周産期から幼児期の子どもと保護者を中心にさまざまなサービスを提供してきており，古くから重要な役割を担ってきました。母子保健法が定める妊婦健康診査（妊婦健診）や乳幼児健康診査（乳幼児健診）は，養育上のリスクを抱えた母子を早期に発見し，支援につなげる重要な機会となり，母子保健事業の一つである産前・産後サポート事業や産後ケア事業は，新生児の養育をサポートするうえで重要な役割を担っています。主な母子保健事業とその目的や特徴などをまとめたものを表5-3に示します。

　子育て支援事業や母子保健事業以外にも，ひとり親対策としての事業，貧困対策としての事業，発達障害児に対しての事業などが法的に規定されており，多様な福祉的ニーズをもつ子どもと家族の支援においては，どれも有益な事業となります。

②要保護児童対策地域協議会（要対協）

　要保護児童や要支援児童等のケースは，虐待等重大な権利侵害に発展するリスクが高く，さまざまな課題を複合的に抱えています。子どもの安全と健全な育ちを保障するためには，抱えた課題に応じた多様な手立てが必要で，必要な複数機関が協働しての支援が必須となります。こうした複数機関が協働して支援を行う枠組みを「**要保護児童対策地域協議会**」（以下，**要対協**）といいます。市町村にその設置の努力義務が定められており（児童福祉法第 25 条の二第 1

プラスα

要対協と個人情報保護

要対協で，対象となる子どもと保護者及び特定妊婦に関する情報を共有することは，児童福祉法で認められており（児童福祉法第 25 条の二 2 項），個人情報保護法や各自治体の個人情報保護のための条例及び守秘義務の規定等には抵触しない。また必要な場合は関係機関に対して，資料又は情報の提供，意見などを求めることができる（児童福祉法第 25 条の 3）。なお要対協のメンバーは，正当な理由なく，協議会で知り得た情報を漏らしてはならない（児童福祉法第 25 条の 5）。

表5-3 市町村の母子保健事業

事業名	概　要
妊婦健康診査（妊婦健診）	母子保健法第13条に定められており，必要に応じて妊産婦に対して健康診査を行うもの。妊婦の健康管理の充実と経済的負担の軽減を図るために，公的負担の拡充が進められている。妊婦健診は，身体的健康のみならず，胎児虐待や出産後の養育困難さなど，福祉的なニーズについても把握し，支援につなげる場ともなっている。
産後ケア事業	退院直後の母子に対して心身のケアや育児のサポート等を行い，産後も安心して子育てができる支援体制の確保を目的としたもので，利用者が病院や助産所等に宿泊して支援を受ける「宿泊型」，利用者が通所等して支援を受ける「デイサービス型」，支援者が利用者の自宅に赴く「アウトリーチ型」がある。
産前・産後サポート事業	身近に相談できる者がいないなど，支援を受けることが適当と判断される妊産婦及びその家族に対して，妊娠・出産や子育てに関する悩み等について，助産師等の専門家又は子育て経験者やシニア世代等の相談しやすい「話し相手」等による相談支援を行うもの。来所等による「デイサービス型」，利用者の自宅に赴く「アウトリーチ型」がある。
乳幼児健康診査（乳幼児健診）	母子保健法第12条に定められた1歳6か月児健診と3歳児健診で，市町村に実施が義務づけられている。9割以上の親子が受診しているため，未受診の親子については，状況の確認が必要となる。妊婦健康診査と同様，福祉的ニーズの把握と，必要な支援につなげていく機会となる。

項），現在ほとんどの市町村で設置されています。

　要対協は，対象となる子どもと家族に関する情報を関係機関と共有し，ケースの課題を検討，整理し，支援方針の設定とともに，支援の進捗状況を管理する役割を担います。

　要保護児童のなかで，特にリスクの高い重篤なケースに対しては，児童相談所に送致し，家族からの分離，保護，社会的養護の必要性などを児童相談所が検討し，行政措置等の対応をすることになります。

③市町村の「子ども家庭総合支援拠点」と「子育て世代包括支援センター」

　2016年の児童福祉法の改正を受け，新たに「市町村子ども家庭総合支援拠点」の設置が進められています。これは児童福祉領域のさまざまなサービスを統括し，一般の子育てに関する相談から要保護ケース，および妊産婦の相談に応じ，児童虐待通告の受理と対応，要保護児童対策地域協議会の運営等を業務内容とした，子どもと家族への支援事業を総合的に展開する拠点です（「市町村子ども家庭支援指針」（ガイドライン）について）（平成29年3月31日付厚生労働省雇用均等・児童家庭局通知）。

　また，2016年の母子保健法の改正で，市町村は「子育て世代包括支援センター」（法律上の名称は「母子健康包括支援センター」）を設置することが努力義務となりました。このセンターは，妊娠期から子育て期に切れ目なく支援を提供するために，子育て支援事業と母子保健施策事業を統合したセンターです（母子保健法第22条）。

これからの市町村は，福祉領域と母子保健領域の連携・協働のうえに，一般の子育て支援から要支援，要保護児童までの幅広い対象を，総合的に支援できる体制を整えていくことが求められています。2022（令和 4）年の児童福祉法の改正で，「子ども家庭総合支援拠点」と「子育て世代包括支援センター」を統合した「子ども家庭センター」を市町村が設置することが努力義務となりました。

3 ｜ 児童虐待相談の対応の流れ

1 児童虐待の定義

児童虐待防止法では，**児童虐待**を，児童の人権を著しく侵害し，心身の成長及び人格の形成に重大な影響を与えるものであり，将来の世代の育成にも懸念を及ぼすものとみなし，「保護者（親権を行う者，未成年後見人その他の者で，児童を現に監護するものをいう）がその監護する児童について行う次に掲げる行為をいう」（児童虐待防止法第 2 条）として，以下のような 4 種類に分けて定義をしています。

- 身体的虐待：児童の身体に外傷が生じる，又は生じるおそれのある暴行を加えること。
- 性的虐待：児童にわいせつな行為をすること又は児童にわいせつな行為をさせること。
- ネグレクト：児童の心身の正常な発達を妨げるような著しい減食又は長時間の放置，保護者以外の同居人による身体的虐待，性的虐待，心理的虐待と同様の行為の放置その他の保護者としての監護を著しく怠ること。
- 心理的虐待：児童に対する著しい暴言又は著しい拒絶的な対応，児童が同居する家庭における配偶者による暴力（配偶者の身体に対する不法な攻撃であって生命又は身体に危害を及ぼすもの及びこれに準ずる心身に有害な影響を及ぼす言動をいう。）その他の児童に著しい心理的外傷を与える言動を行うこと。

それぞれの虐待種別ごとの具体的な内容について，厚生労働省の「子ども虐待対応の手引き」（平成 25 年厚生労働省）で例示している内容を表5-4に示します。

語句説明
親権
親権を行う者（親権者）の親権とは，民法に定められた制度で，未成年の子どもの監護・養育や財産管理など親に認められた権利のことをいう（民法第820条，第824条）。未成年後見人は，民法に定められており，未成年者に対して親権を行う者がないとき，または，親権を行う者が管理権（財産に関する権限）を有しないときに，法定代理人となる者のことである（民法第838条1号）。

プラスα
全国児童相談所共通ダイヤル
ダイヤル189で，最寄の児童相談所につながるようになっている。また通告を受けた者は，通告者を特定させるものをもらしてはならない（通告者の秘匿：児童虐待防止法第7条「〜当該通告をした者を特定させるものを漏らしてはならない」）。

表5-4 「子ども虐待対応の手引き」で例示している児童虐待の内容

身体的虐待	・打撲傷，あざ，骨折，頭部外傷，内臓損傷，火傷などの外傷を生じるような行為 ・首を絞める，殴る，蹴る，叩く，投げ落とす，激しく揺さぶる，熱湯をかける，布団蒸しにする，おぼれさせる，逆さ吊りにする，異物を飲ませる，食事を与えない，冬戸外にしめだす，縄などにより一室に拘束するなどの行為 ・意図的に子どもを病気にさせる　など
性 的 虐 待	・子どもへの性交，性的暴行，性的行為の強要・教唆 ・性器を触る又は触らせるなどの性的行為の強要・教唆 ・性器や性交を見せる ・子どもをポルノグラフィーの被写体などにする　など
ネグレクト	・子どもの健康・安全への配慮を怠っている ・子どもの意思に反して「登校させない」 ・子どもにとって必要な情緒的要求に応えていない（愛情遮断など） ・食事，衣服，住居などが極端に不適切で，健康状態を損なうほどの無関心・怠慢 ・子どもを遺棄したり置き去りにする（親がパチンコに熱中している間に，乳幼児を自動車のなかに放置し，熱中症で子どもを死亡させたりするなどの事件もネグレクトの結果であると留意すべき） ・祖父母，きょうだい，保護者の恋人などの同居人が身体的虐待，性的虐待，心理的虐待を行っているにもかかわらず，それを放置する　など
心理的虐待	・ことばによる脅し，脅迫 ・子どもを無視したり，拒否的な態度を示すこと ・子どもの心を傷つけることを繰り返し言う ・子どもの自尊心を傷づけるような言動 ・他のきょうだいとは著しく差別的な扱いをする ・配偶者やその他の家族などに対し暴力を振るう ・子どものきょうだいに虐待を行う　など

出所：厚生労働省，2013

2 通　告

　児童虐待を受けたと思われる児童等の要保護児童を発見した者は速やかに市町村，児童相談所，**福祉事務所**等に通告しなければならないと定めています（児童福祉法第25条，児童虐待防止法第6条）。

3 調査と安全確認

　通告を受けた児童相談所や市町村は，関係機関からの情報収集や家庭訪問などを行い，目視による子どもの安全確認を行い，子どもや保護者の生活状況などを把握します。児童相談所運営指針では，原則48時間以内に子どもの安全を確認することとしています。

　子どもが家庭内にいて，外部から確認できない場合など，児童相談所は家庭に立ち入って調査を行う権限が法的に与えられています。これを「立ち入り調査」（児童福祉法第29条，児童虐待防止法第9条）といいます。

　さらに保護者が調査に応じず施錠してしまい立ち入り調査ができない場合は，家庭裁判所の許可を得たうえで，警察とともに家庭内に立ち入ることができま

す。これを「臨検・捜索」といいます（児童虐待防止法第 9 条の 3）。

4　一時保護

　深刻な虐待状況にあるなど，子どもの安全確保が必要な場合は，緊急で一時保護を行います。**一時保護**は行政処分であり，児童相談所の判断で公権力をもって行われるものです。一時保護した場合，親権者等がそれに同意しない場合は，その開始から 7 日以内に児相は裁判所に一時保護状を請求する必要があります。

　一時保護の期間は 2 週間から 2 か月程度で，この期間に児童相談所は，さらなる情報の収集を行い，今後の処遇方針を決定することになります。

5　在宅支援と社会的養護

　処遇方針の決定を受けて支援が開始されます。支援のあり方を大別すると，家族での生活を続けながら改善を目指す「在宅支援」と，子どもの生活の場を里親や施設等に移して支援を行う「社会的養護」に分けられます。

　在宅支援になった場合，市区町村に設置されている「要保護児童対策地域協議会」で情報を共有し，機関協働による支援を行うことになります。児童相談所が対応する児童虐待対相談応件数の 9 割以上は在宅支援が占めています。

　社会的養護は，大きく次の 3 つに分かれます。

①里親養育

　児童相談所が保護者の同意を得て，家庭における養育を里親に委託するものです。里親には，養育里親*，専門里親*，養子縁組里親*，親族里親*の 4 つの種別があります。

②ファミリーホーム

　児童相談所が保護者の同意を得て，養育者の家庭に同居させて養護を行うもので，定員は 5～6 名です。

③児童福祉施設

　乳児院，児童養護施設，児童心理治療施設，児童自立支援施設など，保護者の同意を得て，児童相談所の措置として入所となります。児童福祉施設は，家庭的養育推進の方針により，児童養護施設を中心に，生活単位の小規模化（概ね 6 名），さらには小規模施設の地域分散化が進められています。

　社会的養護を必要とする児童は約 4 万 5,000 人おり，これは全児童人口の約 0.2％にあたります。約 4 万 5,000 人のうち，約 1 割強は里親とファミリーホームへの委託で，約 9 割は児童福祉施設への入所が占めています（表5-5）。

　社会的養護での支援は，虐待等不適切な養育環境におかれていたことによる心身に抱えた課題からの回復と健全な育ちを支えると同時に，親子関係の再構

プラスα

在宅支援と社会的養護の内訳

2018（平成 30）年の児童相談所における児童虐待相談対応件数 162,078 件のうち，施設等への入所は 3,983 件（2.5％），里親等への委託は 651 件（0.4％）で，9 割以上は在宅支援が占める（福祉行政報告例，2018 年）。

語句説明

養育里親

養子縁組を目的とせずに，要保護児童を預かって養育する里親。

専門里親

虐待された児童や非行等の問題を有する児童，および身体障害児や知的障害児など，一定の専門的ケアを必要とする児童を養育する里親。

養子縁組里親

保護者のない子どもや家庭での養育が困難で実親が親権を放棄する意思が明確な場合の養子縁組を前提とした里親。

親族里親

3 親等以内の親族（祖父母，叔父，叔母など）の児童の親が死亡，行方不明，拘禁，入院や疾患などで養育できない場合の里親。
（以上，公益財団法人全国里親会ホームページ参照）。

表5-5 社会的養護の現状

○委託里親数と委託児童数	
4,379世帯	5,556人

○ファミリーホーム数と委託児童数	
372か所	1,548人

○施設数と入所児童数

乳児院	140か所	2,678人
児童養護施設	605か所	24,908人
児童心理治療施設	50か所	1,366人
児童自立支援施設	58か所	1,226人
母子生活支援施設	226か所	3,735世帯 6,333人

出所：厚生労働省児童家庭局行政説明資料（2019年3月末現在。児童自立支援施設のみ2018年10月1日現在）

表5-6 社会的養護に関する児童福祉法が定める事業

事業名	概　要
妊産婦等生活援助事業	家庭生活に支障が生じた特定妊婦等とその子ども（親に頼ることができない，出産に備える住宅がない等）を対象に，住居に入居させ，関係機関との連絡調整（産後の母子生活支援施設等へのつなぎ等），特別養子縁組の情報提供等を行うもの（児童福祉法第3条の3第18項）。
親子再統合支援事業	親子の再統合を図る必要のある児童及び保護者に対して児童虐待の防止に関する情報の提供，相談及び助言その他必要な支援を行うもの（児童福祉法第3条の3第15項）。
社会的養護自立支援拠点事業	施設等の措置解除者又はこれに類する者が相互に交流を行う場を開設し，情報の提供，相談，助言を行い，また支援に関連する関係機関との連絡調整，その他必要な支援を行うもの（児童福祉法第3条の3第16項）。
意見表明等支援事業	児童相談所等が，一時保護，施設や里親への措置，児童福祉司指導措置等の対象となった児童等について，児童の最善の利益を考慮しつつ，児童の意見・意向を勘案して措置を行うために，児童の意見聴取等の措置を講ずるもの。都道府県が児童の意見・意向表明や権利擁護に向けた必要な環境整備を行うもの（児童福祉法第3条の3第17項）。

築を図っていくことで，将来の児童虐待等不適切な養育の世代間伝達を防止することが究極の目的となります（表5-6参照）。

4 ｜ 児童の保護等に関する司法の関与

　児童相談所の業務に司法（裁判所）が関与する場合があります。主なものは以下のとおりです。

①里親委託や児童福祉施設の入所の措置が親権者等の意に反するとき

　里親委託や施設入所措置には，原則親権者または未成年後見人の同意が必要ですが，それが得られない場合，家庭裁判所に申し立て（児童福祉法第28条）を行い，入所等が妥当との審判が出れば，委託・措置となります。最大で2年間委託・措置ができ，2年を超える場合は，裁判所に対して更新の申し立てを行い，改めての審判が必要となります。

②親権者の親権喪失，親権停止が必要と判断した場合

　2011（平成23）年の民法改正で，著しい虐待を行うなどで親権者として不適当と認められた場合，親権に関する規定が見直され，それまでの親権喪失制度（民法第834条）に加えて親権の一時停止制度が新設されました（民法第834条の2）。これは一定期間（最長で2年間）親権を停止して，その間後見人が子どもを監護できるようにしたものです。児童相談所長はその申し立てができます（児童福祉法第33条の7）。

③一時保護に親権者等が同意しない場合，一時保護の期間が2か月を超える場合

　一時保護することについて親権者等が同意しない場合は，一時保護開始から7日以内に児相は家裁に一時保護状を請求し，その発行をもって可能となります。

　一時保護については，開始した日から2か月を超えてはならないと定められており（児童福祉法第33条3項），それを超える場合は，児童相談所長又は都道府県知事は，家庭裁判所の承認を得なければなりません（児童福祉法第33条第5項）。

2000年の児童虐待防止法制定以降，児童虐待対応におけるさまざまな法制度が整備されてきました。しかし児童相談所の児童虐待対応件数は増え続け，虐待によって死亡する事件も繰り返されています。児童虐待を防止するため，今後はどのようなことが必要でしょうか。

📎 本章のキーワードのまとめ

児童虐待	子どもに対する著しい人権侵害行為のことで，児童虐待防止法では保護者が行う虐待行為として，身体的虐待，性的虐待，ネグレクト，心理的虐待を定義している。
要保護児童	満 18 歳に満たない児童のうち，保護者のない児童や保護者に監護させることが不適当であると認められる児童のこと。また要保護までには至らないが保護者の養育に支援が必要と認められる児童を「要支援児童」という。
特定妊婦	出産後の養育に問題がないように，出産前から支援を行うことが特に必要と認められる妊婦をいう。母子保健事業の産前・産後サポート事業や産後ケアなどの支援が必要となる。
児童相談所	児童虐待等への相談，必要な場合の児童の一時保護，里親や児童福祉施設への児童の委託，入所，市町村の支援のサポートなどを行う機関で，全都道府県，政令市に設置されている。児童福祉司，児童心理士，一時保護所職員，保健師，医師，弁護士が配置されている。
要保護児童対策地域協議会（要対協）	要保護児童，要支援児童とその保護者，および特定妊婦などを支援するために，個別ケース会議を開催するなどして，関係機関が必要な情報を共有し，協働して支援を行うための市町村に設置された協議会。要対協と呼ぶ。
一時保護	深刻な虐待状況にある子どもを緊急保護して行動観察を必要とする場合，短期入所での指導や心理治療を行う場合に，子どもを家庭から離して一時的に保護すること。一時保護期間は原則 2 か月まで。
社会的養護	要保護児童に対して，児童を家庭から離して，里親やファミリーホームへの委託や児童福祉施設での入所によって，家族に代わって代替養育を行うもの。
里親養育	児童相談所が保護者の同意を得て，家庭における養育を里親に委託するもの。
乳児院	乳児を入院させて養育し，あわせて退院した乳児と保護者への援助を行う施設。
児童養護施設	保護者のない児童，虐待されている児童その他環境上養護を要する児童を入所させて養護し，あわせて退所した者に対する相談その他の自立のための援助を行う施設。
児童心理治療施設	家庭環境，学校における交友関係その他の環境上の理由により社会生活への適応が困難となった児童を，短期間，入所させ，又は保護者の下から通わせて，社会生活に適応するために必要な心理に関する治療及び生活指導を主として行い，あわせて退所した者について相談その他の援助を行うことを目的とした施設。
児童自立支援施設	不良行為をなし，又はなすおそれのある児童及び家庭環境その他の環境上の理由により生活指導等を要する児童を入所させ，又は保護者の下から通わせて，個々の児童の状況に応じて必要な指導を行い，その自立を支援し，あわせて退所した者について相談その他の援助を行うことを目的とした施設。
児童発達支援センター	障害児を日々保護者の下から通わせて，必要な支援を提供することを目的とした施設。福祉型児童発達支援センターと医療型児童発達支援センターの 2 種がある。
児童家庭支援センター	児童に関する相談のうち，専門的な知識と技術が求められるケースに対応し，必要な助言を行うとともに，市町村の求めに応じて，技術的助言や必要な援助を行うほか，要保護児童とその保護者に対して支援を行う機関。

里親支援センター	里親の普及啓発，里親の選定，里親と子どものマッチング，里親と子どもの相談援助等を行う機関（児福法第 44 条の 3）。
親権停止	民法第 834 条の 2 で規定された親権の一時停止制度で，一定期間（最長で 2 年間）親権を停止して，その間後見人が子どもを監護できるようにしたもの。
自立援助ホーム	義務教育を終了した者であって，児童養護施設等を退所した児童等が最大 22 歳の年度まで入所可能なホームである。児童福祉施設には該当せず，児童福祉法の児童自立生活援助事業（第 6 条の 3）に基づくものである。
福祉事務所	社会福祉法第 14 条に規定されている「福祉に関する事務所」をいい，福祉六法（生活保護法，児童福祉法，母子及び父子並びに寡婦福祉法，老人福祉法，身体障害者福祉法および知的障害者福祉法）に定める援護，育成または更生の措置に関する事務を司る社会福祉行政機関である。

コラム05　児童養護施設の今後

　児童養護施設は，児童福祉法第41条で定められた「保護者のない児童，虐待されている児童その他環境上養護を要する」子どものための児童福祉施設です。全国に612か所の施設が設置され，入所定員は31,494人（2020年3月末現在）。戦災孤児を養育保護するために設立された歴史的背景をもつ施設も多く，親の死去や離婚等の理由で，家庭で暮らすことのできない子ども達に対し家庭に代わる養育を長年提供し，自立した社会生活を送るための支援を担ってきました。しかし2000年に「児童虐待防止法」が施行されて以降，日本社会で虐待の認知が進み，虐待を主訴として入所してくる子どもが増加し続け，現在では65.6％が虐待を主な理由として入所してきています。その多くが幼少期からの不適切な養育を経験しており，発達途上に受けたトラウマを抱えた子どもの心理的支援を含めた高度で専門的な治療的養育を行う機関としての役割が求められており，今後さらにその役割が重要になっていくと思われます。また何らかの障害をもつ子どもの割合も36.7％に上り，養育が困難な要因に子の育てにくさも加わっていることが考えられ，親子が必要な支援を受けられないまま分離に至ったケースも多く，傷ついた親子関係の修復への支援も児童相談所と連携しながら担うことが求められています。

　施設に入所する子どもの多くは児童相談所の一時保護機関を利用します。保護期間中，児童相談所において調査・診断が行われ，里親や施設などへの措置が決定されます。少数ではありますが乳児院や里親から措置を変更されて入所してくる子どももいます。子どもの多くは自分の意思や生活の場の希望を聞かれはするものの，やむなく施設で生活することを受け入れざるをえないため，多くが無力感や不安感を抱えたまま施設での生活をスタートさせます。そのような状態の子どもが自分の意思や存在を大切にしようとする職員に出会うことで少しずつ自尊心や安心感を回復させていきます。すると抑圧していた思いや感情が表現できるようになり，虐待によるトラウマ症状などが表出されることもあります。職員は言葉にならない気持ちや思いをどのように理解し対応していくのか。その子どもの発達の特性や成育歴等を鑑みながらアセスメントと評価を繰り返し，

日々の生活を支えていくのですが，一人ひとりの子どもの状況は大きく違い，日々成長し変化していくため，個々に応じたアセスメントと対応を細かく行っていく必要があります。

　施設で働く職員は，生活を支援するケアワーカーが中心になり，多くの専門職が連携・協働しチームで支援を行っています。なかでも心理療法を行う必要性のある子どもが10名以上在籍する施設には臨床心理士や公認心理師等心理療法担当職員の配置が認められており，現在では多くの心理職が子どもの状態に応じた個別心理療法を実践しています。しかし週1回1時間の心理療法を実施しても，それ以外の6日間と23時間が安心・安全だと感じられる生活でなければ心理療法の効果は得難くなります。安心・安全な生活の土台となるのは「何気ない日々の生活」を繰り返し体験することであり，心理職は他職種と連携しながら個別心理療法以外のさまざまな支援や職員の相談にも柔軟に応じていくことが求められています。

　施設の生活のなかで好みや主体性を尊重され，きめ細やかに配慮された生活の体験が積み重なり，信頼できる大人との関係性が安定してくると，子どもは他者への信頼感を回復し，自分の内面に目を向け課題を乗り越えるためのエネルギーを獲得していきます。しかし子どもの傷つきが深いほどその回復には長い年月が必要になり，退所までに十分に回復しきれないまま，元の家庭や他機関に移っていくケースが多いのも現状です（現在施設在所期間は平均5.2年）。

　そのような現状のなかで，施設を退所した後の子どもや成人となったかつての入所者を対象としたアフターケアも施設の役割として求められています。しかし生き辛さを抱えながらも，かつて生活していた施設に助けを求められない退所者が多くいることも事実です。そのため，施設は関わった子どもが生涯頼れる実家のような機能をもち，人生において助けや相談が必要な退所生の相談に応じる体制と信頼関係を継続することが今後の課題であるといえます。それは未来の世代において不適切な養育の連鎖を断ち切るための取り組みの一つにもなっていくといえるでしょう。

第6章

福祉領域の制度と法(3)
高齢者福祉

高齢者福祉の領域では，長く老人福祉法を中心とした福祉制度によって，租税を財源に
さまざまな高齢者支援が展開されてきました。しかし，2000年に介護保険制度が始
まり，高齢者介護については社会保険制度によって運営されることとなりました。本章
では，介護保険制度の仕組みを学ぶとともに，老人福祉法，高齢者虐待防止法について
その概要を理解していきましょう。

1 | 超高齢社会における 高齢者支援の課題

> **事例**　**認知症高齢者を介護する家族の葛藤**
>
> 　田中景子さん（83歳：仮名）は，アルツハイマー型認知症の診断を受け，
> 介護保険の要介護3の認定を受けています。自宅で介護保険の訪問介護
> と通所介護を利用し，夫の幸男さん（85歳：仮名）が身の周りのことを世
> 話して生活しています。娘のひとみさん（50歳：仮名）は隣の市に居住し
> ていますが，仕事があるため週末だけ実家に泊まり，介護を手伝っていま
> す。ところが，幸男さんが怪我をして入院治療が必要となってしまいまし
> た。その間の景子さんの介護をどうするか，ケアマネジャー（介護支援専
> 門員）に相談して，短期入所生活介護（ショートステイ）を利用すること
> にしました。幸男さんの怪我は幸い軽く5日で退院でき，それに合わせ
> て景子さんも短期入所から戻ってきましたが，ひどく混乱した状態となり，
> 行動・心理症状が著しくなってしまいました。その様子を見て，ひとみさ
> んは施設に入所させることを提案しましたが，幸男さんは自宅で面倒をみ
> ると強く主張し，父娘の間で喧嘩になってしまいました。しかし，幸男さ
> んは，疲れもあり体調を崩してしまい，介護もうまくいかなくなっている
> ようです。ひとみさんは父には何も言わずに両親の住む街の地域包括支援
> センターに相談に行きました。

　日本の平均寿命は男性81.47歳，女性87.71歳（令和3年簡易生命表）で
あり，世界有数の長寿国です。長寿は，社会情勢の安定，生活水準の向上，医

療の発達など社会的成熟の成果ですが，少子化が加わることで総人口に占める高齢者人口の割合（高齢化率）は 28％を超え，世界一の超高齢社会に対応できる社会づくりが急務となっています。特に，高齢者のなかでも 75 歳以上の後期高齢者が占める割合が年々増えており，医療や介護を必要とする高齢者は今後急増します。2025 年ごろには人口の多い「**団塊の世代**」が 70 代後半に達することで，それに対応するための各地域でのケアの体制（**地域包括ケアシステム**）をつくることが急務となっています。特に認知症高齢者は 2025 年には約 700 万人に達すると推計されており，病院，施設，地域において支援体制をつくっていくことが大きな課題です。その支援には医療や介護のサービスだけでなく，高齢者とその周囲の人の人間関係の調整や心理的支援が必要な場面も少なくありません。医療・介護を必要とする高齢者とともにその家族の支援が特に重要な社会的課題となっています。

　事例においても，景子さんの意思決定を尊重することが第一ですが，夫と娘に対する気持ちを確認しながら，現実を認識・共有していくことが必要です。

　本章では，高齢者福祉領域における制度と支援についてみていきましょう。

語句説明

高齢化率
高齢者の人口が総人口に占める割合のこと。老年人口比率ともいう。

団塊の世代
1947〜1949 年生まれの世代のことを指す。第 1 次ベビーブーム世代であり，前の世代よりも人口が非常に多い年齢層である。

2 ｜ 介護保険法

1 介護保険法の目的と仕組み

①介護保険法の目的

　2000 年に介護保険法が施行され，福祉と医療の 2 つの制度に分かれていた公的な介護サービスを統合して，高齢者等の介護に関する保険給付を担う新たな社会保険として介護保険制度がスタートしました。介護保険法の目的は，日常生活上の介護を提供するだけでなく，尊厳の保持と自立支援を理念として，機能訓練，看護，療養上の管理などを含めた総合的な保健医療・福祉サービスの利用についての保険給付を行うことにあります（表6-1）。

表6-1　介護保険法の理念規定

第 1 条　この法律は，加齢に伴って生ずる心身の変化に起因する疾病等により要介護状態となり，入浴，排せつ，食事等の介護，機能訓練並びに看護及び療養上の管理その他の医療を要する者等について，これらの者が尊厳を保持し，その有する能力に応じ自立した日常生活を営むことができるよう，必要な保健医療サービス及び福祉サービスに係る給付を行うため，国民の共同連帯の理念に基づき介護保険制度を設け，その行う保険給付等に関して必要な事項を定め，もって国民の保健医療の向上及び福祉の増進を図ることを目的とする。

②介護保険制度の概要

　介護保険制度の保険者は市町村（東京都の特別区を含む）であり，被保険者はその住民です。65歳以上の人は第1号被保険者として，40〜64歳で医療保険加入者の人は第2号被保険者として，該当するすべての人が強制的に加入する仕組みになっています。

　介護保険制度の費用は公費と保険料で50%ずつを負担しています。公費の内訳は，国が約25%，都道府県と市町村が各約12.5%となっています。第1号被保険者と第2号被保険者から徴収する保険料の総額については，人口比に応じて3年ごとにそれぞれの負担割合が決められています（2021〜2023年度は第1号23%，第2号27%）。

　第1号被保険者は，保険者ごとのサービス水準に応じて保険料の基準額が異なっており，さらに所得による負担の緩和を図るために，所得段階別に納付する保険料が決められています。第2号被保険者は，全国共通の基準額が決められており，加入している医療保険者が本人の所得の状況等に応じて，介護保険料を医療保険料とともに徴収し，**社会保険診療報酬支払基金***に納付しています。

　保険者単位では，3年間を事業期間として，保険給付の対象者やサービス量を見込む**介護保険事業計画**を策定しています。第1号被保険者の保険料は，介護保険事業計画による給付等の費用の見込みに基づき3年ごとに改定されています。

2 要介護認定

　介護保険の保険給付の対象は，介護を必要とする「要介護」と要介護になるおそれがある「要支援」です。保険給付を受けるためには，保険者から**要介護認定**または**要支援認定**を受ける必要があり，まず保険者への申請が必要です。申請を受けた保険者は，職員等を派遣し，心身の状況，おかれている環境，病状や受けている医療の状況等について，介護の必要性を判定するための「認定調査」を実施します（表6-2）。また，申請者の主治医に対して，身体上・精

語句説明

社会保険診療報酬支払基金

医療保険等の規定に基づく療養の給付等について，診療報酬を支払うために，診療報酬請求書の審査を行うほか，保険者から医療保険各法等の規定により事務を委託されている。介護保険については，第2号被保険者の保険料を集め，市町村に決められた必要な額を交付する役割を担っている。

表6-2　認定調査の項目

- 概況調査（利用しているサービスの種類，家族や住宅の状況　等）
- 基本調査（74項目について選択肢への当てはまりを記入）
  - 身体機能・起居動作（麻痺や拘縮，立ち上がりや座位保持等，視力・聴力等）
  - 生活機能（移動，食事・排泄・整容の状況，衣類の着脱等）
  - 認知機能（意思の伝達，記憶，見当識等）
  - 精神・行動障害（もの盗られ妄想，作話，介護への抵抗等）
  - 社会生活への適応（薬や金銭の管理，集団への適応，買い物等）
  - 過去14日間に受けた特別な医療（点滴管理，褥瘡処置等）
- 特記事項（基本調査の各項目に関する具体的事項を記入）

出所：要介護認定等基準時間の推計の方法（厚生省告示第91号，平成12年3月24日）

表6-3　特定疾病（介護保険法施行令第 2 条）

1. 末期がん
2. 関節リウマチ
3. 筋萎縮性側索硬化症
4. 後縦靱帯骨化症
5. 骨折を伴う骨粗鬆症
6. 初老期における認知症
7. 進行性核上性麻痺，大脳皮質基底核変性症及びパーキンソン病（パーキンソン病関連疾患）
8. 脊髄小脳変性症
9. 脊柱管狭窄症
10. 早老症
11. 多系統萎縮症
12. 糖尿病性神経障害，糖尿病性腎症及び糖尿病性網膜症
13. 脳血管疾患
14. 閉塞性動脈硬化症
15. 慢性閉塞性肺疾患
16. 両側の膝関節又は股関節に著しい変形を伴う変形性関節症

神上の障害の原因である疾病や負傷の状況等について医学的観点からの「主治医意見書」の記入・提出を求めます。認定調査，主治医意見書ともに全国一律の内容が定められており，この調査内容を全国共通のソフトウェアによって分析することで，要介護または要支援に関する一次判定が算出される仕組みができています。保険者には，医療・保健・福祉の専門家で構成される**介護認定審査会**が設置されており，一次判定の内容を原案にしながら合議を行い，認定調査の特記事項や主治医意見書の内容を加味したうえで最終的な審査判定（二次判定）を行います。保険者は，審査判定の結果に従い，申請した被保険者に対して要介護認定，要支援認定（または非該当）の結果を通知します。要介護認定・要支援認定にはその状態の安定度等に基づく有効期間が設けられており，継続して認定を受けたい場合には，**更新認定**の申請が必要になります。また，期間の途中で状態が変化した場合には**変更認定**の申請が可能です。有効期間は，**新規認定**では標準 6 か月（3～12 か月の範囲で短縮，延長が可能），更新認定では標準 12 か月（3～48 か月の範囲で短縮，延長が可能）です。なお，第 2 号被保険者が認定を受けるときには，要介護・要支援の原因が 16 種の疾病（特定疾病：表6-3）に該当することが要件となります。

3　介護保険の給付対象となるサービス

　介護保険制度では，居宅・地域での生活を可能な限り継続することを支援することを理念としています。そのために，適切なサービス利用のためのケアプランを作成し，利用に結びつけるケアマネジメント*に関する支援（居宅介護支援・介護予防支援）が自己負担なく利用可能です。給付対象となるサービスに

プラスα

介護認定審査会
各保険者ごとに設置されている場合でなく，複数の保険者が合同で設置している場合もある。

語句説明

ケアマネジメント
介護サービスについて状態や環境に応じて，適切に利用できるようにアセスメントを行い，課題を明らかにしたうえで介護サービス等の利用計画であるケアプランを作成する。

表6-4　介護保険のサービス

【居宅サービス】【△：介護予防サービス】
●訪問介護：介護福祉士や訪問介護員が居宅を訪問し，身体介護や生活援助を提供する。
●△訪問看護：訪問看護ステーションや病院・診療所の看護師等が居宅に訪問し，療養上の世話（医療的配慮に基づく介護など）と診療の補助（褥瘡の処置，経管栄養の管理，医療機器導入時の看護など）を行う。
●△訪問入浴介護：入浴設備をもつ車両等で訪問し，通常，看護職員1名と介護職員2名がチームで入浴の介助を提供する。
●△訪問リハビリテーション：病院や老人保健施設の理学療法士，作業療法士等が居宅を訪問し，居宅における個別のリハビリテーションを提供する。
△居宅療養管理指導：病院・診療所・薬局の医師，歯科医師，薬剤師，歯科衛生士，管理栄養士等が居宅を訪問して，療養上必要な管理や指導を行う。
●△福祉用具貸与：介護用ベッド，車いす，杖などの介護用品をレンタルで提供する。
△特定福祉用具購入：レンタルになじまない排泄や入浴などの用具について，購入費用への保険給付（1年に10万円以内）を受けることができる。
●通所介護：デイサービスセンター（定員19名以上）に通い，入浴や食事の提供・介護，生活等に関する相談や助言，健康状態の確認，機能訓練等を提供する。
●△通所リハビリテーション：介護老人保健施設，病院，診療所に通い，心身機能の維持・回復を図り，日常生活の自立を助けるために行われるリハビリテーションが行われる。
●△短期入所生活介護：特別養護老人ホームや老人短期入所施設などに短期間（最長30日）入所して，入浴，排泄，食事等の介護などの日常生活上の世話や機能訓練が提供される。
●△短期入所療養介護：介護老人保健施設，介護医療院などの空床を利用し，短期間入所して，看護や医学的管理下における介護，日常生活上の世話，機能訓練等が提供される。
●△特定施設入居者生活介護：有料老人ホーム，軽費老人ホーム，養護老人ホーム等で，入居者に施設内で一体的に介護サービスを提供するか，または外部の事業者から介護サービスの提供を受ける（外部サービス利用型）。
【地域密着型サービス】【△：地域密着型介護予防サービス】
●定期巡回・随時対応型訪問介護看護：24時間対応で，定期巡回とコールセンター等への連絡に対応して必要に応じて行われる随時訪問によって，訪問介護と訪問看護を一体的に提供する。
●夜間対応型訪問介護：夜間について，定期巡回とコールセンター等への連絡に対応して必要に応じて行われる随時訪問により，訪問介護を提供する。
●地域密着型通所介護：定員18名以下のデイサービスセンターにおいて通所介護のサービスを提供する。
●△認知症対応型通所介護：定員12名以下の小規模な単位で認知症の人を対象として通所介護のサービスを提供する。
●△小規模多機能型居宅介護：定員29名以内の利用者に通所，訪問，泊まりを1事業所で総合的に提供する。介護支援専門員を配置しており，小規模多機能型居宅介護内のサービス計画と医療系サービスや福祉用具等を含めた居宅サービス計画を作成して，総合的な支援によって自宅・地域での生活を支援する。
●複合型サービス（看護小規模多機能型居宅介護）：2つ以上のサービス種類を組み合わせるサービスとして規定されているが，現在は訪問看護と小規模多機能型居宅介護を組み合わせた看護小規模多機能型居宅介護が設けられている。
△認知症対応型共同生活介護（認知症高齢者グループホーム）：5～9名を定員とした小規模な共同生活住居において，認知症の人が可能な限り日常生活を自ら行うことを支援しながら共同生活を営んでいる。居室は原則個室であり，居間，食堂，台所，浴室などの共同生活スペースを備えている。
地域密着型特定施設入居者生活介護：定員29名以下の介護型有料老人ホーム等の入居者に総合的な介護サービスを提供する。
地域密着型介護老人福祉施設入所者生活介護：定員29名以下の特別養護老人ホームの入居者に総合的な介護サービスを提供する。
【居宅介護住宅改修費】【△：介護予防介護改修費】
△住宅改修費の支給：工事を伴う段差の解消，手すりの取り付け，洋式便器への取り替え等について，工事費用への保険給付（原則，1つの家屋で20万円以内）を受けることができる。
【施設介護サービス】
介護老人福祉施設：老人福祉法による特別養護老人ホームのうち，定員30名以上のものについて，介護保険法に基づく指定を都道府県知事から受ける。4人部屋を中心とした多床室のほか，個室と共有スペースをもち10名程度を単位とした個室ユニット型がある。
介護老人保健施設：介護保険法に基づき都道府県知事によって設置が許可されている。在宅復帰を目的としたリハビリ

テーション等を中心とした役割が期待されているが，長期入所者も多い。

介護医療院：介護保険法に基づき都道府県知事によって設置が許可されている。医療的管理が必要な要介護者の長期間の療養生活を支援する。2018（平成 30）年度より創設された。

【居宅介護支援】【介護予防支援】（ケアマネジメント）

居宅介護支援：介護支援専門員（ケアマネジャー）が，居宅要介護者を対象として心身の状況や環境をアセスメントし，生活の希望等に応じた適切なサービス利用ができるよう，居宅サービス計画（ケアプラン）を作成し，サービスを提供する事業所等と連絡調整することでサービス利用に結びつける。

介護予防支援：地域包括支援センターの職員等が担当し，居宅要支援者を対象として心身の状況や環境をアセスメントし，生活の希望等に応じた適切なサービス利用ができるように介護予防サービス計画を作成し，サービス提供する事業所等と連絡調整することでサービス利用に結びつける。

注：●：区分支給限度基準額の対象　△：介護予防サービスがあるもの
出所：著者作成

ついて，詳しくは表6-4を参照ください。居宅で生活する要介護者向けに多くの種類の介護サービスが用意されています（居宅サービス，地域密着型サービス）。また，自宅での生活が困難な場合に介護を受けやすい住居に住み替えて利用する介護サービス（居住系サービス：介護型有料老人ホームやグループホーム）も含まれています。さらに，自宅での生活が困難な場合に介護保険施設において受ける介護サービスも給付対象となっています（施設サービス）。要支援者は，要介護になることを防ぐための介護予防サービスや地域密着型介護予防サービスを利用できます。

居宅サービス，介護予防サービスは都道府県知事が一定の基準（指定基準）に基づき，事業所を指定しています。地域密着型サービス（介護予防を含む），居宅介護支援，介護予防支援は市町村長が一定の指定基準に基づき，事業所を指定しています。地域密着型サービスは，原則として指定した市町村の被保険者が利用できます。施設サービスは都道府県知事が設置許可や指定をしています。

4　サービスの利用

認定を受けた被保険者は，介護保険施設や指定事業者等で，要介護であれば介護サービスを，要支援であれば介護予防サービスを利用することによって，その費用について保険給付を受けることができます。保険給付は，基本的には費用の 1 割が自己負担ですが，一定以上の所得がある場合には自己負担が 2 割または 3 割となります。

居宅で利用するサービスのうち，訪問・通所サービス（福祉用具貸与を含む）と短期入所サービスの利用については，要支援・要介護の程度ごとに保険給付の区分支給限度基準額が設けられ，サービスを組み合わせて利用する際にその枠内であれば保険給付を受けることができます（表6-4：●印のサービス）。なお，施設サービスや単独で利用する居宅サービスについては，要介護度等に応じた保険給付の額が決められています。

介護保険制度では，サービス利用後に申請することで保険給付分が被保険者

表6-5	区分支給限度基準額
認　定	区分支給限度基準額
要支援 1	5,032 単位
要支援 2	10,531 単位
要介護 1	16,765 単位
要介護 2	19,705 単位
要介護 3	27,048 単位
要介護 4	30,938 単位
要介護 5	36,217 単位

注：介護保険の 1 単位は，基本は 10 円であるが，地域とサービス種類により差が設けられている

に払い戻される「償還払い」という給付の方法が法律上の基本的規定となっています。しかし，利用者の負担が大きいため，ケアプランの作成により保険給付額が区分支給限度基準額（表6-5）以内に管理できることを条件として，サービス利用時に利用者は自己負担分のみを事業所・施設に支払い，保険給付分については事業所・施設から請求が行われ，審査を経て事業所・施設に支払いが行われる「代理受領」という形式が一般的となっています。

5 ケアマネジメント

①ケアマネジメントの過程と種類

　介護保険制度では，状態や環境に応じた総合的なサービス利用によって要介護者の生活を支えたり，要支援者の介護予防を図ったりすることを目指します。そのための専門職として，介護保険法では介護支援専門員が位置づけられています。介護支援専門員は通称「ケアマネジャー」と呼ばれており，ケアマネジメントを担当し，ケアプラン作成を担っています。医師，看護師，社会福祉士，介護福祉士等の国家資格取得後 5 年間の実務経験がある者，または一定の施設等で相談業務に 5 年以上従事している者が，都道府県が実施している介護支援専門員研修受講試験に合格すると，法定の研修を受講することで介護支援専門員となることができます。

　ケアマネジメントは，(1)ケアマネジャーがサービス利用者の心身の状態や置かれている環境をアセスメントし，本人や家族の生活上の希望を聞きながら，課題や目標を共有する，(2)サービス事業所や担当者の意見を聞きながら，課題解決や目標を達成するためサービスの利用計画とその内容を定めた計画であるケアプランを作成する（要介護者向けは居宅サービス計画，要支援者向けは介護予防サービス計画，施設では施設サービス計画），(3)サービスの実施状況をモニ

タリングして，計画の見直しを行う，といった過程を含んでいます。居宅での
サービス利用については，要介護者向けの居宅介護支援，要支援者向けの介護
予防支援*を受けることが可能です。また，介護保険施設や特定施設等では，施
設内に介護支援専門員が配置されており，ケアプランを作成しています（例：
施設では，施設サービス計画，特定施設では特定施設入居者生活介護計画）。

6　地域包括ケアシステム

　2025 年ごろに，いわゆる団塊の世代といわれている人口が多い年齢層が
70 代後半に達することで，医療や介護を必要とする高齢者数が急増すること
が予想されています。病院での入院や施設での入所において，医療や介護をす
べて提供することは難しく，地域において高齢者が要医療・要介護となっても
安心して暮らし続けられるために「地域包括ケアシステム」の構築が進められ
ています。

　住まい，医療，介護，介護予防，生活支援の 5 つの領域の支援が，おおむ
ね 30 分以内に得られるような日常生活圏域内での資源の開発と連携が目指さ
れ，特に地域支援事業（次項参照）のなかで環境整備の取り組みが行われてい
ます。たとえば，医療については，在宅医療の充実と介護等との連携によって
在宅での療養や看取りを可能とすることが目標となっています。入退院時にお
ける病院と地域医療とのスムーズな移行のための連携も課題です（在宅医療・
介護連携推進事業）。一人暮らしや高齢者夫婦のみの世帯が増えていくことに対
応して，介護サービス以外の生活支援や見守りも必要であり，公的サービスだ
けでなく，地域住民の参加による互助型の支援を開発していくことが課題と
なっています（生活支援体制整備事業）。急増する認知症の人への対応をどのよ
うにしていくのかという点も必須の施策といえます（認知症総合支援事業）。住
まいについては，虚弱になっても一人暮らしを可能にするバリアフリーの住宅
に加え，生活上の支援や見守りの機能をもった「サービス付き高齢者向け住
宅」が制度化され，その数を増やしています。

　地域での連携体制をつくるために，市町村内の各地域に設置されている地域
包括支援センターが中心的役割を担っています。

7　地域支援事業

　各市町村において，地域包括ケアシステムを構築することを目指し，保険給
付による介護や医療の周辺的な環境を整備するために，介護保険の財政を用い
た地域支援事業が実施されています。各地域の高齢化率，医療や介護の資源，
高齢者のいる世帯における家族構成，地域での互助の担い手の状況（自治会，
住民参加活動，NPO 等）は地域によって大きく異なるため，各市町村の状況に
応じた施策を展開していく必要があります。

語句説明

介護予防支援
地域包括支援センター
で行われており，ケア
マネジメントの担当者
は介護支援専門員でな
くてもよいことになっ
ている。

①介護予防・日常生活支援総合事業

高齢者の介護予防を目的として，高齢者全体を対象とした「一般介護予防事業」と，要支援者やそれと同等の介護予防ニーズをもっている人向けの「介護予防・生活支援サービス事業」が行われています。特に介護予防・生活支援サービス事業では，2017年4月から要支援者への保険給付であった介護予防訪問介護と介護予防通所介護がこの事業に移行され，多様な支援が地域で展開されるようになっています。

②包括的支援事業と地域包括支援センター

地域における介護サービス等の総合的な連携を促進し，地域包括ケアシステムの構築を推進する中心的機関として**地域包括支援センター**が設置されています。市町村が直接運営している場合もありますが，多くの場合多様な主体に委託されて設置されています。

地域包括支援センターでは，地域支援事業に位置づけられている包括的支援事業のなかの以下の5つの事業を必ず行うこととなっています。なお，前述の在宅医療・介護連携推進事業，生活支援体制整備事業，認知症施策推進事業も包括的支援事業のなかで行われています。

(1)介護予防ケアマネジメント

要支援者や介護予防を必要とする者が介護予防・日常生活支援総合事業を適切に利用できるように「介護予防ケアマネジメント」を担当します。

(2)総合相談

地域の高齢者の相談に乗り，実態把握，総合的情報提供，関連機関との連絡調整などを行います。

(3)包括的・継続的マネジメント支援

ケアマネジメントへの直接的助言や環境整備などの間接的支援を行い，介護サービスを利用しながら地域での生活が継続できるような支援を行います。

(4)権利擁護

権利擁護に関する相談，成年後見制度の円滑利用の援助，虐待発見のための地域ネットワークづくりなどを行います。

(5)地域ケア会議

地域のネットワーク構築，ケアマネジメント支援，地域課題の把握等を推進することを目的として，多職種協働による個別事例の検討等を行います。

8 認知症に関する施策

①介護保険法における規定

介護保険法では，国と地方公共団体は，①認知症に関する知識の普及・啓発，②研究機関，医療機関，介護サービス事業者等と連携し，認知症の予防，診断，治療，あるいは適切なリハビリテーションや介護の方法に関する調査研究の推

プラスα

包括的支援事業

地域包括支援センターを中心に，地域包括ケアシステムの構築のために実施されている地域支援事業です。在宅医療・介護連携推進事業，生活支援体制整備事業，認知症施策推進事業は，後で追加されたが，この3事業は地域包括支援センター以外でも実施が可能である。

進，③地域における認知症者への支援体制の整備，④認知症者を介護する者への支援，⑤認知症者の支援に関する人材の確保と資質の向上を図るために必要な措置を講ずること，⑥施策の推進にあたっては，認知症者とその家族の意向の尊重に配慮し，認知症の人が地域社会において尊厳を保持しつつ他の人々と共生することができること，等について，努めなければならないことが規定されています。

認知症対策は，先進諸国の共通の課題であり，2013年にロンドンにおいてG8認知症サミットが開催されたことなどを契機に，日本でも保健福祉施策を超えて国家戦略と位置づけられるようになり，2015年1月には，関係省庁が協同して認知症施策推進総合戦略（新オレンジプラン）が策定されました。新オレンジプランでは，認知症の人が住み慣れた地域で自分らしく暮らし続けるために，2025年を目標に施策が展開されてきました。さらに，医療・介護の領域にとどまらず，国をあげて取り組むべき施策として，2019（令和元）年に認知症施策推進関係閣僚会議において認知症施策推進大綱を定め，新オレンジプランを引き継ぎながら，2025年を目標年度として，認知症に対する施策について総合的に取り組んでいます。

② 認知症施策推進大綱

認知症の発症を遅らせ，認知症になっても希望をもって日常生活を過ごせる社会を目指し，認知症の人や家族の視点を重視しながら「共生」と「予防」を車の両輪として施策を推進することが，大綱の基本的な考え方として示されています。2025年までを対象期としており，認知症の人の視点に立って，認知症の人やその家族の意見を踏まえて推進することとされています。

具体的な施策としては，①普及啓発・本人発信支援として，**認知症サポーター**養成など，②予防として，認知症予防に資する可能性のある活動の推進，予防に関するエビデンスの収集など，③医療・ケア・介護サービス・介護者への支援として，早期発見・早期対応・医療体制の整備，医療・介護の手法の普及・開発，介護サービス基盤整備（介護人材確保），医療・介護従事者の認知症対応力向上，認知症の人の介護者の負担軽減の推進など，④認知症バリアフリーの推進・**若年性認知症**の人への支援・社会参加支援として，バリアフリーのまちづくり，移動手段の確保，交通安全の確保，地域支援体制の強化，成年後見制度*の利用促進，商品・サービスの開発，消費者被害防止，若年性認知症支援コーディネーターの配置など，⑤研究開発・産業促進・国際展開として，発症や進行の仕組みの解明，予防法・診断法・治療法・リハビリ・介護モデル等の研究開発などがあげられています。

③ 認知症疾患医療センター

認知症疾患医療センターは，都道府県の指定により，地域の認知症医療の拠点となっている医療機関に設置されています。認知症専門の医療機能として，

プラスα

認知症サポーター
2005（平成17）年4月に「認知症を知り地域をつくる10ヵ年構想」が始まり，100万人を目標にして，地域における認知症の正しい理解を促進することを目的に，認知症サポーター養成が開始された。

語句説明

成年後見制度
認知症，知的障害，精神障害などの理由で判断能力の不十分な場合に，財産管理と身上監護（サービスの利用契約や施設入所・入院の契約締結などの支援）について，支援するしくみ。判断能力が欠けているのが通常の状態の方に対する「後見」，判断能力が著しく不十分な人に対する「保佐」，判断能力が不十分な人に対する「補助」の3つの類型がある。

鑑別診断とそれに基づく初期対応，認知症の行動・心理症状（BPSD）と身体合併症への急性期対応，専門医療相談等を行っています。また地域連携拠点機能をもち，認知症に関する情報発信・普及啓発，認知症医療に関する連携体制強化や研修実施等も担っています。なおセンターには都道府県全域の中核的な拠点の役割を担う「基幹型」，地域での支援の中心的役割を果たす「地域型」，地域での診療を中心に担う「連携型」の３つのタイプがあり，基幹型と地域型には臨床心理技術者１名以上の配置が定められています。

3 | 老人福祉法

1 老人福祉法の目的と位置づけ

第二次世界大戦後の高齢者福祉は，生活保護法による経済的支援からスタートしました。その後，年金制度や医療保険における国民皆保険が実現され，高齢者独自の課題に対する支援を行うために，老人福祉法が1963年に施行されました。これ以降，2000年の介護保険制度の施行まで老人福祉法による施策が展開されてきましたが，現在は介護保険制度によって，サービス提供や周辺の施策の費用が負担されており，老人福祉法はその基盤整備や補完的役割を果たしています。

2 老人福祉施設と老人福祉事業

老人福祉施設とは，老人デイサービスセンター，老人短期入所施設，養護老人ホーム，特別養護老人ホーム，軽費老人ホーム，老人福祉センター，老人介護支援センター（在宅介護支援センター）のことをいい（第５条の３），老人福祉法において設置可能な者・設置や届け出についてが規定されています。たとえば，社会福祉法人による特別養護老人ホームは，老人福祉法に基づき都道府県知事の設置許可を受け，介護保険法による「指定介護老人福祉施設」の指定が行われます（第86条）。

また，介護保険制度の訪問介護，通所介護，短期入所生活介護，小規模多機能型居宅介護，複合型サービス，認知症対応型共同生活介護等については，介護保険法による事業所の指定を受けるとともに，老人福祉法に基づく「老人居宅生活支援事業」として，開設や変更の届出を都道府県知事に行うこととなっています（第14条）。

3 　老人福祉計画

　市町村は，老人居宅生活支援事業と老人福祉施設による事業の供給体制の確保に関する計画を市町村老人福祉計画として定めることになっています（第20条の8）。目標量を定めるにあたっては，介護保険事業計画と一体的に作成することとなっており，社会福祉法に基づく市町村地域福祉計画等と調和が保たれたものでなければなりません。都道府県では，市町村老人福祉計画の達成に資するため，各市町村を通じた広域的な見地から都道府県老人福祉計画を定めることとなっています（第20条の9）。

4 　やむを得ない事由による措置

　介護サービスを受けることが妥当であるのに，虐待等によって自ら介護保険の給付の申請をするのが著しく困難な場合には，介護サービスの利用の開始を市町村長の職権によって行わせることができます。この手続きは「やむを得ない事由による措置」として老人福祉法に規定されており，サービスの利用開始時における一時的なものと想定されています。サービスの利用を開始した後には，介護保険の給付に移行することとなっています。

5 　有料老人ホーム

　有料老人ホームは，高齢者を入居させ，食事の提供，洗濯・掃除等の家事，入浴・排泄・食事等の介護，健康管理のうち，1つ以上の供与を行う施設であり，老人福祉法において規定されています（第29条）。有料老人ホームを設置あるいは休止・廃止しようとする者は，老人福祉法に従い，あらかじめ都道府県知事への届け出が必要です（第29条）。

　利用者保護の規定が強化されており，入居者や入居希望者に対して供与する介護等の内容等に関する情報を開示すること，家賃・敷金・介護等の日常生活上必要な便宜供与の対価以外の費用（たとえば権利金等）を受領してはならないこと等が定められています。

6 　生きがい対策

　老人福祉法では，地方公共団体は老人の心身の健康の保持に資するための教養講座やレクリエーション等，高齢者が自主的・積極的に参加することができる老人健康保持事業を実施するように努めなければならないと規定されています（第13条1項）。特に，地域における高齢者の集まりである老人クラブは，老人福祉法の制定当初から高齢者の生きがい対策として地方公共団体が援助に努めることが定められています（第13条2項）。

7 　市民後見人の養成

　現在，弁護士や司法書士など，第三者による後見人等を担う専門職は不足している状態です。今後認知症の人が急増していき，また親族等による成年後見等が困難な人が増加することに対応するために，特に医療や介護の利用契約の支援などについて，市町村が一般市民から選任される市民後見人を育成し，その活用を図ることが期待されています。

　市町村は，後見等の審判の請求の円滑な実施に資するよう，成年後見等を適正に行うことができる人材の育成と活用を図るための研修の実施，後見等の業務を適正に行うことができる者の家庭裁判所への推薦等を行うように努めることが規定されています。

プラスα

高齢者虐待防止法
正式名称は「高齢者虐待の防止，高齢者の養護者に対する支援等に関する法律」。

4 ｜ 高齢者虐待防止法

　高齢者虐待防止法は，潜在化しやすい高齢者に対する虐待への対応と防止を目的として 2006 年に施行されました。この法律では，家庭における養護者と養介護施設等の職員による虐待を対象としており，高齢者虐待を身体的虐待（暴行），養護を著しく怠ること（ネグレクト），心理的虐待（著しい心理的外傷を与える言動），性的虐待，経済的虐待（財産の不当処分，不当に財産上の利益を得ること）と定義しています（第 2 条 5 項）。

1 　家庭における養護者の虐待への対応

①通報への対応

　市町村が，虐待を受けている高齢者やその養護者に対する相談，指導，助言を行わねばなりません（第 6 条）。高齢者虐待を発見した者は，高齢者の生命や身体に重大な危険が生じている場合には市町村への通報義務が規定されています（第 7 条 1 項）。また，それ以外の場合にも通報に努めることとされています（第 7 条 2 項）。

　市町村は通報のための窓口を明確にしておく必要があり，虐待に関する通報を受けたときには，訪問調査を行うなどして事実確認を行う必要があります（第 9 条）。その際に，高齢者の生命や身体に重大な危険が生じている場合は，立入調査が可能であり，所管の警察署長に援助を求めることもできます。

②虐待への対応

　市町村は，高齢者の生命や身体に重大な危険が生じているおそれがある場合には，高齢者の保護のため，迅速に施設へ入所させる等の措置をとります（第

10条）。養護者との面会を制限することも可能です。一方，虐待の解決のためには養護者の負担を軽減することも方策の一つであり，相談・指導・助言等を行い，緊急の必要がある場合には，養護者への支援として高齢者を短期間預かり養護する場合もあります。

③地域での連携体制

高齢者虐待の迅速な発見・対応や防止を行うためには，地域における連携協力体制が重要であり，地域包括支援センターが重要な役割を果たしています（第16条）。地域包括支援センターに，相談・指導・助言，通報の受理，事実の確認，養護者に対する支援を委託することができます。

2　養介護施設等の職員による高齢者虐待への対応

①法律の対象と虐待の予防

この法律では，養介護施設および養介護事業の従事者の虐待も対象としています（第20条）。養介護施設とは，老人福祉法における老人福祉施設と有料老人ホーム，介護保険法における介護保険施設と地域包括支援センターのことを指します。養介護事業とは，老人福祉法における老人居宅生活支援事業，介護保険法における居宅サービス事業，地域密着型サービス事業，居宅介護支援事業，介護予防サービス事業，地域密着型介護予防サービス事業，介護予防支援事業が対象となっています。施設の設置者や事業者は，従事者等の研修の実施，サービスを受ける高齢者や家族からの苦情処理の体制整備等の，職員による高齢者虐待の防止等のための措置を講ずることが求められています（第20条）。

②通報への対応

通報の窓口は市町村であり，市町村が中心になって対応を行うこととなっていますが，施設に対する監査権限は都道府県にあることが多く，協力を取りながら対応していくことになります。施設等の職員は，業務に従事している施設等で虐待を発見した場合には市町村に通報しなければなりません。職員以外については，家庭での虐待と同様に高齢者の生命や身体に重大な危険が生じている場合には市町村への通報義務があり，それ以外の場合にも通報努力が規定されています。市町村は，虐待に関する通報を受けた場合は，必要事項を都道府県に報告して協力します（第21条各項）。

③虐待への対応

市町村・都道府県はそれぞれの権限に基づき，老人福祉法や介護保険法に定められた指導・監督を行います。通報を受けた場合には，まず事実確認が重要であり，報告聴取や訪問調査などを実施する必要があります。都道府県は，毎年度，施設や事業者による虐待の状況を公表することになっています（第25条）。

現在のところ，高齢者福祉領域での専門的支援は福祉専門職（社会福祉士，介護福祉士）が担っており，公認心理師をはじめとする心理職の役割は，認知症疾患医療センター等ごく一部に限られています。しかし，認知症の人が増えていくこと，関係者の心理的支援が必要となるケースが増えていること，家庭内での多世代に対する重複的な支援が必要な場合も多くなっており心理的支援が必要とされています。今後，公認心理師の活躍の場となっていくことが期待されます。

▶付記
介護保険法については，新しいサービス類型等について検討が行われており，令和5年度中の一部改正が予定されている。

考えてみよう

1. 本章の冒頭の事例について，景子さんの夫と娘に対して，どのような心理的支援が有効なのか考えてみましょう。
2. 認知症の人が地域で暮らし続けるために必要な支援を考えてみましょう。

🪶 本章のキーワードのまとめ

団塊の世代	1947〜1949 年生まれの世代のことを指す。第 1 次ベビーブーム世代であり，前の世代よりも人口が非常に多い年齢層である。
地域包括ケアシステム	要介護・要医療であっても可能な限り地域で暮らし続けることを目指した政策であり，介護分野だけでなく，医療においても病床機能の整理や地域医療の推進等が行われ，地域医療と介護の連携が進められている。
介護保険事業計画	市町村が 3 年ごとに作成しており，要支援・要介護者の人数とサービス利用量の見込みを行い，次の 3 年間について，給付等の費用を算出し，第 1 号被保険者の保険料の基準額が算定される。
社会保険診療報酬支払基金	医療保険等の規定に基づく療養の給付等について，診療担当者に対して支払うべき診療報酬の支払いを行うために，診療報酬請求書の審査を行うほか，保険者が医療保険各法等の規定により行う事務を委託されている。
要介護認定	介護認定審査会による審査判定に基づき，介護の必要性について，要介護状態に該当するのかどうか，該当する場合には要介護 1〜5 の 5 段階のいずれに該当するか，認定が行われる。
要支援認定	介護認定審査会による審査判定に基づき，要介護となるおそれがある要支援状態に該当するのかどうか，該当する場合には要支援 1・2 のいずれに該当するか，認定が行われる。
介護認定審査会	市町村に設置され，要介護認定，要支援認定に関する審査判定を行うために保健・医療・福祉の専門家が集まり合議を行い，審査判定を行っている。複数の保険者が合同で設置している場合もある。
新規認定	最初の要介護認定・要支援認定のこと。要支援，要介護に認定されると申請日にさかのぼって有効となる。
更新認定	2 回目以降の要介護認定・要支援認定のこと。認定有効期限の 60 日前から申請できる。
変更認定	認定の有効期間の途中で状態が変わった場合には申請が可能であり，改めて審査判定が行われる。申請は被保険者も保険者も行うことができる。
地域包括支援センター	介護保険法に基づき各市町村で設置している相談機関。地域での諸機関の連携の中核でもある。社会福祉士，保健師，主任介護支援専門員の 3 職種が必置となっている。
認知症サポーター	認知症への偏見をなくし，正しい知識を普及するために全国の各市町村で講座が開かれている。誰でも参加でき，修了すると認知症サポーターとなることができる。修了証として「オレンジリング」が授与される。2021 年 6 月現在，養成人数は 1,300 万人超となっている（地域共生政策自治体連携機構の調査）。
BPSD	認知症における焦燥・興奮，脱抑制，うつ，不安，アパシー等の症状・行動。中核症状（認知機能の障害）と区分して，国際老年精神医学会において提唱された Behavioral and psychological symptoms of dementia の頭文字を取った用語。日本語では「認知症の行動・心理症状」と呼ばれる。
若年性認知症	65 歳未満で発症した認知症を指す。2009 年の厚生労働省の発表では，全国の患者数は 3 万 8,000 人で発症平均年齢が約 51 歳と推定されている。原疾患としては血管性，アルツハイマー型の順で多かった。

コラム 06　生活保護法，生活困窮者自立支援法の活用法

公認心理師が，「失業して収入がなくなった」「障害や病気で働けず，貯金も底をついてしまった」などの相談を受けた際，生活保護制度や生活困窮者自立支援制度を活用する視点をもっておきたいものです。それらは，図1のように包括的支援体制のなかに位置づけられており，いずれも，金銭給付などの経済的支援を中心として，就労支援や社会参加に関わるさまざまな支援メニューを備えている制度です。

生活保護法

生活保護は，憲法第25条の生存権保障の理念に基づき，生活に困窮するすべての国民に，国が最低限度の文化的な生活を保障し，自立を助長することを目的とするもので，本人又は，その扶養義務者，同居の親族の申請に基づき，収入や資産などの資力調査（ミーンズテスト）を経て開始されるものです。保護は，生活扶助とその他の扶助（教育・住宅・医療・介護・出産・生業・葬祭）に分かれ，保護を受ける人の世帯構成や年齢，障がいの有無によって支給される金額が決まります。生活保護法には，「国家責任による最低生活保障の原理（第1条）」「保護請求権無差別平等の原理（第2条）」「健康で文化的な最低生活保障の原理（第3条）」「保護の補足性の原理（第4条）」の基本原理が明記されています。補足性の原理とは，利用し得る資産や能力，扶養義務者の扶養などの活用を要件とし，その補足として保護を行うということです。保護を受ける人が働いている場合は，最低生活費から収入（一定の控除額がある）を差し引いた金額が保護費として支給される仕組みになっています。その運用にあたっては，申請保護の原則，基準及び程度の原則，必要即応の原則，世帯単位の原則が定められています。

2005年からは支援実施機関に自立支援プログラムが導入され，給付支援に加えて就労支援等を視野に入れた自立支援に力を入れることが求められるようになりました。これにより，自立支援の概念は①就労自立支援，②日常生活自立支援（身体や精神の健康の回復・維持），③社会生活自立支援（社会的なつながりの回復・維持）に整理され，全国の福祉事務所では，就労支援などさまざまな自立支援プログラムを策定しています。支援には生活保護担当ケースワーカー以外に，就労支援員，精神保健福祉士，公認心理師などの専門支援員が携わっています。近年の法改正では，就労によって保護を脱却した際に支給される就労自立給付金，大学進学で保護が適用されなくなった子どもの新生活の立ち上げ費用としての進学準備給付金，大学進学や就職に向けた積立ができる高校生のアルバイト収入の控除が創設されています。

生活困窮者自立支援法

2013年，「第二のセーフティネット」として成立した生活困窮者自立支援法は，全国の福祉事務所設置自治体に窓口がつくられ，就労支援やその他の自立に関する支援（自立相談支援事業），離職により住宅を失うおそれのある生活困窮者への家賃支援（住宅確保給付金）を必須事業としています。任意事業として，一般就労が困難な相談者に対する支援付就労の場の提供（就労準備支援事業），住居のない相談者への宿泊場所や食料の一定期間の提供（一時生活支援事業），家計改善支援事業，子どもの学習支援事業が実施されています。2018年の法改正では，生活困窮者の尊厳保持を目的とした基本理念や定義を明記し，自立相談支援事業・就労準備支援事業・家計改善支援事業の一体的実施による包括的な支援体制の強化，子どもの学習・生活支援事業の強化，一時生活支援事業の拡充による居住支援の強化が明記されました。生活困窮者自立支援制度の最大の特長は，縦割り行政の制度を横断的につなぎ，相談者のニーズに応じたオーダーメイドの支援ができることです。生活に困ったらまず相談したい窓口であり，制度の狭間に陥りやすいひきこもり支援の受け皿としても期待されています（図2）。

図1 地域共生社会の実現に向けた包括的支援体制

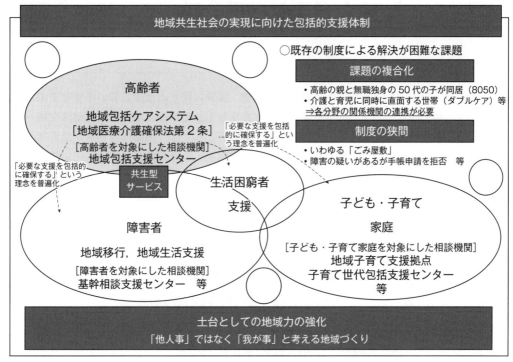

出所：厚生労働省，2018

図2 新たな生活困窮者自立支援制度

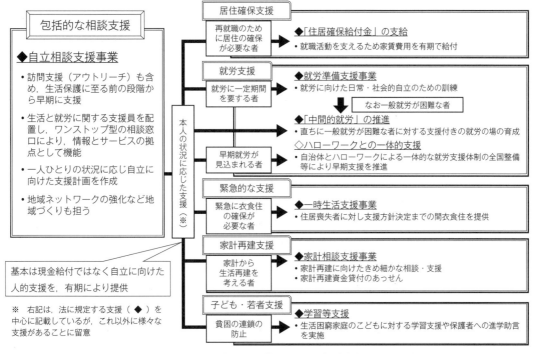

出所：厚生労働省　社会・援護局地域福祉課生活困窮者自立支援室「新たな生活困窮者自立支援法について」

第7章 保健・医療領域の制度と法(1) 医療のしくみ

> この章では，日本の医療の基本的仕組みと，保健・医療に関する法律について学びます。法律のうち中心となるのは，医療機関のありかたを規定している医療法と，医師法を始めとする医療従事者の身分についての法律です。制度としては，医療保険制度が重要です。さらに，医療従事者の義務と関連した民法の内容と，近年の医療情勢の変化に伴い，制定された法律について学びます。

1 なぜ，医療に関する法律・制度を学ぶ必要があるのか

事例1　公認心理師飯田さん（27歳）

公認心理師になって2年目の飯田さんは，1か月前に総合病院に就職し，新設された心理室に配属されました。今日，外科医師の前田さんが心理室を訪れ，「すい臓がんで入院している鈴木明夫さん（65歳，男性）が最近落ち込んでいるみたいなので，カウンセリングをしてくれないか」と頼まれました。飯田さんは鈴木さんが入院している外科病棟へ出向き，病室へ向かおうとすると，看護師に呼び止められました。「誰の許可で患者のところへ行くのですか？　鈴木さんは毎日，私たちが悩みを聞いていますけど？」とやや強い口調で言われてしまいました。

わが国では，病気になったりけがをしたりすると，医療機関に赴き，診察を受け，必要な検査，治療を受けて，その費用を支払います。その意味では，レストランが食事を提供したり，旅行会社が海外ツアーを行ったりするのと同様に，医療は有償のサービスを提供する経済活動でもありますが，単に契約に基づく経済活動としては割り切れない側面があります。第一に，人が社会生活を送るためには，一定の医療を受ける権利が保障されていることが必要です。たとえば，ある人が突然の急病で命の危険があるとき，お金がない，医療機関に空きがないなど，何らかの社会的理由でその人が医療を受けられないということはあってはなりません。日本国憲法第25条は国民が「健康で文化的な最低限度の生活を営む」ことを保障しており，そのためには医療は不可欠ですから，

国は国民が医療を受けられるようにする義務を有しています。一方，医療資源は有限なものですから，国民も医療がすべての国民に公平に提供されるために，国が定めた規則に従わなくてはなりません。医療は，いわば公的な側面を有する社会的・経済的活動であるといえるのです。第二に，医療にかかる費用は，サービスを受ける個人が全額を支払うことは例外的で，多くの場合半額以上は医療保険や税金などから支払われます。したがって，個人が自分の意思で自由に好きな内容で医療を受けることはできず，国が定めた基準とそれに則った医療内容に従わなければなりません。こうした医療の特性を理解することは，患者の苦悩を和らげることを期待され，そのために他の医療従事者と協働して働くことを求められる公認心理師にとって，とても重要なことです。

　医療がどのように行われているかは国によってさまざまですが，島崎（2011）は日本の医療の特徴を以下のようにまとめています。

- 医療のファイナンス（費用負担）は国民皆保険のもとでほぼ100%「公」に統一されているが，デリバリー（担い手）については自由開業制のもとで「私」中心主義がとられている。
- 医療や医療機関の診療内容に関する規制は最小限度に抑えられている。ただし，医療行為に対する診療報酬は全国で統一されており，それによって医療に対して一定の歯止めがかかり，政策誘導の余地も生まれている。
- 患者のフリーアクセスが尊重されていて，患者が医療機関を選ぶことができる。
- ファイナンスは，被用者保険（後述）と地域保険の二本立ての国民皆保険制度のもとで統合されている。
- デリバリーとファイナンスをつなぐものとして診療報酬が重要な役割を果たしている。

語句説明
地域保険
実際には国民健康保険を指す。

　以下，第2節では，こうした医療制度の基本をなす医療法と医療保険制度について，第3節では，医療従事者の職種に関する法律について，第4節では，医療従事者に課せられる義務に関する民法の規定，第5節では近年の社会情勢の変化に応じて，設けられてきた規制，制度について説明します。

2 | 医療法と医療保険制度

1 医療法

医療法は，医療の提供体制の基本，大枠を定めている法律です。1948（昭和23）年に制定されましたが，医療をめぐる社会情勢の変化に対応するため，1986（昭和61）年以降今日まで9回の改正が行われています。医療法の規制は医療のさまざまな領域に及びますが，ここでは医療機関で働く際に必要と思われる部分について解説します。

①病院・診療所の定義

「病院」とは，「医師又は歯科医師が，公衆又は特定多数人のため医業又は歯科医業を行う場所であつて，二十人以上の患者を入院させるための施設を有するもの」と定義されています。一方，「診療所」も施設の性質は病院と変わらず，入院のための施設をもたないか病床が十九床以下のものとされています（医療法第1条の5）。つまり，病院と診療所は病床数において異なるのみで，その機能は区別されていません。

②医療に関する情報提供と広告

我が国では，患者は原則として自らの意思で医療機関を選ぶことができます（フリーアクセス）。患者が適切に医療機関を選択するためには，その情報が適切に伝えられなくてはなりません。国および地方公共団体は，患者が医療機関の適切な情報を得られるよう措置を講じなければならず，医療機関の開設者・管理者は，当該医療機関の適切な情報提供をするよう努め，必要な情報を都道府県知事に報告しなければなりません（医療法第6条の2，3）。

また，医療機関の広告は厳しく規制されています。虚偽の広告や誇大広告をしてはならないし，他の医療機関に比べて優良であることを広告してはなりません。医療機関が広告していい項目は，医療法，厚生労働省令で定められています（医療法第6条の5）。

③医療の安全の確保

医療機関への医療安全施策および従業員に対する研修の義務付け，医療事故調査委員会の創設が規定されています。詳しくは第5節で解説します。

④医療機関の開設・管理

病院を開設するとき，または医師でない者が診療所を開設するときには，都道府県知事等行政の許可を得なければなりません。医師が診療所を開設しようとする場合には，届出のみが求められます。行政は，医療機関開設の届出が一定の基準を満たしている場合には，許可を与えなければなりませんが，開設が

営利目的である場合や，⑤で述べる医療計画で規定する基準病床数を超えている地域に公的病院が病床を設けようとした場合には，許可を与えないことができます（医療法第7条，第7条の2）。

すわなち，我が国では医療機関の開設は原則として自由とされており，これが医療のフリーアクセスの根幹となっています。

また，病院，診療所は医師を管理者としなければなりません（医療法第10条）。一般的に，病院，診療所の開設者である医療法人の理事長は医師以外の者が務めることはできますが，管理者である院長は医師でなければなりません。

⑤医療計画制度

第二次世界大戦によって，日本の医療システムは壊滅的な打撃を受けたため，医療システムを再興し，医療機関を増やすことは戦後の最重要課題でした。1948年に施行された医療法でも，医療機関の開設は行政の許可を要するものの原則として自由とされてきました。しかし，その後時代とともに医療をめぐる情勢は変化していきました。医療機関，医療従事者がある程度増加したうえ，医療技術は急速に進歩し，医療の専門分化が進み，医療機関の自由意思にまかせていては，医療機関が地域によって偏在したり，国民医療費が膨大になりすぎたりして，十分な医療を供給できなくなる恐れが生じてきました。

そこで，1986（昭和61）年にはじめて医療法が改正され，医療資源の地域偏在の是正と医療機関の連携の推進を図るため，医療計画の策定が都道府県に義務づけられました。その後，医療法は改正を重ね，医療計画もその都度変更を加えられました。

現在の**医療計画制度**においては，厚生労働大臣が「医療提供体制の確保を図るための基本方針」を定め（医療法第30条の3），都道府県はその基本方針に則し，かつ地域の実情に応じて医療計画を定めることになっています。医療計画の内容は，以下の3つに整理されます（医療法第30条の4）。

(a)重要な疾病への対策と，重点的に整備すべき医療領域における医療体制の確保

まず，国民の健康の保持を図るために特に広範かつ継続的な医療の提供が必要と認められる疾病への対策と，自由開業制のもとでおのずから整備されにくく，政策的な介入が必要な医療領域における医療提供体制への計画が求められます。前者は5疾病と呼ばれ，がん，脳卒中，心血管疾患，糖尿病，精神疾患が含まれており，後者は5事業とされ，救急医療，災害医療，へき地医療，周産期医療，小児医療があげられてます。

(b)病床の機能分化と，地域ごとの病床数管理

医療計画には，2つの病床管理の項目が含まれています。まず，医療資源の偏在を防ぐ目的で，地域ごとにおかれるべき病床数，基準病床数が算出されます。その地域は二次医療圏と呼ばれ，複数の市町村が単位となっています。基

プラスα
フリーアクセス
日本では，原則として自由に医療機関を選ぶことができるが，これは世界的には珍しい制度である。たとえば，イギリスでは，地元のかかりつけ医の診察を受けなければならず，そこで専門的医療が必要と判断されてはじめて専門病院を受診する制度になっている。

プラスα
日本の病床数
国際比較でみると，日本は病床数がきわめて多い国である。人口1000人に対する総病床数は13.0で，アメリカの2.9，イギリスの2.5などと比べると突出している。ベッド数に比べると相対的に医療従事者の数は少なく，医療現場に負担がかかる一因とされている。

準病床数は，一般病床，療養病床，精神病床，感染症病床，結核病床に分けられ規定されます。ちなみに，外来診療の単位は市町村が中心となる一次医療圏，救急医療や周産期医療などの特殊な医療の単位は主として都道府県が中心となり三次医療圏と呼ばれます。

　もう一つは，今後高齢化などの社会の変化が一層進んでいくことを踏まえ，将来の医療需要に対応できる体制を構築するための目標です。これを地域医療構想と呼び，二次医療圏を基本とした構想区域ごとに，高度急性期，急性期，回復期，慢性期の必要病床数を算出することになっています。

　(c)その他

　医師，医療従事者の確保や，医療の安全の確保による事項も医療計画に盛り込まれることになっています。

2 医療保険制度

①社会保険と民間保険との違い

　日本の医療財政をまかなう**医療保険制度**は社会保険方式を採用しています。保険とは「共通の偶発的な事故のリスクに晒されている者が一つの集団（保険集団）を設け，各自があらかじめ保険料を出し合ってお金をプールし，事故が起きた場合は保険金を支払う（給付を行なう）ことにより，保険事故に遭った人の損害を補填する」（島崎，2011）仕組みです。一般に，保険料を集め，必要な場合に給付を行う主体を保険者，その保険に加入している者を被保険者と呼びます。

　ただ，同じ保険といっても，社会保険は通常の民間保険と，以下のような違いがあります（島崎，2011）。

・民間保険は加入するかどうかは本人の自由であるのに対し，社会保険では加入が強制され，保険料が賦課・徴収される。

・民間保険では事故に遭うリスクの高い人は，保険料が高く設定されるが，社会保険ではそうしたことはない。

・社会保険では保険料が支払い能力に応じて調整される（応能負担[*]）。

---

②社会保険の基本的枠組み

　社会保険には，被用者保険，国民健康保険，後期高齢者医療制度の3つがあります。

　(a)被用者保険

　被用者保険には健康保険，船員保険，各種共済組合が含まれます。健康保険のうちには，主に大企業の労働者が加入している組合管掌健康保険（組合健保）と，中小企業が加入している全国健康保険協会（協会けんぽ）があります。

プラスα

社会保険

現在の日本の社会保険には，医療保険，介護保険，年金保険，雇用保険，労働災害補償保険の5つがある。医療保険と介護保険は，サービスなどの現物給付が行われるのに対し，他の3つの保険では現金給付が行われる。

語句説明

応能負担

支払能力に応じて負担額が変わること。保険料は応能負担であるが，医療費の自己負担分は原則として支払い能力にかかわらず一定の応益負担である。

→4章参照

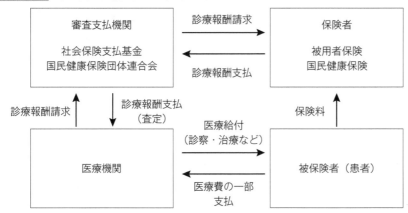

図7-1　医療保険制度の基本的しくみ

被用者保険は事業主が人を雇用することによって保険関係が成立するもので，保険料は使用者と労働者が折半し，国庫負担金により補助されます。医療費のうち，3 割は患者の一部負担金で，残りの 7 割が保険金から支払われます（小学生以下と 70 歳〜74 歳の患者は 2 割負担）。

(b)国民健康保険

被用者保険加入者，次に述べる後期高齢者医療制度の対象者および生活保護受給者等を除くすべての者が加入するのが**国民健康保険**です。市町村が保険者となる場合と，医師や弁護士などの職能団体が国民健康保険組合を組織し，そこが保険者になる場合とがあります。財源は半分が保険料，半分が公費でまかなわれます。保険料は一部が応能負担です。被用者保険と同様，患者の一部負担金は 3 割です（小学生以下と 70 歳〜74 歳の患者は 2 割負担）。

(c)後期高齢者医療制度

75 歳を超えた人は，それまで加入していた保険からは外れ，一律に**後期高齢者医療制度**（第 5 節参照）の被保険者となります。保険者は都道府県ごとに全市町村が加入する広域連合で，財源は被保険者が払う保険料が 1 割，被用者保険，国民健康保険からの支援金が 4 割，公費が 5 割です。医療費のうち，患者の一部負担金は 1 割とされています。

③医療保険制度における医療のしくみ

患者が保健医療機関を受診し，診療を受けると，患者は医療機関で一部負担金を支払います。医療機関は，後に審査支払機関（被用者保険では社会保険報酬支払基金，国民健康保険では国民健康保険団体連合会）に診療報酬を請求します。審査支払機関は，診療報酬の請求が適正かどうかを審査し，問題がなければ保険者に医療費を請求します。そのうえで医療費から患者が支払った一部負担金を差し引いた金額が，保険者から審査支払機関を通して医療機関に支払われます。もし，医療機関の請求が適正でなければ，審査支払機関は支払いを拒否することがあります（査定）。医療保険制度の基本的しくみを図 7-1 に示します。

プラスα

中央社会保険医療協議会

診療報酬を議論する中央社会保険医療協議会（中医協）は，学者などの公益委員，医師の代表などの診療側委員，健保組合などの支払側委員からなり，2年に1度の改定の際には，経済状況のほか，社会的な必要性も踏まえて議論がなされ，診療報酬が決定される。2022年の改定では，急性期医療の充実のほか，オンライン診療や不妊治療についての項目も点数化された。

混合診療

日本では混合診療は原則として禁じられているが，今後保険診療とされる可能性のある先進医療技術や，差額ベッド代，歯科の義歯用金属の費用などは，保険診療外療養費として徴収することが認められている。

語句説明

医師法

医師の職務・資格などを規定する法律。

日本の社会保険制度における医療費は，「**診療報酬制度**」により，個々の検査，治療行為，薬剤ごとに決められています。たとえば，Aという薬剤が使用できる疾患（適応症）がBおよびCと決められているとすれば，B，C以外の疾患に対してAを用いることは許されません。また，日本の保険医療機関であれば，どこでも，またどの医師が行ったとしても診療報酬は一律です。個々の医療費の額は厚生労働大臣の諮問機関である中央社会保険医療協議会（中医協）が定める「社会保険診療点数表」によって点数化され，1点につき10円で計算されます。この点数表は原則として2年に1回改定され，新たな医療技術に点数をつけたり，社会的に必要とされる部分の医療について点数を高くしてその医療がより広く行われるよう誘導するなど，国の政策を反映する手段ともなっています。

社会保険を使わずに，患者が医療費の全額を自己負担することを自由診療といいますが，自由診療と保険診療を併用すること（混合診療）は，原則として禁止されています。

3 医療従事者の職種に関する法律

1 医療行為と業務独占・名称独占

医療における検査や治療は，場合によっては人体に害を引き起こします。医療を安全に行うためには，十分な教育を受け，知識や技能をもった者のみが医療行為を行うようにしなければなりません。そのため，医療従事者の資格は，国家が与える免許制になっており，法律的には医療関係業務を一般的に禁止したうえで資格保持者のみに禁止を解除する形になっています。たとえば，手術と称して他人の体に侵襲を加えれば傷害罪など法律違反に問われますが，医師が行う場合のみ許される，ということです。このようにある資格をもっている者以外に業務を行うことが禁止されている場合，その資格は業務独占を有するといいます。

医師法は，いわば医療行為を医師に業務独占させることを中心に構成されています。医師法第17条には，「医師でなければ，医業をなしてはならない」と規定されており，これは医師の業務独占を定めたものです。ただ，今日は医療をめぐる社会情勢の変化に伴い，何が医療行為にあたるかが問題になり，新たな立法措置がなされることもあります。たとえば，介護施設には医師，看護師が常駐していないことがしばしばありますが，痰の吸引や胃瘻からの栄養剤注入は医療行為とされていたため，介護職員が行うことは違法とされていまし

た。これでは現実にそぐわない面が強かったため，2011 年に社会福祉士及び介護福祉士法第 2 条 2 が改正され，介護福祉士がこうした行為を行うことが可能となりました。

また，資格をもっている者以外に名称の使用が禁止されている場合は，名称独占を有するといいます。医療関係者であることは，医療行為を行う能力を有する者であるとの信頼を生じさせるため，医療従事者の資格の多くには名称独占が認められています。公認心理師にも名称独占が認められます。

2　各々の医療従事者法

医師法第 17 条は，医師に医療行為（医業）を業務独占させることを明示していますが，現実には医師のみで医療行為のすべてを行うことはできません。その他の医療従事者の資格に関する法律は，医師の業務の一部について禁止を解除するという形をとっています。たとえば，**保健師助産師看護師法**[*]には，看護師の業務を「傷病者若しくはじよく婦に対する療養上の世話又は診療の補助を行うことを業とする」（第 5 条）と規定しています。

各々の医療従事者の業務の法的な位置づけは複雑ですが，米村（2016）によると以下のように整理できます。

> • 固有の業務領域を有する資格
>   医師，歯科医師
> • 医師・歯科医師の業務を一部分担する資格
>   薬剤師，保健師・助産師・看護師・准看護師，診療放射線技師，歯科衛生士，歯科技工士など
> • 看護師等の「診療の補助」業務を一部分担する資格
>   臨床検査技師，理学療法士・作業療法士，視能訓練士，臨床工学士，義肢装具士，救命救急士など

公認心理師は，公認心理師法では医師，看護師の業務を分担するとは規定されていませんが，主治医がいる場合にはその指示を受けなければならないとされており（公認心理師法第 42 条 2），医療従事者の業務としては独特な様態となっています。

医療行為は一般に，危険性が大きく医師以外が行うことが禁じられている絶対的医行為と，危険性が小さく，医師の指示のもと他の医療従事者が行うことのできる相対的医行為に分けられます。医師以外の医療資格者が医師・歯科医師の業務を分担することができるのは，相対的医行為ですが，医療・社会情勢の変化により，絶対的医行為を医師のみに行わせると，医師の人員が不足し，医療が十分に行えない可能性が生じてきました。そうした事情を踏まえ，

語句説明
保健師助産師看護師法
保健師，助産師，看護師の職務・資格などを規定する法律。

プラスα
公認心理師の業務
病院における公認心理師の業務は，公認心理師法では医師の指示を受けることだけが規定されている。ただし，実際に業務を行うためには，看護師など他の医療従事者の意見も聞き，十分協力することも重要である。

語句説明

特定行為
特定行為研修を受けた
看護師が，医師・歯科
医師が作成する手順書
にしたがって実施する
ことのできる医療行為。
現在，38行為が指定
されている。

2014年に保健師助産師看護師法などが改正され，厚生労働大臣の指定する指定研修機関で特定行為研修を受けた看護師は，厚生労働省の定める特定行為*を，医師・歯科医師の作成する手順書にしたがって実施できる，とされました。特定行為のなかには従来，絶対的医行為に含まれていた行為もあり，医師の負担軽減と医療の充実につながることが期待されています。

4 医療従事者の義務と法的責任

1 医療事故・医療過誤と過失

医療事故とは，「医療に関わる場所で，医療の全過程において発生するすべての人身事故」であり，そのうち「医療従事者が，医療の遂行において，医療的準則に違反して患者に被害を負わせた行為」を医療過誤と呼びます（この医療事故の定義は，5節で触れる医療法第六条の十における定義とは異なります）。一般に，事故に関わる責任には刑事責任，民事責任，行政責任がありますが，医療事故においては刑事責任，行政責任を問うのは難しいため，民事責任の有無，現実には損害賠償請求ができるかどうかが法律問題の中心になります。

医療事故において，民事責任が問われるのは，通常過失が認められる場合です。**過失**とは「予見可能性を前提とした結果回避義務の違反」（米村，2016），つまり，悪い結果が起こるとあらかじめ認識でき，それを避けることができたはずなのにそれをしなかったことであり，法律的には**注意義務**違反とも呼ばれます。医療過誤の定義でいう「医療的準則の違反」とは，具体的にはこの結果回避義務の違反であると解釈できます。

医療行為によって，刑法上の処罰の対象になることは多くはありませんが，過失の程度が著しく，結果が重大である場合には刑法が適用されることもあります。例として，消毒液を誤って患者の静脈へ注入し，患者を死亡させたとして看護師が業務上過失致死罪に問われた都立広尾病院事件をあげることができます。

2 医療従事者の義務

では，医療従事者の義務とは，具体的にどのようなものでしょうか。大きく分けて，①生命・身体への保護義務，②情報提供の義務（**説明義務**），③その他の義務があります。

①生命・身体への保護義務

まず，医療者の義務としては，病気やけがを負って医療機関を受診した患者

に対し，適切な診療を施して生命や身体を保護することがあげられます。ただ，医療は本質的に不確実なものですから，患者が亡くなるなど悪い結果が出たとしても，ただちに義務に違反していることにはなりません。その状況に対して適切な診察や治療を行ったかどうかが問われるのです。契約上の用語では，これを結果債務*ではなく手段債務*を負っている，といいます。

　ところで，患者の示す病状は非常に個別性の高いものですから，何が"適切な"医療であるかを判断することには，しばしば困難が伴います。医療過誤における過失の判断では，その事件が起きた時点で標準的になされるべき医療行為が行われていたかどうかが鍵となりますが（このことを医療水準と呼びます），ある医療行為がその当時の医療水準にかなっていたかどうかを判断するのは容易なことではありません。医療技術は日々進歩し，日々新たな知見や技術が学会や雑誌等に報告されますが，それが世に出たからといってすぐに医療水準に適応されるわけではありません。その技術が有効なものであることが実証され，広く普及しているかどうかが問われるのです。裁判における医療水準の判断には，多くの場合専門家の意見が参考にされますが，その意見自体の是非が裁判で争われることもあります。例として，2004年に起きた福島県立大野病院事件をあげます。この事件では，帝王切開術中に癒着胎盤を剥離させようとして大出血が起こり，産婦が死亡したことから，執刀医が業務上過失致死罪で逮捕・起訴され，長期間勾留されました。裁判では，検察側は専門家の意見をもとに，癒着胎盤であることが判明した時点で子宮摘出術に移るべきだったと主張しましたが，判決ではそれが標準的な医療措置であるとは認められないとして，医師の過失を認めず，無罪となりました。

　では，過失の有無を判断するために客観的な材料はないのでしょうか？　現実には，決定的なものはあまりありません。たとえば，近年はさまざまな疾患に関して診療ガイドラインが作成されていますが，ガイドラインは作成する主体や方法がさまざまなものが混在しており，多くの場合，それをどう使用するかは医療従事者の裁量に任されています。したがって，現時点ではガイドラインにある医療を行わなかったからといって，ただちに過失があるとされるわけではありません。手嶋（2018）は，「ガイドラインに照らしてなすべきであった・なすべきでなかった処置の内容が指摘され，これに対しては，医療水準に照らしてそれが義務づけられるかどうかが論点となる」と述べています。例外といえるのは，医薬品の添付文書です。添付文書とは，それぞれ医薬品の効能や副作用などを細かく記したものです。その内容は，医学的に絶対正しいとは限らず，たとえば海外の情報と一致しない場合もありますが，司法判断においてはとても重視されています。

②情報提供の義務（説明義務）

　診療情報提供の義務の分類のしかたにはいくつかの考え方がありますが，こ

語句説明
結果債務と手段債務
結果債務とは，ある特定の結果を請け負う者で，債務を負った者は結果を実現する義務がある。それに対し，手段債務は結果の実現に至るまで注意深く最善を尽くして行動する債務であり，結果の実現自体は義務とはされない。

こでは米村（2016）にしたがって二つに分けます。

(a)医療的決定保護を目的とする義務

患者や家族が十分な情報に基づいて治療法選択などの医療行為の決定をなしうるよう，必要な情報を提供する義務です。医療行為は患者に危険や害を与える可能性があるので，それが法的に正当化されるためには，原則として患者が危険について理解し同意していることが必要です。そのためには，その医療行為について十分な説明がなされていることが前提となります。その意味では，この義務は①で述べた生命・身体への保護義務と一体のものとして考えることができます。

説明されるべき内容としては，診断の内容，患者の現在の状態，予定している治療法の概要と目的・方法，治療の危険・副作用の可能性，代替できる治療法の有無とそこから期待できる効果，放置した場合の転帰，治療期間などがあげられます。近年の司法判断では，より広い範囲の情報を患者に提供すべきだとされる傾向にあります。

今日では手術や危険性の高い処置・治療に際しては，同意書への患者・家族の署名を求めるのが一般的になっていますが，法的には十分な情報提供がなされていれば，口頭の同意でも有効であるとされています。反対に，詳細な説明文書が手渡されていたとしても患者・家族が理解できるように説明がされていなければ，診療情報提供の義務が果たされていないとみなされることもあり得ます。

(b)その他の目的を有する義務

医療従事者は，医療行為の決定に関する場合以外にも説明すべき事項があります。まずあげられるのは，なされた治療行為の結果と疾患の経過についての説明です。そこには検査の結果，治療が不可能である場合，そのことも説明する義務が生じます。法的には顛末報告義務（民法第645条）ととらえられます。

そのほか，患者・家族等が関心を示す専門的知見等について，情報を提供する義務もあるとされています。

③その他の義務

(a)守秘義務

医療従事者は，業務上知り得た他人の秘密を第三者に漏らさない義務があります。何が秘密にあたるかは議論のあるところですが，個人情報保護の観点からも，患者の情報は慎重に扱う必要があります。

(b)診療録作成・保存の義務

医師法第24条に，診療後の**診療録**への記載とその後5年間の保存義務が規定されています。他の医療従事者の記録も医師の診療録を補完する性質があるので，同様に記載・保存を行うべきです。

プラスα
診療録開示
患者等が患者の診療記録の開示を求めた場合には，医療従事者が原則として応じなければならない。ただし，診療情報の開示が第三者の利益を害したり，患者本人の心身の状態を著しく損なったりするおそれがある場合は例外とされている。

(c)診断書・処方せん等の交付義務

　医師法第 19 条 2 には，医師が診察，検案[*]，または出産に立ち会った場合には，正当な事由がなければ診断書，検案書，出生証明書，死産証明書の交付を拒んではならないと定められています。また，処方せんを交付する義務は，医師法第 22 条に定められています。

5 ｜ 社会の変化に対応した法規制

1　高齢者医療の確保に関する法律

　日本では，世界でも類をみない速度で高齢化が進み，それにともなって国民医療費が増大して，従来のしくみでは社会保険制度が維持できないおそれがでてきました。そこで，将来にわたって持続可能なしくみを構築する目的で，**「高齢者の医療の確保に関する法律」**が 2008（平成 20）年 4 月に施行されました。この法律の骨子は，前期高齢者については保険者間で費用負担を調整することと，後期高齢者の医療については新たな制度を創設したことです。65 歳以上 74 歳未満の前期高齢者は，国民健康保険に加入していることが多いので，その医療費負担を軽減するために，前期高齢者の加入割合の低い健康保険組合等は「前期高齢者納付金」を社会保険支払基金に納め，そこから国民健康保険に交付金が交付されます。

　一方，75 歳以上の国民は，それまで加入していた被用者保険や国民健康保険から脱退し，全員が「後期高齢者医療制度」に加入します。財源は，保険料が 1 割，社会保険や国民健康保険などの保険者からの支援金が 4 割，公費が 5 割とされています。保険者の支払う保険料は，所得に応じて負担する「所得割（応能分）」と，加入者が均等に負担する「被保険者均等割（応益分）」の合計になります。

　また，厚生労働大臣が医療費適正化基本方針を定め，都道府県もそれに即して都道府県医療費適正化計画を定めることになっています。具体的な施策としては，後発医薬品の普及，特定健診の実施，外来医療費の地域差縮減，病床機能の分化および連携の推進などがあげられています。

2　医療の安全の確保のための法的措置

　1999 年，横浜市立大学医学部附属病院で患者を取り違えて手術をしてしまうという事件が起きました。それ以来，医療事故の報道が相次ぎ，**医療の安全**を確保するための法整備が必要であるという機運が高まりました。そこで，

語句説明

検 案

医師が死体に対して，臨床的に死因を究明する作業。診療していた疾病以外で死亡した死体を診察する場合に行われる。検案を行った場合は，死亡診断書ではなく，死体検案書を交付する義務がある。

表7-1 医療の安全を確保するために，医療機関に求められる対応

○医療の安全の管理
  ・指針の策定
  ・委員会の設置
  ・職員研修の実施
  ・事故報告制度などの策定

○院内感染対策
  ・指針の策定
  ・委員会の設置
  ・職員研修の実施
  ・感染症の発生状況報告制度などの策定

○医薬品の安全管理
  ・職員研修の実施
  ・業務に関する手順書の作成
  ・医薬品についての情報収集など

○医療機器の安全管理
  ・職員研修の実施
  ・保守点検の計画策定・実施
  ・医療機器についての情報収集など

○高難度新規医療技術・未承認新規医薬品を用いた医療のために必要な措置

出所：医療法施行規則第1条の11

2007年以降，医療法に医療安全確保に関する規定が盛り込まれるようになりました。医療法の医療安全確保には，狭義の医療安全だけではなく，院内感染対策，医薬品・医療機器管理などの規定も含まれます。医療法にもとづいて医療機関に求められる施策を表7-1に示します。

　狭義の医療安全施策は，**医療事故防止**を目的とするものであり，2つの柱があります。

①医療機関に医療の安全を確保するための指針の策定，従業員に対する研修の実施を義務づけたこと（医療法第6条の12）

　医療機関の管理者は，医療の安全を確保するために，医療事故の報告体制の整備，危険のある医療行為の管理体制の充実，職員への研修などを行わなければなりません。特に重要なのは，アクシデント・インシデント報告制度と，医療安全推進者[*]（リスクマネージャー）の配置です。アクシデントとは医療事故とほぼ同義で，インシデントとは誤った医療行為が実施される前に発見されたり，実施されたとしても患者に影響を与えず，アクシデントまでには至らなかったりした事象のことです。医療法第6条の12に基づいて医療機関が作成するリスクマネジメントの指針には，多くの場合事故に至らないインシデントであっても，できるだけ報告し，その原因の分析と予防策の検討を行うことが定められています。また，各部署にリスクマネージャーが配置され，インシデント報告の推進や，事故予防策の周知徹底などを行うことになっています。

語句説明
医療安全推進者
医療安全推進者は，各医療機関等の組織的安全管理体制の確立を推進することを職務とする。病院では，各部署に医療安全推進者が配置され，それを統括する職員や部署がおかれていることが多いようである。

110

②医療事故調査制度の創設

2014 年の医療法改正において，医療機関の管理者は医療事故が発生した場合は，医療事故・調査支援センター（以下支援センター）に報告することが義務づけられました（医療法第 6 条の 10）。ここでいう「医療事故」とは，4 節で述べた一般的な意味とは異なり，医療行為に起因したか起因するか，起因すると疑われた死亡または死産のうち，「その行為を行なった医療従事者が予測しなかったもの」を指します。医療機関は必要に応じて，院内調査を行って原因の究明に努めますが，医療機関や遺族から依頼があった場合には，支援センターが調査を行います。支援センターは，医療機関からの報告や支援センターの調査結果を収集，分析し，再発防止に関する普及啓発などを行うことになっています（医療法第 6 条の 16）。

3　院内感染対策

近年，メチシリン耐性黄色ブドウ球菌（MRSA）やバンコマイシン耐性腸球菌（VRE）などの抗生物質の効きにくい細菌や，インフルエンザウイルス，ノロウイルスなど感染力の強い病原体が医療現場に持ち込まれることによって，医療従事者を巻き込んだ院内感染が生じることが問題になっています。医療安全と同様，医療法第 6 条の 12，医療法施行規則第 1 条の 11 に，医療機関は**院内感染対策**の指針の策定や，従業員に対する研修などを行わなければならないと定められています。具体的な対策としては，手袋・ガウン・マスクなど個人用感染防護具の適切な使用などからなる標準予防策，対象患者および対象病原部微生物等の特性に対応した感染経路別予防策，手洗いや手指消毒ができる設備をおくこと，針刺しなどによる医療従事者への感染を予防すること，などがあげられています。

4　医療の質の評価

近年，医療技術が高度化・複雑化し，医療機関によって行える医療の内容・成果に違いがみられるようになりました。他方，患者や国民の意識の変化から，**医療の質**の向上と質に関する情報の公表が求められるようにもなっています。そこで，全国病院会など多くの病院により構成されている団体を中心に，統一された臨床指標（クオリティ・インジケーター：Ｑ I）を設定し，その情報を公表する動きが広がっています。また，日本医療評価機構が行う病院機能評価も，医療の質を評価する重要な方法といえます。

語句説明

病院機能評価
国民が安全で安心な医療を受けられるよう，「患者中心の医療の推進」「良質な医療の実践」「理念達成に向けた組織運営」といった領域から構成される多くの評価項目を用いて，病院の機能を評価する制度。一定の水準を満たすと，「認定病院」とされ，それを公表できるとともに，一部の診療報酬請求の条件を満たすことになる。

公認心理師として病院で患者のカウンセリングを行う場合，注意するべき義務とそれを規定している法律，およびその他の注意するべき事柄をあげてみましょう。

🕊 本章のキーワードのまとめ

医療法	医療の提供体制の基本，大枠を定めている法律。1948（昭和23）年に制定されたが，医療をめぐる社会情勢の変化に対応するため，1986（昭和61）年以降9回の改正が行われている。実施上の細部は医療法施行規則に定められている。
医療計画制度	時代の変化に対応し，地域の実情にあった医療供給体制を確保するため，都道府県が医療法に基づいて策定する計画。5疾病5事業に関する体制整備，病床の機能分化と地域ごとの病床管理，医師数確保などが定められている。
医療保険制度（保険診療制度）	日本において，国民に十分な医療を公平に提供するため，医療財政をまかなう仕組み。保険は被用者保険と国民健康保険の二本立てで，診療報酬制度によって医療行為には全国一律の医療費が支払われることになっている。
被用者保険	事業主が人を雇用することによって関係が成立する医療保険。健康保険，船員保険，各種共済組合が含まれ保険料は使用者と労働者が折半し，国庫負担金により補助される。
国民健康保険	自営業者や定年退職者が加入する医療保険。市町村が保険者となる場合と，医師や弁護士などの職能団体が国民健康保険組合を組織し，そこが保険者になる場合とがある。財源は半分が保険料，半分が公費でまかなわれる。
後期高齢者医療制度	75歳以上の国民が全員加入する医療保険制度。保険者は都道府県ごとに全市町村が加入する広域連合で，財源は被保険者が払う保険料が10％，被用者保険，国民健康保険からの支援金が40％，公費が50％である。
診療報酬制度	医療機関が行った療養の給付に対し，その対価として報酬が支払われる仕組み。それぞれの医療行為に点数が定められ，点数に10円をかけた額が診療報酬として医療機関に支払われる。
医師法	医師の職務・資格などを規定する法律。医師の業務・名称独占，応召義務，診断書・証明書等の作成・交付義務，無診療治療等の禁止，異状死体等の届出義務，処方箋作成・交付義務，療養指導義務，診療録作成・保存義務などが定められている。
保健師助産師看護師法	保健師，助産師，看護師の職務・資格などを規定する法律。職務としては，保健師は保健指導，助産師は助産または妊婦，じよく婦若しくは新生児の保健指導，看護師は傷病者若しくはじよく婦に対する療養上の世話または診療の補助を行うと規定されている。
過失	法律上の用語としては，ある結果を予想でき，かつその結果を回避すべきであったにもかかわらず，その義務を怠ること。その義務は注意義務と呼ばれるので，注意義務違反とも言い換えられる。
注意義務	ある行為をする際に要求される一定の注意を払うべきだとする法律上の義務。医療行為に際しての注意義務は，医療水準に照らして判断されるため，義務の範囲を確定することが困難であることが多い。
説明義務	医療従事者が患者や家族に診断，治療方針や治療の結果，その後の経過などを説明する義務。医療的決定保護を目的とする義務と，疾患の経過や患者・家族が求める専門的知見に関するものなどのその他の目的を有する義務に分けられる。

医療の安全	近年の医療を取り巻く環境の変化に対応して，2007年の医療法改正に際し，医療の安全に関する規定が盛り込まれ，医療機関でも対策がなされるようになった。その内容には狭義の医療安全，院内感染対策，医薬品・医療機器の安全管理などが含まれる。
医療事故防止	医療事故防止には，医療安全の指針作成やリスクマネージャーの任命，職員の研修など医療機関が行う取り組みと，医療事故が起きた際に医療事故調査・支援センターに報告し，再発防止や対策の普及啓発を図る取り組みとが含まれる。
院内感染対策	医療機関内において抗生物質耐性菌や，感染力の強い病原体などによる病院内での感染を防ぐ対策を講じることは，医療安全と同様に医療法に規定されている。医療機関は院内感染対策指針の策定や，職員の研修を義務づけられている。
診療録	医療の内容や病状の経過を記録したもの。医師法第24条で，医師は診療後に遅滞なく診療録を記載することと，それを5年間保存することが義務づけられている。
高齢者の医療の確保に関する法律	日本社会の急速な高齢化に伴う医療状況の変化に対応するため，2008（平成20）年に施行された。65歳から74歳の前期高齢者の医療費を保険者間で調整することと，75歳以上を対象とした「後期高齢者医療制度」を創設することを定めた。
医療の質	日本病院会など多くの病院により構成されている団体を中心に，統一された臨床指標を用いて病院の医療の質に関する情報を公開する動きが広まっている。

コラム 07　診療契約と過失責任

国民が私的な立場で，ほかの私人との間で契約を交わす場合，どのようなルールが適用されるのかについては民法は規定しています。民法のなかには売買契約（民法第 555 条）や賃貸借契約（民法第 601 条）といった典型的な契約類型についての規定があります。世のなかでよく交わされる類型の契約については，その基本的ルールを民法が定めているのです。民法には，贈与，売買，賃貸借，雇用，請負，委任，など 13 種類の典型契約が定められています。

しかし，世のなかで行われる契約はこれらの民法上にあげられている類型に限りません。公序良俗に反してはならないという制約はあるものの（民法第 90 条），契約自由の原則のもとで，当事者それぞれの事情に基づき，さまざまな形態の契約が交わされます。契約自由の原則とは，契約の内容や形式を，当事者間で自由に決めることができるという原則です。これは，私的な領域はできるだけ個人の自由に任せ，国家が介入を抑制すべきであるという，私的自治の原則から生じた理念です。

医療においては，医師と患者との間に診療契約が交わされています。診療契約は，民法上の準委任契約（民法第 656 条）の性質をもつといわれていますが，医療行為という特別な場面に合わせて契約の内容が定められます。

診療契約の内容の中心は，医師が診療行為を行い，患者が治療費を支払う，というものです。医師と患者の双方が義務を負うという意味から，これを双務契約といいます。

医師が患者に診療行為を行う義務がある反面で，患者に対して治療費を請求する権利をもちます。他方，患者は医師に対して診療を行うことを求める権利を有するとともに，受けた診療について治療費を払う義務を有するということになります。

もしも患者が診療を受け，さらに検査や手術を受けたりしたにもかかわらず，治療費を支払わなかった場合には，医師は患者に対して民事訴訟を起こして治療費の支払いを求めることもできます。このように診療行為と，その対価としての治療費支払い義務が，診療契約における基本的な権利・義務関係です。

しかし，この診療契約のなかには，上記の中心的な権利・義務だけではなく，医師が患者の安全に配慮して適切な方法によって診療行為を行うべき義務，すなわち「安全配慮義務」が含まれているというのが，一般的な診療契約の解釈です。たとえば医師が患者に薬を処方する場合には，患者の薬剤へのアレルギーの有無や，ほかに服薬している薬剤があるかなどについて十分に確認し，処方薬を服用することが患者にとって安全であるよう，注意を尽くす義務があります。

もしも医師が安全配慮義務を尽くさず，不注意によって患者の生命，身体の安全に対して何らかの損害を与えた場合には，医師は患者に損害賠償義務を負うことになります。これは法律的には「注意義務違反による過失責任を負う」と説明されます。いわゆる医療過誤の場合です。この場合，診療契約について医師側の債務不履行責任（民法第 415 条）が成立することになりますし，同時に民法における不法行為責任（民法第 709 条）が成立すると考えられます。

損害賠償にあたっては，医師の過失行為と因果関係のある損害，たとえば増額した治療費など現に生じた損害額，働けなくなった場合に本来得られるはずだった収入（逸失利益），精神的損害に対する慰謝料などが，損害賠償の対象となります（民法第 709 条，第 710 条）。

なお，公認心理師がクライエントと直接，カウンセリングや心理療法の契約を結ぶ場合にも，医師の診療契約と同様の責任が生じます。

図1　診療契約

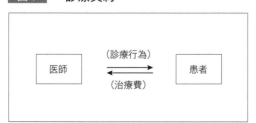

第8章 保健・医療領域の制度と法(2) 精神科医療

> この章では，まず精神科医療領域の法制度の歴史と発展を学びます。そして本領域が向き合う患者の尊厳をめぐる課題を，特に入院治療や，そこで行われる行動制限等に関する取り組みの観点から整理していきます。
>
> また，精神科医療で非常に重要となる患者の権利擁護はもちろんのこと，さらには治療の展開に応じて患者とともに歩むチーム医療と，そこにおける公認心理師としてのあり方も考えてみましょう。

1 | 精神科医療における事例から： その1　入院に至るまで

> **事例**　措置入院を機に統合失調症の診断・治療がなされたケース
> **（模擬事例）**
>
> タカシさん（男性・20代後半）は一浪の後，大学に進学。在学中はサークルにも在籍し，会計係をつとめるなどして学生生活を過ごしました。そして卒業後は企業に就職。もともと努力家のタカシさんは仕事の覚えも早く，上司からも評価され，順調に社会人生活のスタートを切りました。
>
> しかしある時，職場の繁忙期にタカシさんは仕事で大きなミスをしてしまいました。幸い先輩のフォローにより事なきを得ましたが，それ以降タカシさんは寝つけないことが増えていき，心療内科にかかり睡眠薬を処方してもらった時期もありました。それでもなんとか会社には通っていたのですが，「この前のミスのせいで，部署で陰口を言われている」と家族にこぼすことがありました。
>
> 次第に元気がなくなっていくタカシさんを心配した母親は，再び心療内科を受診してみることを勧めましたが「会社にばれるのが嫌」と拒否。そしてとうとう会社を休むようになってしまいました。やがて家族とも話さず自室にこもりきりになり，イライラしているのか，部屋のなかで物を投げる音が聞こえる時もありました。
>
> そんなある日，タカシさんがただごとではない様子で家から飛び出していこうとしたので，慌てて父親が止めに行くと「向かいの駐車場で見張ってるヤツに文句を言う！」と興奮状態に。しかし父が見渡しても，そのよ

うな人物は見当たりません。そのため押し問答となって玄関先でもみ合うなかで，タカシさんが父親を殴ってしまうのを見た隣家の人が近くの交番に連絡。警察官が到着してもなお，タカシさんは「自分を監視している人を捕まえて‼」と，ますます暴れて摑みかかったため，警察官が通報。精神保健指定医*の診察の結果，タカシさんは精神科病院に措置入院となりました。

　精神科医療では，タカシさんの場合のような経過に限らず，必ずしも本人の意思ではない入院によって治療が開始されることは少なくありません。そのため，より患者の人権を尊重したうえで，治療が行われていく必要があります。しかし残念ながら，実際にはそれが充分になされてこなかった歴史があるのも事実です。

　そこで，まずは精神科医療に関わる法律や制度の変遷の歴史を学び，今日の精神科医療の基本となる，「精神保健及び精神障害者福祉に関する法律（精神保健福祉法*）」について理解していきましょう。

2 ｜ 精神保健福祉に関わる法律や制度の変遷

1　精神保健福祉法ができるまで

①私宅監置について
　明治初期に精神科治療や精神保健に関する法律が制定される以前から，日本では精神障害者を自宅の一室に閉じ込める「私宅監置」が行われていました。江戸時代には「檻入（かんにゅう）」と呼ばれる制度があり，居宅内につくった檻に"乱心者（当時の精神障害者に対する呼称）"を監置していました。

　他には「入牢」「溜預（ためあずけ）」という制度があったのですが，これらは「檻入」と異なり，乱心による問題行動への懲戒的な意味合いを含んでいたようです。その後，明治時代を迎えて法整備がなされていくなかで，この「檻入」が私宅監置制度につながっていったと考えられています（橋本，2016）。

②精神病者監護法
　1900年「精神病者監護法」が施行され，それまで各府県それぞれで決められていた規定を統一するとともに，精神障害者を私宅あるいは病院に監置する場合の手続きが定められました。また同法では配偶者・親権者などの家族が「監護義務者」となって私宅監置を行うことが認められました。

　一方で精神科病床の増設は進んでおらず，そのため精神障害者の監護の多くは私宅監置のもと，家族によって行われている状況でした。また私宅監置にと

語句説明

精神保健指定医
精神科医療における非自発的入院や行動制限等の患者の人権を制限する処遇を判断・実施する際に必要となる，厚生労働省の認める国家資格。
資格取得要件は厳密に定められており，取得後も5年ごとの資格更新制度がある。

プラスα

精神障害
なんらかの脳の器質的変化や機能的障害によってさまざまな精神症状，身体症状，行動の変化などが見られ，そのため日常生活や社会参加に困難をきたしている状態のこと。

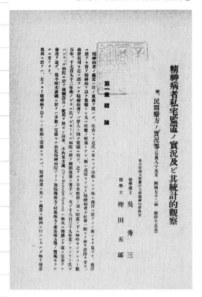

図8-1 呉秀三・樫田五郎「精神病者私宅監置ノ実況及ビ其統計的観察」

本論文中にある，「わが邦十何万の精神病者は実にこの病を受けたる不幸の他に，この邦に生まれたる不幸を重ぬるものというべし」との一節は，特に有名である。

プラスα
精神病院の呼称変更

従来より「精神病院」の呼称が使われていたが，2006年「精神病院の用語の整理等のための関係法律の一部を改正する法律」が制定され，精神保健福祉法上の「精神病院」という用語が「精神科病院」に改められた。

もなう費用は患者本人あるいは家族の負担となっていました。

③精神病院法

精神障害者が置かれている上記のような実態について，呉秀三と樫田五郎が1918年に論文「精神病者私宅監置ノ実況及ビ其統計的観察」（図8-1）を発表し，私宅監置の悲惨な実情を明らかにするとともに，精神病院の建設を推進していく必要性を主張しました。

これが契機となって1919年に「精神病院法」が制定され，全国に公立の精神病院の設置が進められ，それらの病院で精神障害者に対する公費での入院治療が行われるようになりました。つまり精神疾患は治療の対象であり，その治療は行政の責任と負担によってなされるものと定められたのです。

しかし財政上の理由などから，実際には精神病院の建設は進まず，この法律が廃止されるまでにつくられた公立病院は8か所でした。他方で私立の精神科病院の建設は，大都市圏を中心に増加していきました。

④精神衛生法

第二次世界大戦の終戦を迎え，日本の公衆衛生の向上が国の責務として定められた日本国憲法の制定を受けて，「精神病者監護法」と「精神病院法」は廃止され，精神障害者に適切な医療・保護の機会を提供することを目的とした「精神衛生法」が1950年に制定されました。

これによって私宅監置は1年間の猶予期間ののちに廃止となり，都道府県に精神病院の設置が義務づけられるとともに，措置入院および同意入院（現在の医療保護入院にあたる）制度，精神衛生鑑定医（現在の**精神保健指定医**にあたる）制度が制定されました。

しかし，1964年に駐日米国大使が統合失調症の少年に刺される，いわゆる「ライシャワー事件」がきっかけとなり，いまだ精神障害者に対する医療や保健福祉が十分ではない実態が国内外で問題視されました。それによって1965年に「精神衛生法」は改正され，通院医療費公費負担制度の創設や精神衛生センター（現在の精神保健福祉センターにあたる）の設置など，地域における精神保健活動の推進が図られました。

⑤精神保健法

1984年，精神科病院において患者が職員の暴力によって死亡した，いわゆる「宇都宮病院事件」が起こり，入院患者に対する人権侵害が明らかとなり，再び国内外から批判の声が上がりました。これを契機に1987年に「精神衛生法」は改正されることとなり，名称も「精神保健法」と改められました。

「精神保健法」では入院患者の人権擁護のために精神医療審査会制度が導入され，そして入院制度にも新たに任意入院と応急入院が定められました（各種

入院制度については後述）。また同法には精神障害者の社会復帰の促進がその目的に加えられており，1993 年の改定ではグループホーム（精神障害者地域生活援助事業）が法制化されました。

⑥精神保健福祉法の成立

1993 年に「障害者基本法」が成立し，精神障害者は，身体障害・知的障害とともに障害者基本法の対象として明確に位置づけられました。これを踏まえて「精神保健法」は 1995 年に「精神保健及び精神障害者福祉に関する法律」（以下「精神保健福祉法」）に改正されました。これまでの保健医療施策に加えて，「精神障害者保健福祉手帳」制度の創設をはじめとした，精神障害者の社会復帰などのための福祉施策の充実が目指されました。

2　精神保健福祉法

では，ここで改めて現行の「精神保健福祉法」について説明していきます。

①精神保健福祉法の概要

精神保健福祉法は「精神障害者の医療及び保護を行うこと」「障害者総合支援法とともに，精神障害者の社会復帰の促進，自立と社会経済活動への参加の促進のために必要な援助を行うこと」「精神疾患の発生の予防や，国民の精神的健康の保持及び増進に努めること」によって，精神障害者の福祉の増進及び国民の精神保健の向上を図ることを目的とした法律です（厚生労働省ホームページより）。

そして「総則」「精神保健福祉センター」「地方精神保健福祉審議会及び精神医療審査会」「精神保健指定医，登録研修機関，精神科病院及び精神科救急医療体制」「医療及び保護」「保健及び福祉」「精神障害者社会復帰促進センター」「雑則」「罰則」の 9 章から構成されています。

そのほか「精神障害者保健福祉手帳」の申請・交付（第 45 条）や，「精神保健福祉相談員」の配置（第 48 条）も定められています。

②以降の法改正

精神保健福祉法は成立から 5 年ごとに見直しが行われ，それに伴い法改正がなされます。

まず 1999 年の改正では精神障害者が非自発的入院となる場合に，都道府県知事の責任により病院に搬送する「移送制度」の新設などが行われました。

そして 2005 年の改正では，これまで精神分裂病とされていた病名について，誤解や偏見を生じやすく，それによる不当な差別を解消することを目的に，統合失調症という呼称に変更されました。

さらに 2014 年の改正では，医療保護入院の保護者に対する負担軽減を図る目的から，保護者制度を廃止して家族等の同意により行う入院にあらためられました。また，医療保護入院者への退院支援の制度化として，退院後生活環境

参照
障害者基本法
→ 4 章

語句説明
精神障害者保健福祉手帳
都道府県知事に交付を申請し，取得する。精神障害の状態に応じて 1～3 級の等級に判定される。所得税・住民税の障害者控除，公共施設入場料や公共交通機関の割引などが受けられる制度。

プラスα
退院後生活環境相談員
精神保健福祉法第 33 条 4 項の定めに基づき，医療保護入院の場合，退院に向けた相談支援をはじめとした調整などを行う退院後生活環境相談員（精神保健福祉士など）を入院後 7 日以内に選任し，患者・家族に伝えなければならない。

相談員の選任や，退院支援委員会開催の義務が定められ，退院促進に向けた取り組みがいっそう求められるようになりました。

③関連法規の変遷

　法律上，精神障害が障害として正式に位置づけられたのは1993年の障害者基本法の改正によるものです。そして2004年の改正によって，これまで各障害の福祉法のなかで提供されていた支援は，契約によるサービスの利用というかたちで運用されることとなりました。それらをより体系的に取りまとめることを目的に，2005年に「障害者自立支援法」が成立し，身体・知的・精神の三障害一元化の観点から，障害の種別にかかわらず共通の福祉サービスが提供されるようになりました。それにともなって同年に「精神保健福祉法」も改正され，これまで同法のもとに規定されていた通院医療は「自立支援医療制度」の精神通院医療として規定されるなどの改定が行われています（その後，2012年に「障害者自立支援法」は改正され，「障害者総合支援法」となりました）。

　また同時期の2006年には障害者雇用促進法も改正され，精神障害者も企業の障害者雇用率に加えられるようになりました。そして2018年からは，それまでは身体障害者，知的障害者だけであった障害者雇用義務の対象に，精神障害者も加えられることが明記されました。

　このように精神保健福祉法と関連法が連動しながら，精神障害者の社会復帰に向けた社会の体制整備が進められています。

参照
障害者自立支援法，障害者総合支援法
→ 4章

プラスα
自立支援医療制度（精神医療通院）
精神医療福祉法第5条で規定する統合失調症などの精神疾患を有し，通院による継続的な精神科医療を必要とする人が対象となる制度。外来診療やデイケア利用等にかかる通院費が助成される。

3 ┃ 精神科医療における事例から：その2　入院治療から退院まで

　冒頭の事例のタカシさんの場合も，この精神保健福祉法に基づいて精神科治療が開始されることになります。ではここで再び，タカシさんの治療の続きを見ていきましょう。

事例　　措置入院を機に統合失調症の診断・治療がなされたケース（続き）

　精神科病院に入院後も依然としてタカシさんの興奮はおさまらず，精神保健指定医である主治医の指示のもと，保護室での隔離から治療はスタートしました。はじめはすべての治療を拒否していたタカシさんでしたが，看護師との対話を通して「寝られるようになるのなら……」と薬を飲むようになりました。睡眠がとれるようになってきた数日後，隔離は解除されタカシさんは一般室に移りました。

　やがてタカシさんは作業療法士が行うプログラムに顔を出したり，薬剤

師や公認心理師らが行う心理教育グループにも他の患者さんと共に出席するなど，徐々に自分から治療に参加するようになっていきました。これらの治療場面のなかでタカシさん自身が今回の入院に至るまでの経緯を振り返り，「あの時は自分でも，どうしていいのかわからず混乱してすごく辛かった。けれども今考えると，いつもの自分ではなかったようにも思う」と語ることもありました。

　このような様子から，主治医は現在のタカシさんには“精神障害はあるものの，それによって自分を傷つけたり他人に害を及ぼすおそれはない”と判断し，措置解除とともに医療保護入院に切り替えました。そして病棟外での作業療法にも参加したり，さらには両親と共に市内外出をするなどして，タカシさんの治療は進んでいきました。

　また両親も院内の家族教室に参加して，タカシさんの病気についての知識を深めるとともに，そこで他の参加家族の経験談を聞いたのをきっかけに，プログラム後，精神保健福祉士[*]に退院後の精神科サービスの利用についての個別相談を希望しました。そこでリハビリテーションの一つとして紹介されたデイケアについて，両親から聞いたタカシさんも「まずは見学してみたい」と希望しました。

　タカシさんの入院形態はさらに任意入院に変更となり，デイケアの見学参加や服薬の自己管理にも取り組み，そして自宅への外泊訓練を経て，タカシさんは退院となりました。退院後は自立支援医療を申請して，タカシさんは現在，外来通院とデイケアを利用しながら社会復帰を目指しています。

　タカシさんの治療展開は，あくまで一つの例になります。実際には個々の患者の病状や生活環境，今後の希望などによって，導入される治療や精神科サービス，入院形態とその変更のタイミングはさまざまになります。このように，いわばオーダーメイドの治療がきめ細やかに行われることこそが，精神科治療における個人の権利の尊重や意思決定支援の“あかし”であるといえるのかもしれません。

4 ｜ 精神科医療における入院制度と行動制限，および権利の尊重

1 精神科医療の入院制度

では，改めて，まず精神科医療における各種入院制度について整理していき

語句説明

精神保健福祉士
保健医療福祉制度の利用に向けた相談支援や，関係機関・他職種との連携を通して，精神障害者の地域生活支援を行う職種。

プラスα

デイケア
医療機関，保健所，精神保健福祉センターなどで行われる精神科リハビリテーションの一つ。レクリエーションやSST（社会生活技能訓練）等，さまざまなプログラムへの参加を通して生活リズムを整えたり，社会復帰を目指す。また，同じ病気をもって社会復帰を目指す仲間と出会う場でもある。

意思決定支援
自己決定に困難を抱える障害者が，日常生活や社会生活に関して自らの意思が反映された生活が可能となるように，本人の意思の確認や意思および選好の推定，最後の手段としての最善の利益の検討のために行われる支援のこと。

ましょう。

①任意入院（精神保健福祉法　第20条，第21条）

　患者本人の同意に基づく入院形態になります。そのため，もし本人から退院の請求があった際には精神科病院は患者を退院させる必要があります。ただし精神保健指定医（以下，指定医）の診察の結果，入院の継続が必要と判断された場合には72時間に限り退院を制限することができます。72時間を超えても入院の継続が必要な場合には，下記②医療保護入院等への切り替えが必要となります。

②医療保護入院（同　第33条）

　患者には自傷他害のおそれはありません（その精神障害のために自分を傷つけたり他人に害を及ぼすおそれはない）が，精神障害があり，指定医によって入院治療が必要と判断されるものの，患者自身の同意は得られない場合に，家族などが同意者となって行われる，非自発的入院です。

　もし家族をはじめとして同意者になりうる人がいないときや，所在がわからない場合，あるいは意思表示ができない際には，患者の居住地や現在地を所轄する市区町村の首長を同意者として入院させることが可能です。

③応急入院（同　第33条の7）

　患者には精神障害があり，早急に入院させなければ必要な医療および保護ができないものの，本人の同意が得られず，また家族等にも連絡が取れないときに，72時間に限って行うことができる入院形態です。また，この場合，患者は，自傷他害のおそれがないこともあわせて，指定医の診察による判断が必要となります。なおこの入院は，応急入院指定病院のみで可能となります。

④措置入院（同　第29条）

　患者には精神障害があり，なおかつ自傷他害のおそれがあると認められる場合に，医療および保護のために都道府県知事の命令によって行われる，非自発的入院となります。入院の決定においては2人以上の指定医が診察のうえ，判断の一致が必要となります。

　また緊急を要する場合に限っては，72時間以内に限り，指定医1人で入院（緊急措置入院）を決定することができます。なお，この入院は，措置指定病院のみに限られます。

　事例のタカシさんの場合，精神保健法第23条の「警察官の通報」によって，都道府県知事の命令により指定医2名が診察した結果，このままでは自傷他害のおそれがあると判断され，精神科病院への措置入院の決定に至りました。

　その後，服薬をはじめとした精神科治療の開始によって，次第にタカシさんは落ち着きを取り戻していき，自傷他害のおそれは消失してきたと判断されたところで，速やかに主治医（指定医）によって措置解除がなされると同時に，医療保護入院に切り替えて，引き続き治療が行われていきました。

プラスα

**医療保護入院者
退院支援委員会**

医療保護入院時に決定した推定入院期間を超えて入院となる場合には，患者・家族，主治医などの医療スタッフ，退院後生活環境相談員等により医療保護入院者退院支援委員会を開催し，入院継続の必要性などを審議する。

　さらに今回の精神病エピソードに対する振り返りもできるようになっていき，タカシさん自身で自分の退院後の治療継続を検討することが可能となってきた段階で，医療保護入院から本人の同意による任意入院に変更となっています。

2　精神科治療のなかで行われる行動制限と権利の尊重

　次に，精神科治療で行われる各種行動制限と，そこにおける患者の人権尊重の取り組みをみていきましょう。

　入院患者に対する行動制限については，精神保健福祉法第36条において「医療又は保護に欠くことのできない限度において，その行動について必要な制限を行うことができる」と定められています。具体的には次のような行動制限が行われます。

①隔　離

　患者が自殺企図や切迫した自傷行為，あるいは他者に対する暴力や著しい迷惑行為，急性精神運動興奮などの状態にある場合に，図8-2のような個室に外から施錠したかたちで，患者の**隔離**が行われます。つまり患者本人や周囲の人に危険が及ぶことが予想され，その他の方法ではその危険は避けられないと判断される場合にとられる行動制限です。

　なお12時間を超えない隔離は医師であれば行うことができますが，12時間を超えるときには指定医の診察が必要となります。また隔離を開始する際には，患者に対して文書での告知を行い，そのあと隔離が継続される場合には毎日医師が診察する必要もあります。

図8-2　**精神科病院の隔離室の一例**

右側の柱の手前には備え付けのトイレがある。
患者が破壊，もしくは自傷行為などに及ぼうとするリスクに備えて，壁や床材などはソフトかつ頑丈な造りとなっている。

②身体拘束

　隔離を必要とする状態から，さらに患者の自傷他害の状態が切迫しているときには，必要に応じて患者の身体の一部を拘束する行動制限も行われます（**身体拘束**）。ただし隔離の際と同様に，"切迫性（患者または他の患者などの生命または身体が危険にさらされる可能性が著しく高いこと）""非代替性（身体拘束を行う以外に代替する方法がないこと）"，そして"一時性（身体拘束が，あくまで一時的なものであること）"の三要件の観点（厚生労働省，2001）から，指定医がそ

図8-3 講義のなかで行われる身体拘束体験の様子

新入職者に限らず，常に行動制限最小化に向けての取り組み・研鑽を続けていく必要がある。

注：病院の新入職者オリエンテーション時の行動制限最小化委員会による講義のなかで
行われる，スタッフの身体拘束体験の様子。

の必要性を確認していきます。

また，行動制限最小化の観点に加えて，身体拘束による肺血栓塞栓症（いわゆるエコノミークラス症候群）予防の取り組みも重要となります。

③通信・面会の制限

患者の状態の悪化を防ぐため，あるいは治療の妨げになると考えられる場合に，電話の使用やインターネットの閲覧などの**通信や面会の制限**を行うことがあります。

ただし信書（手紙）の発受信や，精神保健福祉法で定められている人権擁護に関する行政職員，患者の代理人となる弁護士との，通信・面会を制限することは認められていません。

④任意入院患者の開放処遇の制限

任意入院は患者の意思による入院形態なので，原則的に患者は開放的な環境での入院処遇となります。しかし患者の医療または保護のために必要と判断される場合には，病院外への外出などに対して制限を行うことがあります（**任意入院患者の開放処遇の制限**）。この開放的な環境での処遇に対する制限は①の隔離と同じように医師が判断して行うことができますが，その後おおむね72時間以内に指定医が診察しなければなりません。

以上のような行動制限が精神科の入院治療において行われますが，これらに対して患者もしくは家族などが，退院請求をはじめとした不服申し立てをすることができます。その審査を行う機関もまた，精神保健福祉法でその設置が定められています。

精神医療審査会（精神保健福祉法　第12条・第13条・第14条）は，精神科病院に入院した患者の人権擁護，適切な医療および保護の確保を目的とした審査機関で，各都道府県に設置されています。委員は指定医のほか，精神障害者の医療，保健または福祉，法律に関する学識者の計5名で構成されます。ここでは，先ほど述べた退院請求や，あるいは処遇改善請求に基づいて，非自発

プラスα

行動制限最小化

精神科医療において行われる行動制限を必要最小限のものとするための取り組み。診療報酬「医療保護入院等診察料」の算定要件には，病院内に「行動制限最小化委員会」の設置が義務づけられている（図8-3は，委員会活動としての取り組みの一例）。

プラスα

退院請求・処遇改善請求

精神科病院に入院中の患者本人あるいは家族等，およびその代理人である弁護士は，入院や処遇に納得がいかない場合には，退院あるいは病院の処遇の改善を指示するよう，都道府県知事に請求することができる。

124

的入院の必要性や処遇の適切さについて審議が行われます。そのほか精神科病院から出される入院患者の定期病状報告書の審査も行います。

　事例のタカシさんの入院治療における行動制限としては，入院時に保護室への隔離が行われています。これは入院直前のエピソードにみられた父親や警察官に対する暴力行為を含む興奮状態が入院後も続いており，そしてスタッフや他患者に対しても同様の行為の危険性が否めないと判断されたためと考えられます。

　その後，服薬の開始をはじめとした治療が進んでいき，また睡眠と休息がとれるようになってきたタカシさんが，上記のような状態ではなくなったと判断された時点で，すみやかに隔離は解除されました。

　また行動制限最小化の取り組みと同時に，この事例では隔離解除前の時点から看護師がタカシさんの服薬アドヒアランス向上を目指すかかわりを行っているのをはじめとして，公認心理師を含めた各職種が，タカシさん本人や家族が病気や治療について知る機会を提供しています。そして共に考え，さらには今後についてできうる限りタカシさんたち自身で選択していくことができるための治療・援助を行っていることがわかります。

　このように精神科病院では精神保健福祉法に基づく必要最低限の行動制限と，そこにおいても患者の権利や尊厳，そして自己決定を尊重する取り組みのなかで，患者の治療が進められていきます。

5 ｜ 精神科医療におけるチーム医療と公認心理師

　最後に，今日の精神科医療の取り組みと現状の課題，そこにおける公認心理師の今後の役割について考えていきたいと思います。

　タカシさんの事例でも示したように，今日の精神科医療は患者本人，そして家族を含めたチーム医療で進められており，地域精神保健サービスも充実してきています。そこにおいて公認心理師は他職種と協働していきながら，本人や家族のリカバリーを重視し，そしてレジリエンスに目を向けた支援を目指していく必要があります。

　しかしながら一方で，精神保健福祉法成立に至るまでの経緯からも垣間見られる偏見の歴史，他の障害者施策と比べても地域で暮らすことを目的とした法整備が遅れたことなどから，退院のタイミングを逸した長期入院患者が数多くいます。なかには生涯で入院期間のほうが長くなり，社会との接点が失われてしまったことで，いわば病院が生活の場となってしまった高齢の患者など，必ずしも障害の重さのためだけではない退院支援の難しさが生じています。

プラスα
服薬アドヒアランス
患者自身が自分の病気を主体的に受け入れ，そして自ら積極的に治療方針の決定に参加し，医師の処方する薬を用いた治療を能動的に選択できることなどを意味する。

▶付記
なお2022年12月10日に，精神保健福祉法改正案を含む「障害者の日常生活及び社会生活を総合的に支援するための法律等の一部を改正する法律案」が可決成立された。医療保護入院の見直しや「入院者訪問支援制度」の創立，精神科病院における虐待防止に向けた取り組みの一層の推進などを主な改正点として今後，交付・施行が予定されている。

さらには今なおある私宅監置の現実や，あるいは措置入院制度をめぐる議論など，精神科医療や精神保健活動が取り組まなければならない課題は尽きません。

それらの課題に向き合い，精神障害者とその家族，さらには自分たちも含めた地域生活にとって，精神科医療や精神保健福祉がより良いものとなることに寄与するためには，公認心理師としても，まずそこにかかわる法制度を理解しておく必要があります。また，ここまでに述べてきたように，さまざまな社会情勢や今日の課題を背景にして，法律は適宜改正されていきます。そういったなかでは，法改正に関してのみならず，常に新たな知見を得ていく姿勢が欠かせないことは言うまでもありません。

本章で主に取り上げてきた精神保健福祉法が目指す，精神科医療・精神障害における"ノーマライゼーションの実現"のためにも，公認心理師は特定の領域に限定されない国家資格であることも活かして，その職責としてあげられている4つの役割を果たしていくことが求められていると考えます。

考えてみよう

もし，あなたが公認心理師として精神科病院で入院治療チームの一員に加わり，近日退院が検討されている患者さんの面接を行うなかで，「主治医には言わないでほしい」との前置きのうえ，患者さんから退院後は服薬を止めようと思っていることを打ち明けられたとしたら，どうしますか？

🦅 本章のキーワードのまとめ

精神保健福祉法（精神保健及び精神障害者福祉に関する法律）	精神障害者の医療および保護を行うこと，精神障害者の社会復帰や自立，社会経済活動への参加のために必要な援助を行うこと，精神疾患の発生の予防や国民の精神的健康の保持および増進に努めることなどを定めた法律。
精神保健指定医	精神科医療における非自発的入院や行動制限等の患者の人権を制限する処遇を判断・実施する際に必要となる，厚生労働省の認める国家資格。資格取得要件は厳密に定められており，取得後も 5 年ごとの資格更新制度がある。
任意入院	患者本人の同意に基づく入院。そのため本人から退院の請求があった場合には患者を退院させる必要がある。ただし精神保健指定医の診察の結果，入院の継続が必要と判断された場合には 72 時間に限り退院を制限することができる。
医療保護入院	患者に自傷他害の恐れはないが精神障害があり，医療および保護のために，精神保健指定医が入院治療を必要と判断するものの，患者自身の同意は得られない場合に，家族などが同意者となって行われる，非自発的入院。
応急入院	患者に精神障害があり，入院させなければ必要な医療および保護ができないものの，本人の同意が得られず，また家族等にも連絡がとれないときに，72 時間に限って行うことができる入院。精神保健指定医の診察による判断が必要。
措置入院	患者には精神障害があり，なおかつ自傷他害のおそれがあると認められる場合に，医療および保護のために都道府県知事の命令によって行われる，非自発的入院。入院の決定には 2 人以上の指定医が診察のうえ，判断の一致が必要。
隔離	患者が自殺企図や切迫した自傷行為，あるいは他者に対する暴力や著しい迷惑行為，急性精神運動興奮などの状態にある場合に，個室に外から施錠する行動制限。12 時間を超える隔離は精神保健指定医の診察による判断が必要。
身体拘束	隔離を行ってもなお，患者の自傷他害などの状態が著しく切迫している場合に，患者の身体の一部を拘束する行動制限。精神保健指定医の診察による判断が必要。また身体拘束による肺血栓塞栓症予防の取り組みも重要。
通信・面会の制限	患者の状態悪化の防止のため，または患者の治療の妨げになる場合に，通信や面会を制限する行動制限。ただし信書の発受信，人権擁護に関する行政職員，患者の代理人となる弁護士との，通信・面会を制限することは認められていない。
任意入院患者の開放処遇の制限	任意入院患者は原則的に開放的な環境での処遇となるが，医療または保護のために必要と判断される場合に，外出などに対して制限を行うこと。この制限は医師が判断して行うことが可能だが，その後精神保健指定医の診察が必要。
精神医療審査会	精神科病院に入院した患者の人権擁護，適切な医療および保護の確保を目的に，各都道府県に設置される審査機関。精神保健指定医のほか，精神障害者の医療，保健または福祉，法律に関する学識者の計 5 名で構成。患者・家族の退院請求や処遇改善請求に基づいて審議を行う。
精神障害者保健福祉手帳	都道府県知事に交付を申請し，取得する。精神障害の状態に応じて，1〜3 級の等級に判定される。所得税・住民税の障害者控除，公共施設入場料や公共交通機関の割引などが受けられる制度。

コラム08　アルコール健康障害対策基本法

「アルコール健康障害対策基本法」（以下，基本法：図1）は，2013年12月に成立し，2014年6月に施行された，我が国のアルコール健康障害対策を総合的かつ計画的に推進するための基本的な枠組みを定めた法律です。同法に基づいて，2016年5月に「アルコール健康障害対策推進基本計画」が策定されました。

基本法では，酒類（飲酒）が国民の生活や伝統と文化に深く浸透していることを前提としながらも「不適切な飲酒はアルコール健康障害の原因となり，アルコール健康障害は，本人の健康の問題であるのみならず，その家族への深刻な影響や重大な社会問題を生じさせる危険性が高い」（第1条）ことに触れ，「アルコール健康障害」とは，「アルコール依存症その他の多量の飲酒，20歳未満の飲酒，妊婦の飲酒等の不適切な飲酒の影響による心身の健康被害」（第2条）であると定義しています。

上記の目的を達成するため「アルコール健康障害の発生，進行及び再発の各段階に応じた防止対策」とアルコール健康障害に関連して生じる飲酒運転，暴力，虐待，自殺等の根本的な解決に資するために「これらの問題に関する施策との有機的な連携が図られるよう，必要な配慮がなされるもの」を基本理念としています。ここで重要なのは，アルコール健康障害対策は，当事者だけでなく，その家族も日常生活や社会生活を円滑に営むことができるように支援することとしていることです（第3条）。

また，基本法では，国，地方公共団体，国民，医師等，健康増進事業実施者の責務と努力義務を規定しています。国は，総合的な対策の策定と実施の責務，地方公共団体は，国との連携を図り，地域の状況に応じた施策の策定と実施の責務があり，国民は，アルコール関連問題に関する関心と理解を深め，予防に注意を払うように努めなければなりません。医師や医療関係者は，国や地方公共団体への協力と発生，進行，再発防止に寄与し，良質かつ適切な医療を行うように努めなければなりません。さらに，事業者は，広告・宣伝等の規制は行われませんが，国や地方公共団体の対策に協力するとともに，アルコール健康障害の発生，進行及び再発防止に配慮するよう努めることです（第4～9条）。そして，国

民の間に広くアルコール関連問題に関する関心と理解を深めるため，「アルコール関連問題啓発週間」（11月10日から11月16日まで）を設けています（第10条）。

基本理念を踏まえた「アルコール健康障害対策推進基本計画」の重点課題は2点です。

（1）飲酒に伴うリスクに関する知識の普及を徹底し，将来にわたるアルコール健康障害の発生を予防（①特に配慮を要する者への教育・啓発（20歳未満，妊産婦等），②将来的な心身への影響が懸念される若い世代への啓発（急性中毒，女性のリスク），③アルコール依存症に関する正しい知識・理解の啓発（飲酒していれば誰でもなる可能性があること，初期症状に気づくことができるような情報）

（2）アルコール健康障害に関する予防，相談から治療，回復支援に至る切れ目のない支援体制の整備（図2）①早期介入，②地域における相談拠点の明確化，③当事者と家族を相談，専門治療，回復支援につなぐ連携体制の推進，④拠点となる専門医療機関の整備です（第12条，14条）。

さらに，2016年12月に厚生労働省に「依存症対策推進本部」が設置され，アルコール健康障害，薬物依存症，ギャンブル依存症の3つの対策チームが構成されました。

最後に，第一回公認心理師試験問題では，3問のアルコール関連問題が出題されています。依存症は，適切なタイミングに適切な治療と支援を受けることで回復可能な疾患ですが，依存症の特性や専門機関の不足から必要な支援が受けられていない状況にあります。今後，公認心理師が担うであろう分野は幅広く，さまざまなアプローチと予防，治療，再発予防の段階での専門的な介入が求められるでしょう。

図1 アルコール健康障害対策基本法【概要】（平成 25 年法律第 109 号）　平成 26 年 6 月 1 日施行

目的　第 1 条

　酒類が国民の生活に豊かさと潤いを与えるものであるとともに，酒類に関する伝統と文化が国民の生活に深く浸透している一方で，不適切な飲酒はアルコール健康障害の原因となり，アルコール健康障害は，本人の健康の問題であるのみならず，その家族への深刻な影響や重大な社会問題を生じさせる危険性が高いことに鑑み，アルコール健康障害対策の基本となる事項を定めること等により，アルコール健康障害対策を総合的かつ計画的に推進して，国民の健康を保護し，安心して暮らすことのできる社会の実現に寄与することを目的とする。

定義　第 2 条

アルコール健康障害：
アルコール依存症その他の多量の飲酒，未成年者の飲酒，妊婦の飲酒等の不適切な飲酒の影響による心身の健康障害

基本理念　第 3 条

アルコール健康障害の発生，進行及び再発の各段階に応じた防止対策を適切に実施するとともに，アルコール健康障害対策を有し，又は有していた者とその家族が日常生活及び社会生活を円滑に営むことができるように支援

アルコール健康障害に関連して生ずる飲酒運転，暴力，虐待，自殺等の問題に関する施策との有機的な連携が図られるよう，必要な配慮

責務　第 4 ～ 9 条

国・地方公共団体・国民・医師等・健康増進事業実施者の責務とともに，事業者の責務として，アルコール健康障害の発生，進行及び再発の防止に配慮する努力義務

アルコール関連問題啓発週間　第 10 条

国民の間に広くアルコール関連問題に関する関心と理解を深めるため，アルコール関連問題啓発週間（11 月 10 日から 16 日まで）を設ける。

アルコール健康障害対策推進基本計画等　第 12，14 条

アルコール健康障害対策推進基本計画（平成 28 年 5 月 31 日閣議決定）：
変更しようとするときは，厚生労働大臣が関係行政機関の長に協議するとともに，アルコール健康障害対策関係者会議の意見を聴いて，案を作成し，閣議決定。

都道府県アルコール健康障害対策推進計画：
都道府県に対し，策定の努力義務

基本的施策　第 15 ～ 24 条

教育の振興等／不適切な飲酒の誘引の防止／健康診断及び保健指導／医療の充実等／飲酒運転等をした者に対する指導等／相談支援等／社会復帰の支援／民間団体の活動に対する支援／人材の確保等／調査研究の推進等

アルコール健康障害対策推進会議　第 25 条

内閣府，法務省，財務省，文部科学省，厚生労働省，警察庁その他の関係行政機関の職員をもって構成し，連絡調整を行うアルコール健康障害対策推進会議を設置

アルコール健康障害対策関係者会議　第 26，27 条

専門家，当事者等の委員で構成され，厚生労働大臣が任命するアルコール健康障害対策関係者会議を設置。基本計画の変更における厚生労働大臣への意見具申，アルコール健康障害対策推進会議の連絡調整に際して意見具申を行う。

出所：厚生労働省「アルコール健康障害対策基本法（概要)」

図2 アルコール健康障害対策基本法

基本理念
➤ 発生・進行・再発の各段階に応じた防止対策を適切に実施
➤ 当事者と家族が日常生活と社会生活を円滑に営むことができるような支援
➤ 飲酒運転・暴力・虐待・自殺等の問題に関する施策との有機的な連携

責務があるのは

国

地方公共団体

事業者
酒類の製造
販売・提供

国民

医師その他の
医療関係者

健康増進事業
実施者

10 の基本的施策

再発予防
◆ 社会復帰の支援
◆ 民間団体の活動支援
　（医療の充実等）

進行予防
◆ 相談支援
◆ 健康診断及び保健指導
◆ 医療の充実等
◆ 飲酒運転等をした者に対する指導等

発生予防
◆ 不適切な飲酒の誘引防止
◆ 教育の振興等

全体
◆ 調査研究の推進等
◆ 人材の確保等
　（民間団体の活動支援）

依存症

不適切な飲酒

有害な使用
（ハイリスク飲酒）

害の少ない使用
（ローリスク飲酒）

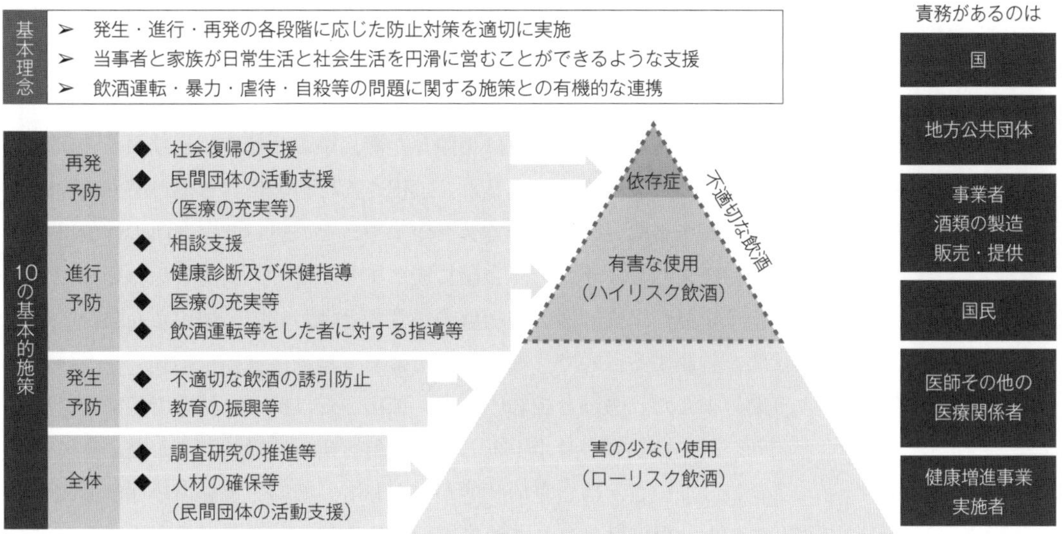

出所：アルコール健康障害・薬物依存症・ギャンブル等依存症 依存症対策全国センター（National Center Addiction Services Administration）https://www.ncasa-japan.jp/policy/low

第9章

保健・医療領域の制度と法(3) 地域保健と医療

この章では，地域保健法に基づいて地方自治体が設置している保健所や保健センター等が行っている対人保健の仕事について学びます。地域保健においては，身体的健康だけでなく，こころの健康づくりも大きな課題であり，さまざまな法律に基づいて多種多様な業務が行われています。保健所の仕事についての知識を身につけるとともに，地域住民の健康を守り，増進するための施策について理解を深めることを期待します。

1 地域住民の心の健康を支える保健所の業務

1 保健所への相談事例から

> **事例** いくつもの課題を合わせもつ相談事例
>
> 「ひきこもり家族教室」に加田礼子さん 59 歳が初めて参加しました。加田さんの 32 歳になる娘は専門学校を中退して以来，10 年以上ひきこもり生活をしています。娘は子どものころからしっかりした子だったので，少し休めば働くだろうと思っていましたが，いつの間にか 10 年も経ってしまったとのことです。
>
> 娘のことはどこにも相談できずにいましたが，加田さんが母親の介護について地域包括支援センターに相談した際，娘の話になり相談員から保健所に相談するよう勧められました。加田さんは自分自身も倦怠感があり，考えもまとまらないので億劫でしたが，やっとの思いで保健所の保健師に会いに行きました。そこで，会話にまとまりがなく，表情も乏しい加田さんの様子を見た保健師は娘の状態の見立てと合わせて，加田さん自身の健康状態を確認する目的で，嘱託医師による「精神保健福祉相談」を受けるよう勧めました。医師と相談の結果，加田さんは抑うつ状態で治療が必要と判断され，保健師がサポートして精神科診療所を受診しました。
>
> 半年後，加田さんは自身の状態が安定して，娘のことを再び保健師に相談しました。保健師はあらためて娘の状態を確認して，保健所内で公認心理師が実施している「ひきこもり家族教室」への参加を勧めました。

　加田さんは，時々欠席しながらも家族教室に参加して，心理教育プログラムとグループワークによって，ひきこもりへの理解を深め，娘とのコミュニケーションを少しずつ取り戻していきました。

　家族教室にも慣れてきたころ，加田さんは家族教室で夫の飲酒のことを打ち明けたので，心理師は個別面接を設けました。加田さんは夫の暴力や借金など，つらい日々を振り返りました。心理師は長期間耐えてきたことを労い，どのように対処していくかを話し合って，さまざまな要素をアセスメントして，アルコール依存症相談家族ミーティングを利用することを提案しました。2年後，夫は依存症専門病院での入院治療を経て，断酒生活を続けています。ひきこもり状態だった娘は昼夜逆転気味だった生活を脱して，家事をすることも増えて，日常会話に加えて，これからの生き方についての会話もできるようになりました。

　公的機関であることの安心感があり，無料で相談が受けられる保健所にはさまざまな相談が寄せられます。そのなかには，長期間で複合した問題を抱えてきた人からの相談も少なくありません。この事例では，成人した娘のひきこもりと夫の依存症に加えて相談者自身の抑うつの問題が複合していました。どう対処すればよいかわからず途方に暮れていた人が，やっとの思いで相談に訪れたとき，支援者は相談者を労い，この機会を逃すことなく支援につなぐことが大切です。そのためには，支援者の知識と経験を駆使して，相談者の直面している状況をできるだけ正確にアセスメントし，その時点での最適な対応方針を導き出して，相談者が直面している問題に向き合っていけるように支援することが必要です。保健所の事業にはたいへん多くの法令が関係します。その一部を図9-1に示します。

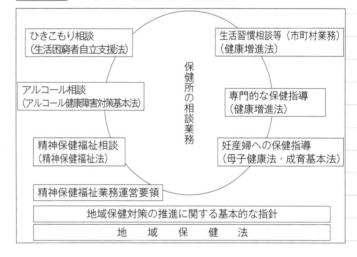

図9-1　保健所の相談業務と関連法令

2　保健所の精神保健福祉業務

　保健所の精神保健福祉業務は，この後に解説する地域保健法等の法律やそれらの法に基づく指針および運営要領等を根拠として，それぞれの地域の健康課題に応じて行われています。

①正しい知識の普及

　精神保健福祉法第46条は，「都道府県及び市町村は，精神障害についての

正しい知識の普及のための広報活動等を通じて，精神障害者の社会復帰及びその自立と社会経済活動への参加に対する地域住民の関心と理解を深めるように努めなければならない」と定めています。たとえば「精神保健福祉講演会」の実施，広報紙への啓発記事の掲載，啓発ポスターの街頭掲示板や駅などでの掲出，チラシや啓発グッズの街頭配布活動などが実施されています。

加えてボランティア養成事業などをとおして，住民による自主的なメンタルヘルス活動を支援したり，自殺対策におけるゲートキーパー活動を促進して，地域コミュニティのメンタルヘルスの底上げを図っている自治体もみられます。

②精神保健福祉相談

精神保健福祉法第47条では，精神保健福祉相談員[*]等の職員や医師（嘱託医師を含む）が精神障害者や家族，関係者からの相談に応じ，指導するよう定めています。この相談は「精神保健福祉相談」や「こころの健康相談」など名称はさまざまですが，全国の保健所で行われています。こうした精神保健福祉業務は保健師[*]と「その他の専門職」（福祉職および心理職や事務職が含まれる）が担っていますが，多くの保健所では主に保健師が担うかたちへの移行が進んでいます（岡田，2020）。

③保健所デイケア

保健所デイケアは1975年度に「精神障害者社会復帰相談指導事業」として開始され，心理教育的なグループワークや生活体験をとり戻すための活動，体力を維持するための軽スポーツなどのリハビリテーションを行って，精神障害者が地域生活を継続できるよう支えてきました。地域によって時期は異なりますが，東京近郊では1990年代後半ごろから，医療機関デイケアが増加し，2004年の障害者自立支援法（後の障害者総合支援法）の施行に伴ってその役割は縮小傾向にあります。植村らによる2011年の全国調査では，過去に保健所デイケアを実施していた保健所が88.3％であったのに対して，調査時点で実施していた割合は31.1％と大きく減少していました。今後保健所デイケアは必要と回答したのは5.3％に留まり，その対象としては「ひきこもり」「発達障害」をあげた施設が多かったことが報告されています。

④依存症相談

全国の保健所においてアルコール・薬物・ギャンブル等の依存症の相談を行っています。相談は電話や面談のほか，グループミーティングが広く活用されており，飲酒の問題で困っているがどうしたらよいかわからないという人から，専門医療機関につながりたい人，断酒を継続するための支援サービスの一つとして利用する人など，さまざまな状況のニーズに対応しています。具体的な例としては，アルコール専門医療機関の依存症専門看護師等を嘱託相談員として「依存症相談」を定期開催し，保健所スタッフとともに個別相談やグループミーティング形式で家族の相談に応じたり，合わせて依存症への対応を学ぶ

語句説明

精神保健福祉相談員
保健所で精神保健福祉の相談や指導を行う職員。都道府県知事または市町村長が任命する。

保健師
保健指導に従事する公衆衛生の国家資格専門職。全国の保健所等に配置されている。

心理教育を実施している保健所もあります。

　また，2013 年に「アルコール健康障害対策基本法」が誕生し，「アルコール健康障害対策推進基本計画」が策定され，アルコール健康障害の発生予防が盛り込まれたことから依存症にならないための減酒支援への取り組みも始まっています。

⑤ひきこもり相談

　1990 年代の終わりごろから若者の社会的ひきこもりが注目されるようになると，厚生労働省は 2003 年に「10 代・20 代を中心とした「ひきこもり」をめぐる地域精神保健活動のガイドライン――精神保健福祉センター・保健所・市町村でどのように対応するか・援助するか」を公表し，ひきこもりは精神保健の対象であることを周知しました。これを受けて一部の自治体ではひきこもり相談窓口を設ける動きがみられましたが自治体による対応の温度差は大きいまま現在に至っています。個別相談で状況を把握したうえで専門支援機関や必要に応じて医療機関を紹介する対応を中心に行う保健所もあれば，医師による「ひきこもり相談」や心理師等による「ひきこもり家族グループ」等を実施して支援の継続を図っている自治体もあります。ひきこもり支援に関しては，相談窓口が明確でないこと，相談を継続せず中断してしまうこと，多様なニーズに応えられる支援サービスが足りないこと，支援者のスキルアップが必要なことなどが課題となっています。

⑥うつ相談・うつ病家族教室

　うつ病対策は労働者の自殺予防の観点から職域保健において進められ，2000 年の「事業場における労働者の心の健康づくりための指針」において，「セルフケア」「ラインによるケア」「事業場内産業保健スタッフ等によるケア」「事業場外資源によるケア」の4つの視点が示されました。

　保健所では地域の小規模事業所への支援を地域産業保健センター*と協力して対策を講じるなどの事業が行われました。また，医療機関では，うつ病患者の家族のケアが手薄であったことから一部の保健所では「うつ病家族教室」などを実施して，疾患の理解や療養上の留意点，家族のストレスコーピングなどの心理教育を行う取り組みが行われています。

2 ｜ 保健所と保健センター

　保健所は，地域住民の健康を支える拠点として位置づけられた施設です。地域の医療機関や市町村保健センター等の活動を調整して地域住民に必要なサービスを提供したり，感染症の流行や集団食中毒などが発生したときには健康危

語句説明
地域産業保健センター
労働者数 50 人未満の小規模事業場の事業者や小規模事業場で働く人を対象として，労働安全衛生法で定められた保健指導などの産業保健サービスを無料で提供する機関。

機管理の拠点となるほか，難病や精神保健に関する相談や薬事・食品衛生・環境衛生に関する監視指導など専門性の高い業務を行っています

保健センターは地域保健法に基づいて市町村が設置している住民に身近な保健サービスを行う施設です。母子手帳の交付や乳幼児健診をはじめとする母子保健，健康診査などの生活習慣病対策，予防接種，がん検診など，地域住民の健康づくりに関する業務を行っています。

保健所は都道府県型の保健所と政令市型の保健所に大別されます。都道府県型の保健所は，住民の安全な環境を守るための職員衛生や環境衛生，医療機関や薬局の監視などの医事・薬事業務，感染症対策や精神・難病対策などを担っていますが，大規模で広域的な感染症や食中毒，自然災害など健康の危機となる事態が起きたときには健康危機管理を行って，地域住民の健康を守ります。

政令市および中核市，特別区の保健所は政令市型の保健所と呼ばれます。政令市型の保健所は，都道府県型の保健所が行っている精神保健福祉などの専門的業務と，市町村保健センターが担っている住民に身近な業務の両方を担っていて，地域に密着して地域全体の健康づくりを図っています。

保健所は，地域保健法の施行に伴って，設置主体や設置数も大きく変化しています。国が保健所の管轄地域を二次医療圏*または介護保険事業計画に規定する区域としたことにより都道府県型保健所の数は大幅に減少しました。

一方で，地方分権を推進する地方自治法改正によって中核市に保健所設置が可能となったことと人口要件緩和で中核市が増加していることによって，中核市の保健所は増加しています。中核市の保健所は政令市型に含まれます。

こうした変化を総合しても，図 9-2 に示されるように，保健所数は保健所法が地域保健法に変わる前の 1991，1992（平成 3・4）年の 852 か所をピークにその後は大きく減少し，2019（令和元）年には 472 か所となっています。

語句説明

医療圏

医療圏は，医療法によって定められた都道府県が制定する病床整備のための単位で，圏域は一次医療圏は市町村，二次医療圏は複数の市町村，三次医療圏は都府県（北海道のみ 6 医療圏）。

3 ｜ 地域保健法

1 地域保健法

地域保健法は，1994（平成 6）年に保健所法を改正してつくられ，第 1 条で法の目的を地域住民の健康の保持及び増進に寄与することと定め，第 2 条で基本理念として，我が国における急速な高齢化の進展や保健医療を取り巻く環境の変化に即応し，公衆衛生の向上を図り，多様化，高度化する保健，衛生，生活環境等に関する需要に対応できるように地域の特性や社会福祉等の関連施策と連携して国と地方公共団体の施策を講ずると謳っています。

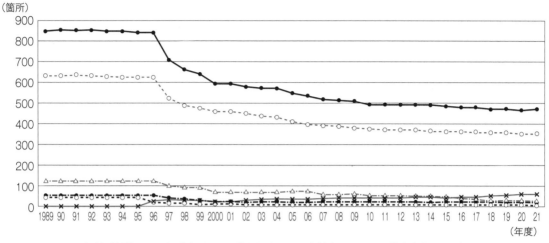

図9-2　設置主体別保健所数の推移

出所：保健所長会ホームページより引用

　こうした理念を実現するために地域保健法では，①国と地方公共団体の責務を規定，②厚生労働大臣が「地域保健対策の推進に関する基本的な指針」を策定することを規定，③都道府県と市町村の役割を見直し，④住民に身近で頻度の高い母子保健サービスなどの主たる実施主体を市町村に変更，⑤すでに市町村が実施主体となっている老人保健サービスとあわせて住民に身近な保健サービスを一元的に提供・生涯を通じた健康づくりの体制を整備，⑥地方分権の推進等に関して改正が図られました。

　地域保健法は 22 条からなる短い法律ですが，その第 4 条で，厚生労働大臣が地域保健対策の推進に関する基本的な指針を定めることとしています。精神障害者ができる限り地域で生活できるよう居宅生活支援事業の普及を図ること，家族のニーズに対応した相談支援体制を構築すること，当事者の相互支援活動を支援すること，精神疾患や精神障害者への正しい理解を促し，地域住民の精神的健康の保持増進を推進することなどは，この指針の社会福祉等の関連施策との連携に関する基本的事項に記されています。

　このほか虐待の防止に関する取り組みとして，児童相談所との連携，医療機関との連携，保健師の家庭訪問等による支援の実施なども示されています。

　なお，保健所の事業については，第 6 条に 14 項目を列記しています。

2　精神保健福祉業務運営要領

　保健所及び市町村における精神保健福祉業務運営要領では「保健所は，地域精神保健福祉業務の中心的な行政機関として，精神保健福祉センター，福祉事務所，児童相談所，市町村，医療機関，障害福祉サービス事業所等の諸機関及

び当事者団体，事業所，教育機関等を含めた地域社会との緊密な連絡協調のもとに，入院中心のケアから地域社会でのケアに福祉の理念を加えつつ，精神障害者の早期治療の促進並びに精神障害者の社会復帰及び自立と社会経済活動への参加の促進を図るとともに，地域住民の精神的健康の保持増進を図るための諸活動を行う」とされています。

業務のなかの相談の項目には，従事者として臨床心理技術者が下記のとおり示されています。

（1）所内又は所外の面接相談あるいは電話相談の形で行い，相談は随時応じる。従事者としては，医師（精神科嘱託医を含む。），精神保健福祉相談員，保健師，臨床心理技術者その他必要な職員を配置する。

（2）相談の内容は，心の健康相談から，診療を受けるに当たっての相談，社会復帰相談，アルコール，思春期，青年期，認知症等の相談など，保健，医療，福祉の広範にわたる。相談の結果に基づき，病院，診療所，障害福祉サービス事業所や，自助グループ等への紹介，福祉事務所，児童相談所，職業安定所その他の関係機関への紹介，医学的指導，ケースワーク等を行う。また，複雑困難なケースについては，精神保健福祉センター等に紹介し，又はその協力を得て対応することができる。

なお，障害者総合支援法による障害福祉サービス等の利用を希望する者に対しては，市町村と密接に連携を図り，円滑な利用が行えるようにすること。

このように法律を補完する指針および要領などを根拠法令として全国の保健所で地域の実情に応じたさまざまな事業が行われています。

4 ｜ 自殺対策基本法と自殺対策

自殺は本人の生命はもちろん家族や周囲の人々にも深刻な影響を与える事態ですが，これまで長い間，自殺する個人や家族の問題に矮小化され，社会の問題として取り組まれることはありませんでした。しかし，1998年に自殺者数が前年比35％増の3万2,863人に急増し，その要因が高齢化の進展や社会経済的変動が働き盛りの中高年男性に影響を与えたと分析されたことから，下記のとおり，職場の問題として認識されて対策が推進され，やがて社会全体の課題との認識が広まっていきました。

2001年 「職場における自殺の予防と対応」（労働者の自殺予防マニュアル）
2002年 「自殺予防に向けての提言」（自殺防止対策有識者懇談会）

2005 年	「自殺に関する総合対策の緊急かつ効果的な推進を求める決議」（参議院厚生労働委員会）
	自殺対策関係省庁連絡会議の設置
	「自殺予防に向けての政府の総合的な対策について」取りまとめ
2006 年	自殺対策基本法成立
2007 年	自殺総合対策大綱策定

　自殺対策基本法によって自殺対策の基本理念，国や地方公共団体等の責務，基本的施策等の対策の枠組み等が定められ，自殺総合対策大綱によって具体的対策が示されたことによって，保健所は対策の中心的推進機関として自殺対策に取り組むことになりました。

　自殺対策基本法は施行から 10 年目の 2016 年に大幅な改正が行われ，市町村が自殺対策計画を策定することや精神科医と心理，福祉等の専門家，民間団体と連携して必要な医療を提供すること等が盛り込まれました。この改正を受けた第 3 次となる自殺総合対策大綱では，自殺はその多くが追い込まれた末の死であるとの認識を継続しつつ，社会全体の自殺リスクを低下させるための施策を示しています。さらに，2022 年に 4 回目の大綱の見直しが行われ，これまでの取り組みに加えて，子どもや若者の自殺対策の強化，女性に対する支援の強化，地域自殺対策の取組強化，新型コロナウイルス感染症拡大の影響を踏まえた対策の推進などを追加して総合的に対策を強化しています（図9-3）。自殺対策は心理支援のすべての分野において進めていくことが必要です。

図9-3　自殺総合対策大綱（概要）

出所：厚生労働省ホームページより

5 | 母子保健法と母子保健事業

　母子保健事業は保健所の中心的な業務の一つとして母子保健法に基づいて行われています。**母子保健法**は「母性並びに乳児及び幼児の健康の保持及び増進を図るため，母子保健に関する原理を明らかにするとともに，母性並びに乳児及び幼児に対する保健指導，健康診査，医療その他の措置を講じ，もつて国民保健の向上に寄与すること」（第1条）を目的とし，その対象者について，「妊産婦」を妊娠中又は出産後1年以内の女子，「乳児」を1歳に満たない者，「幼児」を満1歳から小学校就学の始期に達するまでの者，「新生児」を出生後28日を経過しない乳児とそれぞれ定義して母子を支えるさまざまな事業を展開しています。

　母子保健法の主な規定は表9-1のとおりです。

　乳幼児健康診査（1歳6か月児健診・3歳児健診）の健診内容は，母子保健法施行規則にそれぞれ規定されています。3歳児健診の内容は，①身体発育状況，②栄養状態，③脊柱及び胸郭の疾病及び異常の有無，④皮膚の疾病の有無，⑤眼の疾病及び異常の有無，⑥耳，鼻及び咽頭の疾病及び異常の有無，⑦歯及び口腔の疾病及び異常の有無，⑧四肢運動障害の有無，⑨精神発達の状況，⑩言語障害の有無，⑪予防接種の実施状況，⑫育児上問題となる事項，⑬その他の疾病及び異常の有無となっています。

　心理職の活用をめぐっては，法律や通知等に明確な配置の根拠ありませんが，1965年の母子保健法が施行された後の早い時期から「発達相談員」等の名称

表9-1　母子保健法の主な規定

1. 保健指導（第10条）
　　市町村は，妊産婦等に対して，妊娠，出産又は育児に関し，必要な保健指導を行い，又は保健指導を受けることを勧奨しなければならない。
2. 健康診査（第12条，第13条）
　　・市町村は1歳6か月児及び3歳児に対して健康診査を行わなければならない。
　　・上記のほか，市町村は，必要に応じ，妊産婦又は乳児若しくは幼児に対して，健康診査を行い，又は健康診査を受けることを勧奨しなければならない。
3. 妊娠の届出（第15条）
　　妊娠した者は，速やかに市町村長に妊娠の届出をしなければならない。
4. 母子健康手帳（第16条）
　　市町村は，妊娠の届出をした者に対して，母子健康手帳を交付しなければならない。
5. 低出生体重児の届出（第18条）
　　体重が2,500g未満の乳児が出生したときは，その保護者は，速やかに，その旨をその乳児の現在地の市町村に届け出なければならない。
6. 養育医療（第20条）
　　市町村は，未熟児に対し，その養育に必要な医療（養育医療）の給付を行い，又はこれに代えて養育医療に要する費用を支給することができる。

で健診事業に関わっていました。

6 │ 健康づくり施策と健康増進法

1 健康日本 21

　健康増進（Health Promotion）の考え方は，世界保健機関（WHO）が1946 年に健康の定義を「健康とは単に病気ではない，虚弱でないというのみならず，身体的，精神的そして社会的に完全に良好な状態を指す」としたことに端を発します。健康増進施策は健康課題や個人と環境の関係に対する考え方が時代とともに変遷し，1986 年のオタワ憲章では「人々が自らの健康をコントロールし，改善できるようにするプロセスである」とされ，社会的環境の改善が重視されるようになりました。

　1945 年以降，国は，急性感染症対策，結核対策，成人病対策を行い，1964 年には「国民の健康・体力増強対策について」に基づく施策，1978 年に第 1 次国民健康づくり対策，1988 年には第 2 次国民健康づくり対策（アクティブ 80 ヘルスプラン）を進めてきました。そうしたなか，日本人の平均寿命は延びましたが，急速な高齢化による介護が社会問題となり，生活習慣病の増加が大きな課題となりました。そこで，「一次予防」に重点を置いた対策が必要となり，2000 年度から「21 世紀における国民健康づくり運動（**健康日本21（第 1 次）**）が開始され，2010 年度の目標を提示して新たな健康づくり施策が進められました。

　その後，健康増進法に基づく「国民の健康の増進の総合的な推進を図るための基本的な方針」が全部改正され，現在は 2013 年度から 2022 年度までの国民健康づくり運動を推進するため，「二十一世紀における第二次国民健康づくり運動」をテーマに掲げて健康日本 21（第 2 次）が実施されています。

　この施策では，健康の増進に関する基本的な方向として，①健康寿命の延伸と健康格差の縮小，②生活習慣病の発症予防と重症化予防の徹底（NCD（非感染症疾患）の予防），③社会生活を営むために必要な機能の維持及び向上，④健康を支え，守るための社会的環境の整備，⑤栄養・食生活，身体活動・運動，休養，飲酒，喫煙，歯・口腔の健康に関する生活習慣の改善及び社会環境の改善の 5 項目が示されています。

2 健康増進法

　こうした健康づくりの政策の進展のなかで，「健康日本 21」を中核とする国

全部改正
既存の制度の基本を維持しつつ，その内容を全面的に改めようとする場合に多く用いられる法律の改正方法。
　⇔一部改正

民の健康づくりをさらに積極的に推進する法的基盤を整備するために 2003 年に「**健康増進法**」が施行されました。この法律は，国民の健康の増進の総合的な推進に関し基本的な事項を定めて国民保健の向上を図ることを目的として謳い，厚生労働大臣が，国民の健康の増進の総合的な推進を図るための基本的な方針（健康日本 21）を定めること，都道府県及び市町村は健康増進計画を策定すること，「国民健康・栄養調査」の実施，都道府県，保健所を設置する市及び特別区は，専門的な栄養指導その他の保健指導を実施すること，受動喫煙の防止，食品の特別用途表示・栄養表示基準等について定めています。

2018 年には，受動喫煙の防止を推進するための改正が行われ，多数の者が利用する施設のうち，学校，病院，児童福祉施設などや行政機関の庁舎を第一種施設と定めて，特定屋外喫煙場所（受動喫煙を防止するために必要な措置がとられた喫煙場所）を設置した場合以外は敷地内での喫煙が禁止されました。

7 地域包括ケアシステムと訪問看護

1 地域包括ケアシステム

地域包括ケアシステムとは，高齢者の尊厳を保ち，要介護状態になっても可能な限り住み慣れた地域で，人生の最後まで自分らしく暮らしていくことができるよう，地域の特性に応じて住まい，医療・介護・予防・生活支援が一体的に提供される仕組みです。認知症高齢者の地域での生活を支えることも目的の一つです。厚生労働省は，団塊の世代が 75 歳以上となる 2025 年を目途に構築することを目指しています。

地域包括ケア研究会報告書は，地域包括ケアのあり方を植木鉢にたとえて，「医療・看護」「介護・リハビリテーション」「保健・福祉」の 3 枚の葉は専門職によるサービス提供を表現し，その機能を十分に発揮するための「介護予防・生活支援」や「すまいとすまい方」を「土」と「植木鉢」として，これらの要素が包括的に提供されることが重要であると述べています（図9-4）。

地域包括支援センターでは，高齢者の相談や権利擁護，介護予防などの活動を行い，地域包括ケアの中核的な機関として高齢者の保健医療の向上と福祉の増進を支援しています。運営形態は市町村が直接運営している地域と自治体から委託された法人や民間企業が運営する委託型の地域がありますが，すべての市町村に設置されています。

| 図9-4 | 地域包括ケアシステムの「植木鉢」 |

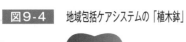

出所：地域包括ケア研究会報告書，2017 より

2　在宅医療と介護の連携

　持病があっても，住み慣れた自宅等で自分らしい生活を続けるためには，地域において医療と介護が連携して，包括的かつ継続的な在宅医療と介護が提供される必要があります。

　在宅医療は，難病などで療養が必要，慢性疾患などでできる限り家で過ごしたい，痰の吸引などが頻繁に必要などの状態で，通院が難しいときや退院後に，自宅や高齢者住宅等で医療を受けることができる医療提供体制のことです。主なサービスは以下のとおりです。

- 訪問薬剤管理：薬剤師による薬の飲み方や飲み合わせ等の確認・管理・説明等
- 訪問歯科診療・訪問歯科衛生指導：歯科医師・歯科衛生士による歯の治療や入れ歯の調整，口腔健康管理等
- 訪問リハビリテーション：理学療法士・作業療法士・言語聴覚士による運動機能や日常生活で必要な動作の訓練。家屋の適切な改造の指導等
- 訪問栄養食事指導：管理栄養士による栄養状態や生活の習慣に適した食事等の栄養管理の指導
- 訪問看護：自宅で療養生活ができるよう看護師等が医師と連携して行う処置や療養中の世話等

　これらのサービスは，**訪問看護**ステーションや指定訪問リハビリテーション事業所の看護師や理学療法士などの専門職によって提供されます。末期がん患者や精神科看護の対象者は主治医や訪問看護ステーションが相談の窓口となり，医療保険が適用されます。介護認定を受けている場合の窓口は地域包括支援センターなどのケアマネジャーとなり，介護保険が適用されます。

考えてみよう

1. 現在，私たちが生活を営む地域社会にはどのような心の健康課題があるでしょうか。これまでのサービスでは対応できていない問題が起きていないか考えてみましょう。
2. 高齢社会がますます進行し，高齢者にも若年者にもそれぞれの健康課題が生じつつある現状に心理師としてどのように貢献できるか考えてみましょう。

🍃 本章のキーワードのまとめ

地域保健法	地域住民の健康の保持及び増進に寄与することを目的として，地域特性や社会福祉等の関連施策と連携して国と地方公共団体が公衆衛生の向上を推進することを謳い，1994年に保健所法を改正してつくられた法律。
母子保健法	母性並びに乳児及び幼児の健康の保持及び増進を図るため，母性並びに乳児及び幼児に対する保健指導，健康診査，医療などの措置を講じて国民保健の向上を目的として1965年に制定された。
健康増進法	健康づくりの政策の進展のなかで，「健康日本21」を中核とする国民の健康づくりをさらに積極的に推進する法的基盤を整備するために2002年に制定し，翌年施行された。
健康日本21	21世紀において日本に住む一人ひとりの健康を実現するための国民健康づくり運動。自らの健康観に基づく一人ひとりの取り組みを社会のさまざまな健康関連グループが支援し，健康を実現することを理念としている。
自殺対策基本法	自殺の防止と自殺者の親族等への支援の充実を図って，国民が健康で生きがいをもって暮らすことのできる社会の実現を目指す法律。国はこの法律に基づく自殺総合対策大綱を示して対策を推進している。2006年に制定された。
保健所	地域住民の健康の保持増進に関する業務を行う施設。感染症の流行時などに健康危機管理の拠点となるほか，難病や精神保健に関する相談や薬事・食品衛生・環境衛生などを担う。都道府県，指定都市，中核市，特別区などに設置されている。
在宅医療	難病などで療養が必要，慢性疾患などでできる限り家で過ごしたい，痰の吸引などが頻繁に必要などの状態で通院が難しいときや，退院後に，自宅や高齢者住宅等で医療を受けることができる医療提供体制のこと。
訪問看護	在宅で療養する人の回復を図り，疾病や障害の影響を最小限にとどめたり，安らかな終末期を過ごせるよう看護を提供し，健康や療養生活の相談に応じて必要な資源の導入や調整を行うサービス。1992年に開始された。
地域包括ケアシステム	高齢者の尊厳を保ち，要介護状態になっても可能な限り住み慣れた地域で，人生の最後まで自分らしく暮らしていくことができるよう，地域の特性に応じて住まい，医療・介護・予防・生活支援が一体的に提供されるしくみ。
地域包括支援センター	高齢者の相談や権利擁護，介護予防などの活動を行い，地域包括ケアの中核的な機関として高齢者の保健医療の向上と福祉の増進を支援している。

コラム09　自殺対策基本法

自殺対策基本法は，超党派議員による議員立法として国会に提出され，2006年6月に可決・成立しました。この法律はあくまでも「基本法」であるため，自殺対策全体の基本理念や枠組み，対策の実施主体（国，地方公共団体，事業者，国民など）ごとの責務等を定めることが中心的な役割となっており，個別具体的な対策は政府が別に策定する「自殺総合対策大綱」において示されています。第2条に示された本法律の理念として押さえておきたいポイントは，以下のとおりです。

① 自殺を「個人の問題」や精神保健的観点からのみとらえてはならないこと

② 自殺の背景には社会的な要因を含む多様かつ複合的な要因が関連するとの認識を持つこと

③ 対策は関係施策・関係機関が連携し，自殺の実態に即した社会的な取組として実施される必要があること

④ 事前予防（プリベンション），危機対応・未遂者対応（インターベンション），事後対応（ポストベンション）の各段階に応じた施策を実施すること

日本では，1998（平成10）年に，年間自殺者数が初めて3万人を超え，以降10年以上もの間，その高水準が続きました。1998年以前にも自殺者数の急増は何度か確認されていましたが，これほど長期に高水準が続いたことはなく，振り返ってみると1998年は日本の自殺対策にとって重要なターニングポイントになったといえます。

1998年の自殺者急増から2006年の自殺対策基本法が成立するまでの間，日本の自殺対策では主として厚生労働省が中心的な役割を担い，医療や保健（健康づくり）の分野で対策が進められてきました。その中で注力されたのが「うつ病対策」です。ところが，そうした対策を行っていたにもかかわらず，年間自殺者数が3万人を超す状態はその後も続きました。また，この間に各種研究も進められ，1998年の自殺者急増の背景要因として，バブル崩壊などに伴う社会経済的要因の影響の大きさが指摘されるようにもなりました。こうしたことから，特に社会的要因の影響があることなどを前提として，厚生労働省のみならず関係省庁が連携した総合的な

自殺対策として推進していく体制を整えることが重要であるとの認識が広がりました。そして，2005年7月の参議院厚生労働委員会にて「自殺に関する総合対策の緊急かつ効果的な推進を求める決議」がなされ，同年9月には自殺対策関係省庁連絡会議が発足するに至ります。先に示した自殺対策基本法の理念には，まさにこうした一連の経緯がそのまま反映されているともいえるでしょう。

ところで，自殺対策基本法の成立には，自死遺族の声も大きな原動力となったことが知られています。紙幅の関係で詳細は割愛しますが，「自殺対策」や「自殺総合対策」という言葉には，自殺の「予防」や「防止」のみならず，遺された人への支援の重要性が含意されています。近年では自死遺族の支援団体を中心に「自殺」ではなく「自死」という言葉の使用場面を検討していこうとする動きもみられますので，遺族支援という文脈から対策の歴史や今後の動向に注目しておくと，より一層理解が深まると思います。

自殺対策基本法は，2016年3月に一部改正が行われました。法改正のポイントはいくつかありますが，心理職が注目するポイントとしては，2015年の公認心理師法の成立を受けて，法文の中に「心理の専門家との連携確保（第18条）」について記載されたということがあげられます。また，「心の健康の保持に係る教育及び啓発の推進等（第17条）」といった条文が新設され，学校においても「児童生徒等の心の健康の保持に係る教育又は啓発を行う」ことが求められることとなりました。これを受けて自殺総合対策大綱で示された「SOSの出し方に関する教育」は，現在全国各地の学校で取り組みが進められており，スクールカウンセラーが関与するケースも増えています。

上記以外にも，自殺総合対策大綱で示された内容に基づいて，たとえば一般身体科と精神科との連携や認知行動療法の実施，あるいは重度アルコール依存症者の入院といった治療に診療報酬上の評価が新設されたりもしています。このように，地域，学校教育，医療といった心理職が数多く関与している対人援助場面において，自殺対策の動きは注目すべきものであることがおわかりいただけると思います。

第10章

司法・犯罪領域の制度と法(1) 刑事

公認心理師は司法・犯罪領域でも被害者や加害者への支援を行います。直接的に司法・犯罪領域の勤務でなく，医療や福祉領域，あるいは教育領域での勤務でも，司法制度と関わりをもつこともあるでしょう。本章では刑事司法制度のなかで，特に公認心理師との関わりが深いものを【1．被害者への制度】，【2．加害者への制度】とに分けて取り上げ，また重大な事件を起こしたが，責任能力の点から刑罰の対象にならない人への制度である，【3．医療観察制度】を取り上げます。最後に【4．裁判員制度】に触れ，司法・犯罪領域の制度と公認心理師による臨床行為との関連を学びます。

プラスα

刑事と民事

司法制度には刑事と民事があり，国が犯罪行為に対処するのが刑事司法制度である。個人や会社などの団体，すなわち私人の間での紛争が民事である（12章参照）。たとえば，ある人が他者を刃物で傷つけたとする。加害者は警察に逮捕され，検察による起訴を経て裁判にかけられ，判決によっては刑務所に収監される。これが刑事司法制度の流れである（本章2節）。これに対し，被害者が加害者に対してケガの治療費や慰謝料の請求をするのは民事司法制度になる。

語句説明

犯罪被害者等基本法

犯罪被害者に対して，身の安全を確保し，ケア体制を整備し，事件に関する情報提供や経済的な支援などを行う体制を定めた法律。

1 | 被害者への制度：犯罪被害者等基本法

犯罪被害者に関する救済や保護を定めた法律が**犯罪被害者等基本法**です。この法律のなかで政府が犯罪被害者等基本計画を定めることを義務づけており，2016年には第3次犯罪被害者等基本計画が成立しています。

この法律では，犯罪被害者に対して主に次のような権利を保護し，ケアを行う体制を定めています。

- 犯罪被害者への情報提供：犯罪被害者支援に精通している弁護士をはじめとした関係機関などの各種支援施策を紹介することや，パンフレット「被害者の手引き」に記載されている一般的な刑事手続きの流れについて情報提供する等があげられます。被害者の希望に応じて地域警察官が被害者訪問・連絡活動を実施することもあります。また「被害者等通知制度」として，被害者や親族に，事件の処分の結果，刑事裁判の結果，犯人の受刑中の刑務所における処遇状況，刑務所からの出所時期などの情報を可能な範囲で提供する制度もあります。

- 相談・カウンセリング体制の整備：警察や行政における犯罪被害者相談窓口を整備して，専門の相談員が相談にのる体制を整えたり，警察職員に対する研修を行うことなどがあげられます。

- 捜査過程における負担軽減：被害者への取り調べや裁判において精神的負担等の二次的な被害を与えないように配慮することがあげられます。

- 犯罪被害者の安全確保：犯人から再び危害を加えられることなどを防止するため，被害者の安全確保に努める制度もあります。

- 犯罪被害者給付制度：犯罪被害者に給付金としてお金が支払われる制度のこ

とです。この制度は，殺人などの故意の犯罪行為により不慮の死を遂げた犯罪被害者の遺族又は重傷病もしくは障害という重大な被害を受けた犯罪被害者の方に対して，社会の連帯共助の精神に基づき，国が犯罪被害者等給付金を支給し，その精神的・経済的打撃の緩和を図り，再び平穏な生活を営むことができるよう支援するものです。

公認心理師が，犯罪被害者として訪れたクライエントの心理的支援に携わる機会は，すでに精神科病院やカウンセリング機関において多くあります。心理面での配慮や支援は当然のこととして，こうした被害者を守り回復を支えるための制度を知っておくことで，より多角的で力強い援助を展開することができるようになるでしょう。

2 ｜ 加害者への制度：刑法と刑事事件手続きの概要

1　刑事事件手続きの流れ

刑事司法における犯罪者（成人）に対する手続きの流れは図10-1のとおりです。

成人の犯した犯罪は，刑罰法規に違反した場合に処罰の対象となります。**刑法**には，それぞれの犯罪行為に対応した刑罰が規定されています。たとえば，刑法第199条では「人を殺した者は，死刑又は無期若しくは5年以上の懲役に処する」と定められています。

犯罪行為が発生すると，まずはその犯罪の捜査が始まります。証拠集め，取り調べを行う等の調査が実施されますが，証拠によって犯罪行為が裏づけられ

語句説明
刑法
どのような犯罪行為が刑罰の対象となるか，どのような犯罪行為に対してどの刑罰が対応するかを規定した法律。刑法を含め，犯罪と刑罰に関するルールの総体をまとめて刑事法と呼ぶこともある。

図10-1　刑事事件手続きの流れ

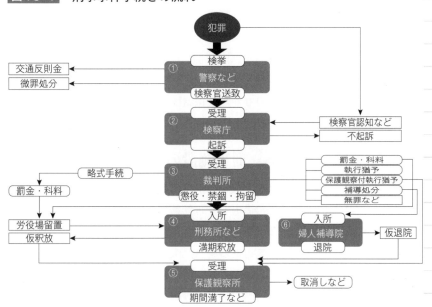

出所：検察庁ホームページより引用

語句説明

起 訴
刑事裁判にかける判断を下すこと。検察官は起訴するか否かの判断に関して，裁量を委ねられている。

刑事訴訟法
刑法に規定された犯罪行為が行われた際，それを実際どのように捜査・裁判すべきかを規定した法律。
→ 11 章参照

警察官職務執行法
警察官が，個人の生命，身体および財産の保護，犯罪の予防，公安の維持，他の法令の執行等の職権職務を忠実に遂行するために必要な手段（立ち入り調査や質問，武器の使用等）を定めた法律。

執行猶予
「一定の期間（執行猶予期間）中に，他の刑事事件を起こさないことを条件として，判決の執行を猶予する」制度。執行猶予期間中に保護観察がつくことがある。

仮釈放
懲役または禁錮の刑を受けている者に対し，刑期の満了前に仮に釈放すること。有期刑の場合は刑期の 3 分の 1，無期懲役の場合には 10 年を経過した後，「改悛の状」と呼ばれる基準を満たした者に与えられ，保護観察がつく。

保護観察
犯罪をした人または非行をした少年が，社会

ると，微罪処分反則金が納付された道路交通法違反を除いて，事件は検察に送られます。

次に，検察はこれらの事件について捜査を行ったうえで事件の起訴*・不起訴を決定します（不起訴のうち，刑事責任能力が心神喪失・心神耗弱の場合については 3 節を参照）。

警察の捜査から検察の起訴までの一連の活動は，**刑事訴訟法**＊によって定められています。また**警察官職務執行法**＊では，警察官が犯罪のおそれのある者に対して質問をすること（いわゆる職務質問）や，犯罪の予防および制止，立ち入り，武器の使用などの項目に対して，厳格な要件を課しています。これらの権限は，濫用されれば国民の行動を著しく制限するものですので，権限が必要最小限・適切に用いられるよう規定されているのです。

起訴された事件の裁判で有罪となれば，刑罰として死刑・懲役・禁錮・罰金・拘留・科料（かりょう）の判断が示されます。科料とは，1,000 円以上 1 万円未満の金銭を強制的に徴収する財産刑のことです。日本の現行刑法における主刑では最も軽い刑罰で，軽微な犯罪に対して科されます。罰金と似ていますが，罰金とは 1 万円以上のことをいいます。

有罪判決が確定すると，執行猶予＊の場合を除いて，検察官の指揮により刑が執行されます。懲役刑を全うする**刑事施設**として，いわゆる刑務所があります。

受刑者は刑期の満了によって刑事施設から釈放されますが，刑期満了前であっても地方更生保護委員会の決定で仮釈放＊が許される場合があります。仮釈放の期間中は，保護観察＊がつきます。出所後の生活について，刑務所に収容中から生活環境の調整，仮釈放の審理・決定，地域のさまざまな関係機関と連携した保護観察等，社会内処遇といわれる部分を担うのが更生保護＊の役割です。保護観察所は各地に置かれ，国家公務員である保護観察官，民間の保護司，更生保護ボランティアと呼ばれる方々や**更生保護施設**＊をはじめとする関係機関・団体が役割を担い，指導や支援を行っています。保護司は民間のボランティアでありながら，保護観察を受けている人と頻繁に面接をして生活上の相談にのる，指導を行うなどの援助を行い，保護観察に重要な役割を果たしています。

2 刑事施設の種類と処遇について

刑事施設には刑務所と少年刑務所があります。少年刑務所は基本的に 26 歳未満の者もしくは初めて犯罪を起こした者（初犯）が収容されます。しかし，近年は高齢受刑者も多く収容されているのが現状です。身体的・精神的に疾患や障害のある者は，医療的なケアを受けながら受刑を継続するために医療刑務所に収容される場合もあります。刑事施設で働く心理職には，国家公務員である心理技官や教育専門官がいます。その他にも公認心理師などの有資格者が非常勤カウンセラーやスーパーバイザーという立場で多く働いています。受刑者

の心理アセスメントを実施し，薬物事犯者や性犯罪者，暴力団からの離脱を目指す者など，特定の問題をもつ受刑者向けのプログラムが展開されています（図10-2）。

3　保護観察制度改革と刑の一部執行猶予*

図10-2　刑事施設における改善指導プログラム

- R0　一般改善指導
- R1　薬物依存離脱指導
- R2　暴力団離脱指導
- R3　性犯罪再犯防止指導
- R4　被害者の視点を取り入れた教育
- R5　交通安全指導
- R6　就労支援指導

近年，保護観察中や矯正施設出所後の再犯，また高齢者・障害者・少年等の犯罪が注目を集めました。これを踏まえて「更生保護のあり方を考える有識者会議」報告書により現行の更生保護の問題点が指摘されました。その後2007年に**更生保護法**が制定され，翌年施行されています。

2016年には刑法が一部改正され，薬物使用等の罪を犯した者に対する**刑の一部執行猶予**に関する法律が制定されました。これにより従来の執行猶予や仮釈放の制度が見直されました。

仮釈放とは，本節1項で述べたように刑期満了前に刑事施設から仮に釈放されることで，刑務所内で問題なく経過し，身元引受人もすぐに定まる場合には，刑期満了まで待たずに仮釈放をもらって，早めに刑務所の外に出ることが多くあります。仮釈放期間中は，本来の刑期満了までの期間に保護観察がつき，月に1，2回など定期的に保護観察官や保護司と面談するなどの社会復帰支援がなされます。しかしこの制度では，より支援・指導の必要な人たちが満期出所となり，支援が行き届かないという問題点がありました。障害者や高齢者の受刑者は，身元引受人が定まらない，あるいは住居となる更生保護施設が見つからないために仮釈放の対象とならないことが多くあります。刑期すべてを刑務所で満了すると，保護観察の対象とならず，誰の支援・指導も受けずに急に外の世界に出て，社会復帰を目指すことになります。このような，更生保護による支援が必要な人たちに行き届かないという問題点に対し，刑の一部執行猶予という制度が生まれました。

刑の一部執行猶予制度とは，拘禁刑を一定期間受刑させたあと，残りの刑期の執行を猶予する制度です。たとえば「懲役3年，うち1年は2年間の保護観察付き執行猶予」という判決が言い渡された場合には，3年のうち2年は刑務所のなかで過ごし，残りの1年については外に出られますが，その代わり，2年の保護観察期間（執行猶予されている期間。通常残りの年数の数倍の期間が執行猶予期間とされる）がついて，その期間中に別の罪を犯さなければ，外の生活を続けられます。もしこの2年の間に別の罪を犯してしまうと，また刑務所に戻されるという意味で，「刑務所の外でも再犯せずに生活できるかを見ています。その間刑は消えたわけではなく執行せずに猶予しているだけです。その期間中は保護観察を受けてください」という意味で「刑の一部執行猶予」と

のなかで更正するように，保護観察官および保護司による指導を行うもの。

語句説明

更生保護制度
犯罪者や非行少年に対して適切な社会内処遇を行うことにより，再犯や非行を防ぎ，これらの人たちの自立と改善更生を助ける活動のことを更生保護といい，そのための制度のことを更生保護制度という。

更生保護施設
刑務所や少年院を出所した人，執行猶予や起訴猶予になった人に対し，宿泊場所や食事などの生活基盤を提供し，社会復帰と自立に向けた指導や援助をする民間施設。

刑の一部執行猶予
社会内処遇を拡充し，再犯を防止するため，懲役刑や禁錮刑を一定期間受刑させたあと，残りの刑期の執行を猶予する制度。

いいます。早めに社会に出ながらも，その後に従来の制度より長い保護観察期間を設けて，保護観察所における保護観察官や保護司による面談，薬物事犯の場合は尿検査，薬物再使用防止プログラムの受講など，手厚い更生保護を受けながら，再犯防止と社会復帰を目指すことができるというメリットがあります。

筆者は保護観察所において，刑の一部執行猶予制度で数年単位の仮釈放をもらった薬物依存症者への集団プログラムを担当しています。「早く刑務所を出られて嬉しい」と語る者も多くいますが，元の生活に戻った彼らに待ち受けているのは，延期されていた借金の返済が再スタートすることや，慣れない新しい職場での就労，家族への贖罪，これまで施設などに預けていた子どもとの暮らしをスタートさせるための準備などです。刑務所に入っていた期間に止まっていた時計は，容赦なく進み始めます。失っていた時間と信頼を取り戻すべく，彼らは倍速で社会復帰を目指すことになります。そうしたなか，月に1回もしくは2回の頻度で数年間，仕事を休んでプログラムに参加し続けることは，大きな負担にもなります。一方で，長期間プログラムを続けることで得られる効果もあります。保護観察期間が延びることで，彼らの仕事，人間関係，暮らしぶりのなかで依存症的な認知や行動パターンがいくつも現れ，それをプログラムのなかで扱える点は最大のメリットです。ある時に職場で出現した認知のパターンが，今度は家庭のなかで出現し，さらにはプログラム中の人間関係のなかでも出現するといった具合に，点と点がつながって線となり，しかもそれらをリアルタイムで共有して回復支援の素材として用いることができます。これを精神保健福祉の任意医療の枠組みだけで行おうとすると，通院が途切れてしまいがちです。司法・矯正の制度のもつ強制力を基盤にして，社会内処遇ならではのアプローチが可能になります。一方で限界もあります。裁判時に「刑務所を出所後は民間リハビリ施設に入所する」と約束して刑の一部執行猶予が認められながら，民間リハビリ施設に入所しないケースも多くあります（毎日新聞，2017）。裁判時の約束を反故にしたら収監されるかというとそうではなく，刑の一部執行猶予は受刑前の裁判で決定されるため，違反として決定を覆すにはハードルがあるのです。

4 再犯防止推進法における支援・ケアの提供

ここまで述べたように，刑事施設や**保護観察制度**などにおいて，矯正・保護の領域で働く人々は協働し，一度犯罪を起こした者が再び犯罪に手を染めないよう支援・指導しています。2003年より，「『世界一安全な国，日本』の復活を目指し，関係推進本部及び関係行政機関の緊密な連携を確保するとともに，有効適切な対策を総合的かつ積極的に推進することを目的」とした犯罪対策閣僚会議が継続して開催されています。このなかで，刑事司法関係機関を中心に，数値目標を掲げて再犯防止に向けた各種対策が実施されてきました。しかし刑

プラスα

刑務所を出所した人の更生のための支援

自立更生促進センター
民間の更生保護施設では，円滑な社会復帰のために必要な環境を整えることができない刑務所出所者等を対象に，国が設置した宿泊場所を提供するとともに，強化された保護観察や就労支援などを行い，改善更生を助けるための施設。

地域生活定着支援センター
刑務所や少年院を出所した後，高齢または障害により支援を必要とする人に対し，出所後のサービス利用の調整など，地域生活に適応させるための福祉的支援を行う機関。

矯正と保護
法務省のなかには，矯正局と保護局がある。矯正は，刑務所，少年院等のいわゆる矯正施設を管轄しており，施設内処遇を指す。保護は，矯正施設を出て，社会復帰を円滑にするためのところで，社会内処遇とも呼ぶ。矯正施設を経なくても，執行猶予や保護観察となった人を保護するところでもある。

事司法関係機関だけでは限界があるため，国や地方公共団体，民間が一丸となった，途切れることのない支援が必要とされました。ここでいう途切れることのない支援とは，刑期を終えた後や保護観察期間の終了後にも，生活上の支援やケア，指導などが必要な者には，医療や福祉，地域など領域を超えて支援を展開していくことを指します。刑務所から出たばかりの人のなかには，身元を引き受けてくれる親族がなく，住居にも就労にも困る例が少なくありません。こうした生活困窮が背景となり，再び窃盗や他の犯罪に手を染めることは想像に難くないでしょう。さらに，障害や病気，高齢といった要因があれば，ますます生活環境を整えることは難しくなります。再犯を防ぐには，これらの問題を総合的に支える体制が社会に必要となります。こうした背景から，2016 年に**再犯防止推進法**[*]（再犯の防止等の推進に関する法律）が成立し，翌年以降，従来の犯罪対策閣僚会議の下，再犯防止対策推進会議が毎年開催されています。就業の機会の確保のための取り組み（第 14 条）には，刑務所出所者等総合的就労支援対策や協力雇用主への支援の充実などが検討されています。住居の確保（第 15 条）では，出所後の保護観察期間中の者を受け入れる更生保護施設の充実，犯罪を起こした者等の公営住宅への入居における配慮などがあげられています。高齢者や障害のある者などには，医療や福祉機関につなぐ取り組みもなされています（第 17 条）。薬物依存症者へは刑事施設や保護観察所における専門プログラムを提供するだけでなく，同様のプログラムを展開する地域の保健・医療機関や自助グループを含めた民間団体との連携をこれまで以上に強めていくことが述べられています（第 17 条）。薬物依存だけでなく，犯罪をした者の特性に応じた効果的な指導を行うこと（第 11 条），さらに，学校等と連携した修学支援を実施する（第 13 条）など，多角的な支援や指導が盛り込まれています。

　たとえば，刑事施設に入った薬物依存症者には，刑事施設内では薬物依存の専門プログラムが提供されます。そのなかで「自分は依存症なのだ。治療が必要だ」と認識し，出所後も専門治療を求めたとします。こうした場合，刑事施設の職員と，出所後の保護観察所の職員，身元引受人，帰住先から通える薬物治療専門プログラムを実施している医療機関の職員，自助グループの職員，福祉サービスの担当者等が一堂に会し，出所後の生活支援体制について話し合う場（ケア会議）が設けられます。ケア会議では，出所後の住居，医療・福祉機関との関係者との情報共有を行い，サービスへのアクセス，余暇のすごし方，就労支援などが綿密に検討されます。ケア会議によって，途切れることのない支援を提供し再犯防止を目指します。

　一連の再犯防止の取り組みはここ数年で大きく変化しています。最新の取り組みについては，参考文献にあげた内閣官房ホームページを参照してください。

再犯防止推進法
再犯を防止するために，住居や就労の確保，保健医療・福祉サービスの利用の促進，修学支援，国や地方公共団体，民間など各機関との連携などを推進する法律。

▶付記
再犯防止推進法は，平成 28 年 12 月に施行された法律であり，少なくとも 5 年ごとにこの法律で国が取り組むべき具体的施策（再犯防止推進計画）を見直す必要があるとされている（同法第 7 条第 6 項）。そのため，令和 4 年度中には計画の見直しがなされる予定である。

プラスα
依存症からの回復のための民間支援団体
依存症は専門家による治療がなかなか奏功しないなか，当事者によって AA（アルコホーリック・アノニマス）がつくられ，回復のモデルができてきた歴史もあり，回復者によって運営される民間リハビリ施設や自助グループが発展している。厚生労働省による依存症対策総合支援事業でも民間支援団体との連携をモデルとしている。入所も受け入れるリハビリ施設にダルク，マックなどがある。自助グループには断酒会，AA，NA（ナルコティクス・アノニマス），GA（ギャンブラーズ・アノニマス）などがある。

3 | 医療観察制度

　ここまで一般の犯罪における被害者への制度と加害者への制度を紹介しました。ここで 8 章のタカシさんの事例（p.116）をご覧ください。タカシさんは父親を殴ってしまいましたが，先に述べた刑事事件手続きの流れには乗っていません。刑法第 39 条に「心神喪失者の行為は，罰しない」（第 1 項），「心神耗弱者の行為は，その刑を減軽する」（第 2 項）と定められており，仮にタカシさんが統合失調症で「自分が監視されている」との妄想から暴れたため心神喪失であると判断されると，図10-1の流れとは異なる制度が適用されます。タカシさんは 8 章で学んだ精神保健福祉法で措置入院となりました。もしタカシさんが「向かいの駐車場で見張っているヤツに文句を言う！」と興奮状態になりもみ合って父親を殴った後，突き飛ばされた父親が大ケガをした，あるいは打ち所が悪くて亡くなってしまったらどうでしょう？　重大な事件となります。その時に適用されるのが，**心神喪失等の状態で重大な他害行為を行った者の医療及び観察等に関する法律**（以下，**医療観察法**）です。

　医療観察制度の流れを，精神保健福祉法による措置入院制度との比較で図10-3により説明します。図左側の措置入院制度では，警察官は逮捕ではなく保護をした後に措置通報し，精神保健指定医 2 名による措置診察を経て入院となります。一方で図右側の医療観察制度では，①殺人，②放火，③強盗，④強制性交等，⑤強制わいせつ，⑥傷害のいずれか（①〜⑤は未遂も含む）の「重大な他害行為」が検察官にて認定されることが前提です。タカシさんは殴られた父親がケガをしていなければ医療観察法の対象とはなりませんが，ケガをして傷害事件となれば，医療観察法の適用となる可能性があります。

　図左側の措置入院の場合は，暴力行為の発生→警察による保護→措置診察→入院となります。一方で医療観察制度は図右側のように，他害行為の発生→警察による逮捕を経て，刑事事件手続き（図10-1）と同様に検察に送られます。検察官が精神科医に責任能力鑑定を依頼し，心神喪失または心神耗弱が疑われるため不起訴としたとき，あるいは裁判で心神喪失による無罪または心神耗弱による執行猶予がついたとき，検察官の判断で医療観察法の適用が申し立てられます。その後，医療観察法医療の必要性を鑑定し，それを踏まえて地方裁判所による審判が行われ，入院命令・通院命令・不処遇が決定されます。

　図10-3左側の措置入院では，任意入院や医療保護入院と同じ病棟に入院するのに対し，医療観察法による入院は指定入院医療機関という専用の病棟に入院します。指定入院医療機関では一般の精神科病棟の 2.5〜4 倍の職員が配置され，「病状の改善」，「同様の行為の再発の防止」と「社会復帰」という法に

プラスα

責任能力

自分の行為に責任をとれる能力ということだが，刑法上は 1931 年の大審院判決で示された「理非善悪を弁識する能力」と「その弁識に従って行動する能力」である。つまり精神障害のために善悪がわからなくなってしまった状態，または善悪の判断に沿って行動することができなくなった状態であれば，犯罪となる行為を行っても刑罰の対象にならないということ。

心神喪失と心神耗弱

心神喪失とは，精神の障害により理非善悪を弁識する能力またはその状態に従って行動する能力が全くない状態。心神耗弱はそれらの能力が全くないわけではないが，著しく減退した状態。犯行時に統合失調症，知的障害，認知症などの精神障害が一定以上の重さであることと，動機が理解しがたいことなどが基準となる。詳しくは参考文献（五十嵐・岡田，2019；林，2001）を参照。

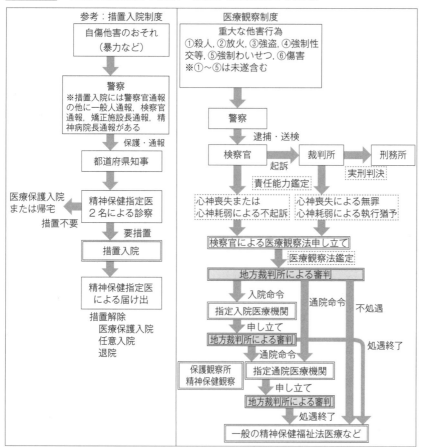

図10-3　医療観察制度の流れ・措置入院制度との比較

定められた目的を達成するため，多職種チーム医療で多くの治療プログラムが提供されています（壁屋，2012）。

　指定入院医療機関から退院する際は，病院から地方裁判所に申し立て，審判を経て退院となります。多くは裁判所の通院命令を受け，指定通院医療機関への強制通院となります。この期間は保護観察所に配置された社会復帰調整官が精神保健観察として対象者のフォローを行い，医療機関・福祉施設等によるケアをコーディネートします。精神保健福祉法には措置入院や医療保護入院などの強制入院はありますが，強制通院はありませんので，指定通院という制度も医療観察制度特有といえます。

　医療観察制度は，措置入院制度の課題を克服するためにつくられました。双方の制度には一長一短あります。措置入院では暴力行為の発生→警察による保護→措置診察→入院まで即日に終わることが多く，スピーディかつタイムリーに入院治療へ導入できます。その反面，措置入院の決定は精神保健指定医2名の判断，退院は1名の判断でなされ，精神保健指定医の責任が大きくなります。反面，医療観察法では他害行為の発生→逮捕→取り調べ・送検→責任能

プラスα

刑事責任能力鑑定
精神科医が責任能力を評価するための鑑定。検察官が被疑者を起訴する前に依頼して実施される起訴前鑑定と，検察によって起訴され裁判が開始してから依頼されて行われる公判鑑定とがある。起訴前鑑定の場合，鑑定の結果として心神喪失とみなされれば検察官は被疑者を不起訴とし，裁判にかけないという判断になることが多い。公判鑑定の場合は，鑑定結果を踏まえ，心神喪失であれば無罪，心神耗弱であれば刑が減刑される。

参照

任意入院
→8章

精神保健福祉法
→8章

151

力鑑定→検察官による申し立て→裁判所での審判と手続きを経るために，早い事例でも入院するまでに半年程度かかります。医療観察制度では決定に時間がかかる反面，決定の責任を裁判所が担ってくれます。医療観察法入院では，医療スタッフが対象者（患者）に「裁判所に退院を認められるように頑張りましょう」と対象者との対立構造になることを避けながら治療に促すことも多く行われており，重装備の制度が医療スタッフを守る機能も果たしています。

4 ｜ 裁判員制度

　裁判員制度は，司法を身近なものにし，裁判に国民感覚を反映させ迅速に行うことを目的に，2009年から導入されました。裁判員制度では，殺人，強盗殺人，傷害致死などの重大事件に限り，一般市民から選ばれた裁判員が裁判官と協働して裁判を行います。裁判員裁判は，原則として，9名（裁判官3名，裁判員6名）による多数決によって行われます。裁判員制度の導入により，裁判に国民の量刑感覚が反映されることが期待される一方で，この制度で懸念されているのが，裁判員への精神的負担です。裁判員に選ばれると原則的に拒否権がなく，仕事などを休んで裁判所に出向く負担のみならず，死体などの証拠写真を参照しながら審議を求められるなど，心的外傷体験となるような負担や，刑罰の判断を求められる（特に死刑か否か）場面での心理的負担が問題視されています。公認心理師には，裁判員の心理的負担について，専門的見地から提言を求められたり，事後のケアを依頼される機会も増加する可能性があります。

5 ｜ 司法・犯罪領域の制度と公認心理師

　これまで述べたように，犯罪被害者のカウンセリングや，裁判員の心理的負担へのケア等に対し，公認心理師の活躍が期待されます。再犯防止の領域では，心理職が矯正心理専門職として法務省に入職し，少年鑑別所，少年院，刑事施設で勤務しています。半官半民の PFI 刑務所では民間職員として心理職が刑務所で再犯防止のための治療プログラムに取り組んでいます。そのほかに医療機関等でアディクション*の問題に関わる際も刑事司法制度に接することがあります。クレプトマニア（窃盗症）で万引きを繰り返す事例，痴漢や盗撮を犯したパラフィリア（性嗜好障害）の事例などが，裁判の進行中に弁護士に促されて病院を受診することもあります。クレプトマニアもパラフィリアも，刑法第

プラスα
アディクション
「ある物質や一定の行為にひどくのめりこみ，日常生活に害があるとわかっていながら，自分ではコントロールができない，そうせざるを得ない不健康な習慣への耽溺」をアディクション，日本語で嗜癖ともいう（日本アディクション看護学会ホームページ）。アルコール依存・薬物依存といった物質依存症と，行動嗜癖がある。行動嗜癖のうち，国際的な診断基準（ICD-11）で認められているのはギャンブル障害とゲーム障害のみだが，クレプトマニア（窃盗症），パラフィリア（性嗜好障害），買い物依存，摂食障害などを行動嗜癖としてとらえる見方もある。

39 条による責任能力の減免の対象にはなりにくいですが，外来受診されれば
アセスメントし，再犯防止のための心理的アプローチを行います。弁護士は情
状酌量*による減刑を目的に受診を促すのかもしれませんが，心理職としては逮
捕，裁判を契機に来談したクライエントに対し，再犯防止のための支援をしま
す。逮捕されて裁判への不安を抱えた時期には，「もう二度と犯罪行為をした
くない」という動機づけをもちやすくなり，治療開始の好機になります。

　刑事司法制度は 21 世紀になって改革が進められ，特に被害者保護の制度，
加害者の再犯防止のための制度が拡充されてきました。時代とともに制度はよ
り良いものへと修正されていますが，完璧ではありません。本章で述べた刑の
一部執行猶予制度はその好例でしょう。薬物依存症者の治療に関わる専門家か
ら，ダイバージョン*制度を求める声があり，この制度につながった面もありま
すが，先にあげたような限界もあります。一方，これら今世紀の刑事司法分野の
制度改革から，心理職への期待は高まっています。制度とその限界を知ることは，
みなさんの公認心理師としての業務を多角的で高い水準のものとするでしょう。

　謝辞：刑の一部執行猶予制度について，三重ダルク施設長の市川岳仁氏に資料を提供いただきま
した。この場を借りてお礼申し上げます。

> **考えてみよう**
>
> 1. 犯罪を起こした人に公認心理師が心理面接などの支援を行う際，保護
> 観察や医療観察法などの強制力がはたらいている場合と，本人の意思で
> 来所する場合とでは，心理面接のあり方はどのように変わるでしょうか？
> 2. 刑務所から出所し，実家で両親とともに暮らすことになった 20 代後
> 半のクライエント。覚醒剤を使用したことで服役後，約 1 年間の保護観
> 察期間が始まり，あなたは保護観察所で実施する薬物再使用防止プログ
> ラム（集団実施）でリーダーを務める公認心理師の立場でこのクライエ
> ントに関わるとします。プログラムは，薬物使用のきっかけに気づき，
> 対処行動を学ぶ認知行動療法に基づいた構成です。クライエントは，こ
> れまで夫婦喧嘩や，職場で相手に無理な要求をされても，我慢してきま
> した。そんなイライラを解消するために覚醒剤を使ってきたといいます。
> 逮捕を機に離婚しましたが，また新しいパートナーを見つけたいという
> 希望をもっています。仕事はまだこれから探す予定ですが，またストレ
> スが溜まるのではないかと心配しています。また，クライエントには安
> 心して薬物依存のことを話せる友人はいません。身元引受人である両親
> とは折り合いが悪くすぐに口論になるため，保護観察期間が終わったら
> 一人暮らしをしたいと希望しています。あなたはこのクライエントに対
> してどのような支援ができそうですか？

語句説明

情状酌量
刑事裁判で量刑を決め
る際に被告人の事情を
汲み取ること。事件に
至った背景，被告人の
反省の度合いや再犯可
能性などが量刑の重さ
に影響を与える。

ダイバージョン
非行・犯罪に至った人
を通常の司法的処理か
ら離脱させること。薬
物事犯に対して，刑罰
より治療を求めること
などをいう。

🖋 本章のキーワードのまとめ

犯罪被害者等基本法	犯罪被害者に対して，身の安全を確保し，ケア体制を整備し，事件に関する情報提供や経済的な支援などを行う体制を定めた法律。
刑 法	どのような犯罪行為が刑罰の対象となるか，およびどのような犯罪行為に対してどの刑罰が対応するかを規定した法律。
刑事訴訟法	刑法に規定された犯罪行為が行われた際，それを実際にどのように捜査・裁判すべきかを規定した法律。
警察官職務執行法	警察官が，個人の生命，身体および財産の保護，犯罪の予防，公安の維持，他の法令の執行等の職権職務を忠実に遂行するために必要な手段（立ち入り調査や質問，武器の使用等）を定めた法律。
更生保護法	保護観察や応急の救護等および更生緊急保護（衣食住，医療，金品の給貸与）や，仮釈放や少年院からの仮退院等とその後の生活環境の調整，恩赦，犯罪予防活動のあり方について定めた法律。
更生保護制度	犯罪者や非行少年に対して適切な社会内処遇を行うことにより，再犯や非行を防ぎ，これらの人たちの自立と改善更生を助ける活動（更生保護）のための制度。
保護観察制度	犯罪をした人，非行のある少年の再犯防止・更生のため，指導監督および補導・援護を行う制度。
更生保護施設	刑務所や少年院を出所した人，執行猶予や起訴猶予になった人に対し，宿泊場所や食事などの生活基盤を提供し，社会復帰と自立に向けた指導や援助をする民間施設。
自立更生促進センター	民間の更生保護施設では円滑な社会復帰のために必要な環境を整えることができない刑務所出所者等を対象に，国が設置した宿泊場所を提供するとともに，強化された保護観察や就労支援などを行い，改善更生を助けるための施設。
地域生活定着支援センター	刑務所や少年院を出所した後，高齢または障害により支援を必要とする人に対し，出所後のサービス利用の調整など，地域生活に適応させるための福祉的支援を行う機関。
刑の一部執行猶予	社会内処遇を拡充し，再犯を防止するため，拘禁刑を一定期間受刑させたあと，残りの刑期の執行を猶予する制度。
再犯防止推進法	再犯を防止するために，住居や就労の確保，保健医療・福祉サービスの利用の促進，修学支援，国や地方公共団体，民間など各機関との連携などを推進する法律。
心神喪失等の状態で重大な他害行為を行った者の医療及び観察等に関する法律（医療観察法）	心神喪失・心神耗弱の状態で重大な他害行為を起こした者に対し，病状の改善および同様の行為の再発防止を図り，社会復帰を促進するように処遇を進める法律。
裁判員制度	殺人，強盗殺人，傷害致死などの重大事件に限り，一般市民から選ばれた裁判員が裁判官と協働して裁判を行う制度。

コラム 10　裁判員裁判と心理師

　2009 年 5 月 21 日から裁判員制度が始まりました。この新しい制度は，国民がより利用しやすい司法制度の実現，国民の司法制度への関与など司法制度の改革の一環として導入された新しい制度です。従来の刑事裁判は，裁判官が単独若しくは合議（3 名）で犯罪事実の存否に関する認定や量刑（刑罰の程度）を決めていました。そこに国民の中から選ばれた裁判員が加わることによって，一般の社会常識も判決に反映させようとしたものです。

　裁判員裁判は，原則として裁判官 3 名と裁判員 6 名の計 9 名で構成されます。対象となる事件は，殺人，強盗致死，現住建造物等放火など法定刑の重い犯罪です。また，「裁判員の参加する刑事裁判に関する法律」（裁判員法）第 51 条には，法律その他の知識や経験をもたない裁判員への配慮が記されています。このため，公判（裁判）前の整理手続で争点を絞り，公判の冒頭で争点を明示したうえ，証人尋問等を中心に"見て，聞いて，わかる"審理が短期・集中的に展開される点に特徴があります。

　ところで，刑事裁判では，少年審判手続のように家庭裁判所調査官の社会調査や少年鑑別所の心身鑑別といった人間行動科学の知見を活用する制度がありません。裁判員裁判の対象となる事件の中には，「動機がわかりにくい」「複雑な生育歴を抱えている」「性格面の偏りがある」など犯罪行為の背景を十分に把握しないと適切な量刑判断ができない場合が少なからずあります。そこで，量刑上考慮すべき不足のない情報を提供し，適正な判断に資するために情状鑑定（心理鑑定）が活用されています。鑑定というと多くの方は，精神鑑定を連想するかもしれません。精神鑑定は責任能力の程度を見るために行われますが，情状鑑定は，責任能力があることを前提として，「犯行動機，犯行に至る心理過程」「性格・行動傾向」「処遇に関する参考事項」などを明らかにする鑑定です。精神鑑定でも心理師は鑑定人である医師の鑑定人補助人として心理検査や家族歴，生育歴の聴取を行います。一方で情状鑑定では，多くは心理師が鑑定人となり，被告人の生物的な素因を念頭に置きつつ，心理—社会的な観点で分析をします。図 1 は，公判までの流れと情状鑑定の関係について示したものです。

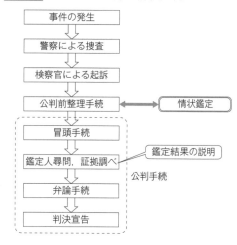

図1　裁判員裁判と情状鑑定

　鑑定人は，弁護人や検察官から提供を受けた供述調書その他の参考記録を読み込んだうえで，被告人に面接し，各種心理検査を行うほか，必要に応じて家族や参考人への面接も行います。その結果を鑑定書にまとめますが，裁判員裁判では，公判の中でパワーポイントを用いて鑑定結果を説明する方法がとられています。限られた時間（30 分程度）でわかりやすく説明するプレゼン能力も求められるのです。それに引き続き，弁護人，検察官，裁判所の順に質問を受けることになり，これを鑑定人尋問といいます。

　多くの心理師にとって情状鑑定はなじみが薄いと思われます。また，鑑定人尋問があることを知ると，腰が引けてしまうかもしれません。しかしながら，昨今の刑事裁判では，犯罪行為への応報ばかりではなく更生に向けた有効な処遇が模索されてきており，高齢者や知的な問題を抱えている人に対してソーシャルワーカーが関与するようになりました。今後，心理師に対しても，情状鑑定その他の期待がより高くなると思われます。そのためには，的確な鑑定をするための専門性を身につけておくこと，司法手続を知っておくことなどが必要になります。

　なお，刑事司法の分野では情状鑑定のほかに供述の信用性に関する心理分析も行われています。今後，心理師の活躍が期待される分野ですので，多くの心理師に関心を持っていただきたいと考えています。

第11章

司法・犯罪領域の制度と法(2) 少年司法

少年非行の領域は，臨床心理学，とりわけアセスメント技法の発展の歴史において大きな役割を果たしてきた重要な領域です。また，刑事司法のなかでも，犯罪行為にとどまらず，人の心や環境に着目する少年司法はきわめて特徴的な仕組みをもっており，心理支援の専門家が多数仕事をしています。ここでは，少年司法の仕組みについて，その背景となる思想や人間観にも注目しながら，概説したいと思います。

1 | 少年司法への道筋

事例 **自ら自立支援施設入所を決めた中学生**

　心理相談室に，混乱して思い詰めた表情の母親がやってきました。

　前夫の不倫と暴力が原因で 2 年前に離婚，17 歳の長男と 14 歳の次男と生活しているが，離婚後長男は暴君と化し，マンションの大部分を独占して，母と次男は台所と食堂に布団を敷いて寝ていました。母，弟への暴力も頻繁で，次男は長男に下僕のように使われている状態です。長男は窃盗事件と度重なる交通違反により保護観察中ですが，素行は改まりません。

　家に居場所のない次男も，学校に馴染めず反抗的なために問題視され，13 歳時に自転車盗で児童相談所通告，14 歳になってからの自転車盗で警察の調べを受けています。

　ひとまず母の心情安定と状況の整理のために面接を継続，徐々に母は冷静さを取り戻し，次男を支える姿勢も出てきましたが，次男の在籍中学校からは，おそらく警察に提出するために作成したものと思われる書面が面接者宛に届きました。そこには日々の次男の校内での問題行動が事細かに記され，「本人のためにもしかるべき施設に行くのがよい」との意見が付され，非常に拒否的であることが読み取れます。

　数か月の母との面接を経て，母が次男と話し合えるようになり，面接者も一度家庭訪問して次男と話をした結果，次男は警察に出頭したうえで，自ら児童相談所に施設入所を願い出ました。一時保護を経て，中学卒業までを**児童自立支援施設***で過ごし，さらにその後は，児童養護施設*に移って，

語句説明

児童自立支援施設
児童福祉法第 44 条に定める児童福祉施設。不良傾向のある児童を入所させ指導する。

児童養護施設
児童福祉法第 41 条に定める児童福祉施設。保護者のない児童，被虐待児童など環境上養護を要する児童を入所させる。

施設から職業高校に通学，卒業後は住み込み就職して自立していきました（本事例は複数事例を合成して作成した）。

教育相談，スクールカウンセリングの場で，このような背景をもつ事例に出会うことは珍しくないのではないでしょうか。こうした事例では，複数の問題が重層的に絡み合い，身動きがとれなくなっている相談者を支えながら，少しずつ出口に向かう道筋を辿ることになりますが，その過程では，さまざまな関係機関の動きを念頭におきながら支援を進める必要があり，司法領域の制度や処遇に関わる確かな知識をもっていることが大きな助けになります。

この事例では，もちろん面接者と母，次男との信頼関係が基盤にあってのことですが，警察，**家庭裁判所**の事件処理の進行や児童相談所の対応姿勢などを見極めながら，家庭の状況，本人の状況を改善するためにどのような道筋があり得るのかを都度探っていく必要がありました。最終的には提供した情報に基づいて次男が自ら道を選択していったのです。

この領域に関係する法律は図11-1のとおりです。以下に順に説明していくことにします。

図11-1　少年司法・保護に関わる法律・制度

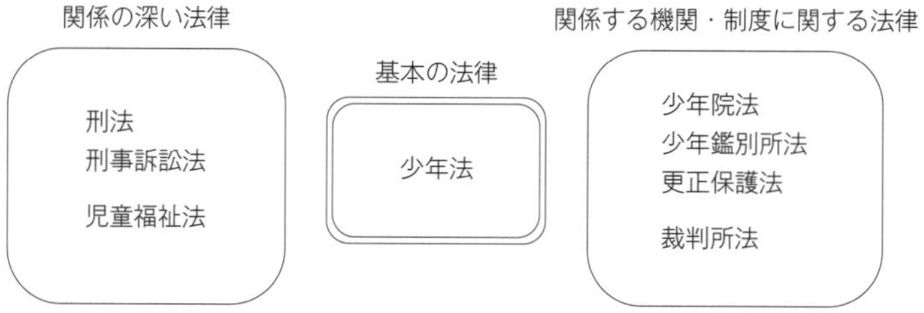

関係の深い法律

刑法
刑事訴訟法
児童福祉法

基本の法律

少年法

関係する機・制度に関する法律

少年院法
少年鑑別所法
更正保護法
裁判所法

2 | 少年法：少年司法の基本的枠組み

1 少年法

少年法は1949年に施行された少年非行に関わる基本法です。

第1条には「この法律は，少年の健全な育成を期し，非行のある少年に対して性格の矯正及び環境の調整に関する保護処分を行う」と目的が記されています。成人の刑事手続きが，その人が行った「行為」に対する責任追及であるのとは対照的に，この法律は，少年を健全な社会人に育成するために，「人格」そのものを対象としていることがわかります。また，少年の健全育成のためには，本人の改善だけでは足りず，環境（主に家族・家庭）の改善も視野に入れ

語句説明

家庭裁判所
全国に50庁あり，地方裁判所と並ぶ第一審裁判所。未成年者の刑事事件にあたる少年事件を扱う少年部と，家族・親族間の民事事件に相当する家事事件を主に扱う家事部がある。扱う事件の性質のために，人間関係諸科学を修めた家庭裁判所調査官を擁し，他の裁判所とは異なる手続きに従って審理する。
→12章参照

語句説明

少年法
未成年者の犯罪行為等についての司法手続きを定めた刑事特別法。保護主義に立ち，刑罰の代わりに保護処分を用意する。

語句説明

少年司法制度

刑事特別法である少年法によって定められた未成年の刑事事件等に対する司法手続と仕組み。成人刑事司法における刑事罰とは異なり，少年司法では，専門裁判所である家庭裁判所によって，少年の健全育成を視野に入れつつ，少年院送致，保護観察などの保護処分を中心に処遇，処分が行われる。

犯罪少年

犯罪行為をした14歳以上20歳未満の少年。

触法少年

14歳に満たないために，行為としては犯罪をしていても刑事責任はないため「犯罪」とはならない少年。

ぐ犯少年

「犯罪」に相当する行為はないが，現在おかれている環境，性向に照らして，将来犯罪や触法行為をする虞が高い少年。

特定少年

民法改正により，2022年4月から成人年齢が18歳に引き下げられたことにともなって少年法も改正され，18歳，19歳の少年を特定少年として，18歳未満の少年とは異なる扱いをすることになった（詳細はコラム11を参照）。

刑事訴訟法

刑事事件の司法処理手続きを定めた法律。
→10章参照

ています。少年は，精神的，社会的に未成熟で，環境の影響を受けやすいので，間違った行為を行った場合でもその責任を少年ひとりに負わせるわけにはいきません。少年の処分に応報的意味より育成的意味が大きくなるのは，少年に欠けていた健全な生育環境と教育を国家が提供するという福祉的後見的姿勢を示しているのです。ただし，この役割を裁判所という司法機関に負わせていることからもわかるように，適正な司法手続きを保障（憲法第31条）するとともに少年であっても必要に応じて刑事手続き（刑罰）の対象とするなど司法的機能も重視されています。このようにわが国の**少年司法制度**[*]が，福祉的教育的機能と司法的機能の絶妙なバランスのうえに成り立っていることをまず押さえておきたいと思います。

2 非行少年とは

　少年法では20歳に満たないものを「少年（女子も含む）」とし（第2条1項），家庭裁判所の審判に付する少年を第3条第1項に定めています。第一は14歳以上で犯罪行為を行った少年（「罪を犯した少年」）であり，「**犯罪少年**[*]」と呼びます。第二は「14歳に満たないで刑罰法令に触れる行為をした少年」です。刑法第41条には「14歳に満たない者の行為は，罰しない」と書かれており，14歳未満の子どもに刑事責任を問うことはできませんが，少年法の趣旨から審判の対象に加えているのです。刑事責任がないので，「罪を犯した」ではなく「刑罰法令に触れる行為をした」という表現になり，「**触法少年**[*]」と呼びます。第三は「**ぐ犯（虞犯）少年**[*]」で，現時点で罪を犯したり，刑罰法令に触れる行為をしていなくても，「保護者の正当な監督に服しない性癖」があったり，「犯罪性のある人若しくは不道徳な人と交際」するなどの事由があって，将来犯罪や触法行為をする虞がある少年です。ぐ犯少年には14歳未満，14歳以上18歳未満（2022年施行の法改正で，18歳，19歳の少年は**特定少年**[*]とされ，ぐ犯少年から除外）の両方の少年が含まれます。

3 家庭裁判所受理までの流れ

　非行少年がどのような手続きに沿って扱われるかは，図11-2を参照してください。少年の犯罪，触法行為，ぐ犯は，多くの場合警察が発見します。14歳以上の犯罪少年については，基本的に成人と同じ刑事訴訟法上の手続きに沿って，事件の取り調べ，立件がされ，検察庁に送致，検察官の取り調べを経て，家庭裁判所に送致されることになります。身柄の確保が必要な場合には，警察が逮捕し，検察官送致後にさらに必要な場合には裁判所への請求に基づいて勾留がされます。身柄が確保されている場合は，家庭裁判所に送致された後も**少年鑑別所**[*]に収容される（観護措置決定）ことが多くなります。少年鑑別所収容は，2週間を限度としますが1回の更新が認められているので，多くは3

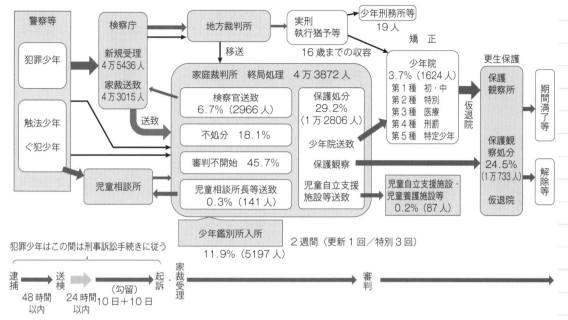

図11-2 少年保護手続きの流れと関係機関

注：数値は 2020 年統計による。パーセンテージは家裁終局決定人員に対する比率

週間余りの収容期間で審判が行われています（例外的に，特別な必要がある場合にはさらに 2 回の更新が認められることがあります）。

　なお，成人事件の場合は，「起訴便宜主義」といって起訴するか否かは検察官の裁量に任されています（実際，検察官が受理した事件の 6 割強が起訴猶予を含む不起訴となります）。しかし，少年事件の場合は，非行事実の認められた事件はすべて家庭裁判所に送致される「全件送致主義」が採用されており，少年非行についての一義的判断が家庭裁判所に委ねられています。

　少年が，14 歳に満たない場合は，触法少年，ぐ犯少年とも児童相談所に通告されて福祉的措置に委ねられますが，児童相談所が司法手続きに付するほうが適切と判断した場合には，あらためて家庭裁判所に送致されます。

　少年法第 6 条 1 項には，「家庭裁判所の審判に付すべき少年を発見した者は，これを家庭裁判所に通告しなければならない」（一般人の通告）と記され，少年非行の発見，防止が広く社会に求められていることがわかります。

4　家庭裁判所の少年審判手続きの特殊性

　家庭裁判所の審判（裁判）は，地方裁判所等の刑事裁判とは，かなり様相が異なります。少年法第 22 条 1 項には「審判は，懇切を旨として，和やかに行うとともに，非行のある少年に対し自己の非行について内省を促すものとしなければならない」と書かれており，少年にとってはもちろん厳しい場ではありますが，ただ罪を処断するのではなく，少年自身に自分の将来や生き方を考え

少年鑑別所
少年鑑別所法で定められた法務省矯正局の地方施設。家庭裁判所から送致された少年の鑑別，観護を行うとともに地域援助も業務とする。主として鑑別業務にあたる心理技官と観護業務にあたる法務教官が仕事をしている。

プラスα
起訴便宜主義
検察官が公訴提起をするにあたって，その裁量を許し，犯罪の軽重，情状などを考え合わせて起訴しないことを認めるという考え方。

全件送致主義
起訴便宜主義とは異なり，未成年者の場合は，司法警察員，検察官は，すべての事件を家庭裁判所に送らなければならないという原則（少年法第 41 条，第 42 条第 1 項）。

させる場とすることが求められているのです。一般の法廷とは違って，裁判官は少年と同じ高さでテーブルを挟んで向き合い，法服も着用しません。

また，審判は非公開とされ（第22条2項），公開が原則とされる刑事裁判とは異なります。これも少年自身を過剰な社会的視線から守り，前述の「内省」の場を保障するためです。

第22条3項には，「審判の指揮は，裁判長が行う」と記されています。地方裁判所の刑事裁判では，検察官が罪を立証して求刑し，被告人代理人である弁護士が反証するという「対審構造」のなかで，裁判官は双方の提出した証拠に基づいて判断を下しますが，少年審判においては，全体の指揮を裁判官がとる「職権主義」が採用されています。これも，検察官が少年を厳しく追求し，弁護士が防御する方式では，少年自身が防衛的になり，自らを振り返って真実に近づくことが妨げられると考えられているからです。

ただし，犯罪少年の審判で，「死刑又は無期若しくは長期3年を超える懲役若しくは禁錮に当たる罪のものにおいて，その非行事実を認定するため」に必要なときは，家庭裁判所は「検察官を出席させることができる」（第22条の2の1項）とされています。この際も検察官の関与は「非行事実の認定」過程に限られており，処遇決定過程には関わりません。なお，上述の決定により検察官が出席する場合で，「少年に弁護士である付添人がないときは，弁護士である付添人を付さなければならない」（第22条の3の1項）とされています。

このように審判の進め方自体にも少年法の精神が表われていますが，家庭裁判所が他の裁判所と最も異なる点は，家庭裁判所調査官という職種を設置していることでしょう。家庭裁判所調査官は，人間行動科学の専門職種と位置づけられており，調査を通じて，少年や保護者の面接，学校，医療機関など関係機関との連絡調整，少年鑑別所との意見交換，被害者調査などを行うほか，審判への出席，審判後の少年保護者への対応等，家庭裁判所の手続き全体を通じて継続的に関与することになっており，少年，保護者にとっては，最初から最後まで付き合う最も関わりの深い存在になり得る職種です。

5 家庭裁判所における少年事件処理の流れ

家庭裁判所に事件が受理されると，裁判官と，裁判所書記官による記録の精査を経て，家庭裁判所調査官に調査命令が下されます。家庭裁判所調査官は，在宅事件（少年本人が在宅のまま事件送致された事件）の場合は，少年本人と保護者を呼び出して面接を行い，非行事実，その動機や背景事情，家庭環境，生育歴，学校や職場適応の状況，本人の資質，性向等について調査します。身柄事件（少年が少年鑑別所に収容されている事件）では，少年鑑別所に複数回出向いて少年と面接を重ねるとともに，保護者とも面接し，必要に応じて家庭訪問をしたり，学校訪問をしたりするなど，より詳細な調査を行います。家庭裁

所調査官の調査は「要保護性」の判断を核にしており，在宅事件，身柄事件ともに調査結果は担当裁判官に宛てた調査報告書にまとめ，処遇意見を付することが求められています。なお，家庭裁判所調査官が収集した資料と調査報告書は，司法警察員*，検察官が作成した事件記録とは別にファイルされ，保護処分決定がなされたときには，処遇のための資料として各機関に送られます。

　裁判官は，家庭裁判所調査官の調査報告に基づき少年の処遇判断をします。

　軽微な非行の在宅事件で，家庭裁判所調査官の面接・指導で十分と考えられた場合は，裁判官は審判を開くことなく「審判不開始」決定を行います（家庭裁判所の処理件数の 45％強を占める）。また，裁判官が少年，保護者を呼び出して審判を開く場合でも，厳重な説諭をしたうえで特段の処分をする必要がないと判断した場合は，「不処分」決定とします（同上 20％弱）。したがって，この不処分は無罪とは違います。このように家庭裁判所では，最終的判断に至るまでの家庭裁判所調査官，裁判官の教育的働きかけを踏まえて判断をしており，面接，審判以外に各種講習なども用意し，適宜活用しながら手続きを進めています。

　保護処分については次項にまとめて説明しますが，保護処分が必要か否か，収容処分が必要か否か，少年の更生意欲は十分に確かなものなのか等を確認するために，中間処分として「試験観察*」決定をし，家庭裁判所調査官の監督，指導のもと経過観察し，数か月後に最終判断を行うことがあります。家庭裁判所調査官にとっては，密なケースワーク活動を行う重要な機会であり，家庭裁判所の能動的でダイナミックな機能の象徴といえるでしょう。ここで，否定的な結果が出た場合には，少年に対してより厳しい終局決定がなされることになります。

　既述のように少年事件は全件送致主義によって，すべて家庭裁判所に送致されてきますが，そのなかで，成人と同じ刑事手続きに付すべきものについては，「検察官送致」決定を行います（全体の約 7％弱）。この決定には，形式的検察官送致と実質的検察官送致があります。形式的検察官送致は，調査あるいは審判で，少年が 20 歳に達していることが判明した場合であり，家庭裁判所に審判権がないために行われるものです（第 19 条 2 項，第 23 条 3 項）。これに対して実質的検察官送致は，調査審判の結果，保護手続きよりも刑事手続きによって扱うことが適当とされた場合に行われるもので，14 歳以上の少年について選択可能です（第 20 条 1 項）。なお，16 歳以上で「故意の犯罪行為により被害者を死亡させた罪の事件」を起こした者については検察官に送致「しなければならない」とされ（第 20 条 2 項）。さらに罪を犯すときに 18 歳以上の特定少年*の場合は，これに加えて「死刑又は無期若しくは短期 1 年以上の懲役若しくは禁錮に当たる罪の事件」についても検察官に送致しなければならないとされています（第 62 条 2 項 2 号）。ただし，この場合でも「犯行の動機及

語句説明

司法警察員

刑事訴訟法上，犯罪捜査にあたる警察官を司法警察職員というが，このうちでより強い権限（令状請求，告訴・告発・自首の受理など）を与えられているものを指す。その他の警察官は司法巡査と呼ばれる。通例は，巡査部長以上の階級のものに相当する。

語句説明

試験観察

少年法第 25 条の決定に基づき，家庭裁判所調査官の観察に付すること。中間処分であり，最終審判で，観察結果を判断材料に最終処分がなされる。

語句説明

特定少年

2020 年 4 月施行の改正少年法によって設けられた。

び態様，犯行後の情況，少年の性格，年齢，行状及び環境その他の事情を考慮し，刑事処分以外の措置を相当と認めるとき」は検察官送致を行わないこともできます。なお，この少年法第20条1項，2項及び第62条1項，2項によって，家庭裁判所が検察官に送致した事件については，検察官は「犯罪の嫌疑があると思料するときは，公訴を提起しなければならない」（第45条1項5号）とされており，不起訴等の処理をすることは許されません（「起訴強制」）。

このほか，数的には少ないですが，児童福祉法上の対応が適当と判断した場合は，児童相談所長等送致決定が行われることもあります。

6 保護処分

保護処分こそが家庭裁判所の審判の中核であり，上述した審判不開始，不処分，児童相談所長等送致，検察官送致だけでなく，中間処分である試験観察も，すべて保護処分の必要性，適否（「**要保護性**[*]」）を基準に判断されています。家庭裁判所が行うことのできる保護処分は次の3種です。

語句説明
要保護性
少年審判の対象として，非行事実と並んで検討されるもので，通常①犯罪危険性，②矯正可能性，③保護相当性の3要素からなるとされる。

  ⅰ）保護観察所の保護観察に付すること　　　　　　（第24条1項1号）
  ⅱ）児童自立支援施設又は児童養護施設に送致すること

  　　　　　　　　　　　　　　　　　　　　　　　　　（第24条1項2号）

  ⅲ）少年院に送致すること　　　　　　　　　　　　（第24条1項3号）

保護観察決定は，保護観察中の身分であるという自覚のもとで少年を社会内で生活させ，家庭，社会の教育力による更正を期待して行う決定であり，保護観察所の保護観察官と保護司の観察，指導に付されます。保護観察期間は20歳までですが，決定から20歳までの期間が2年に満たない場合は決定から2年間となります。ただし，実際の運用としては，おおむね1年を過ぎて良好な生活状態が継続している場合には解除の検討がなされる場合が多くなっています。また，家庭裁判所が短期間での改善が見込まれると考えた場合には，一般短期保護観察（6か月以上7か月以内），交通短期保護観察（3か月以上4か月以内）などの処遇勧告を行います。処遇勧告は法的拘束力をもちませんが，後述の少年院送致に関する勧告も含めて，尊重されることになっています。

また，家庭裁判所は特定少年について2年の保護観察決定をするときには，保護観察中に著しい遵守事項違反があった場合に少年院に収容する期間を1年以下の範囲で定めて保護観察決定をしなければならないとされています（第64条第2項）。

児童自立支援施設または児童養護施設への送致は，少年自身の家庭環境，地域環境が劣悪で帰宅させるわけにはいかないものの，少年が比較的年少（中学生など）で，より家庭的，福祉的雰囲気のなかで生活させ，育て直すことが適当と考えられる場合に決定されます（特定少年は除外）。

少年院送致決定は，少年本人の資質・性向，事件の与えた影響の大きさ，環

境条件などから，規律ある環境で生活させ矯正教育を施すことが必要と考えられた場合になされます。

　審判では，第 1 種（旧初等，中等少年院に相当），第 2 種（旧特別少年院に相当），第 3 種（旧医療少年院に相当）の少年院の種類を指定して決定がなされます。決定の効力は，保護観察と同様 20 歳まで続きますが，特定少年については 3 年以内の期間を定めて決定することとされています（第 64 条 3 項）。少年院の処遇はおおむね 1 年間を目処に計画されていますが，家庭裁判所の処遇勧告により，一般短期処遇（原則 6 か月以内），特修短期処遇（原則 4 か月以内）となされることもあり，当該処遇課程のプログラムに従って処遇されます。

3 少年司法を支える法制度と機関

　以上，少年司法の枠組みについて少年法を軸に述べてきましたが，家庭裁判所の決定に従って，各処遇機関が有機的に連携して，決定の意図を実現してこそ，少年の更生は実現します。以下に，各機関を支える法と制度を概観します。

1 少年鑑別所法

　少年鑑別所は，少年院と同じく法務省設置法に定められた施設であり，少年鑑別所法がその目的，業務を規定しています。少年鑑別所法は，2015（平成 27）年 6 月に，旧少年院法から独立して施行された法律で，少年鑑別所の管理運営に関わる詳細とともに，主たる業務である鑑別，観護処遇，地域援助に関する事柄を定めています（少年鑑別所法第 3 条）。

　少年鑑別所は各都道府県に 1 か所以上設置されており，支所を含めて全国に 52 か所あります。

①鑑　別

　少年鑑別所には，心理学の専門職種である法務技官（心理）が勤務しており，収容少年に対する面接，心理テストの実施，行動観察などを総合して，少年の資質や非行の背景にある問題点を明らかにしたうえで，改善するために適切な処分や処遇方法等を検討し，「鑑別結果通知書」にまとめ，審判資料として家庭裁判所に提出します。鑑別結果通知書は，家庭裁判所の審判結果が，保護観察，少年院送致などとなった場合には，保護観察所，少年院に送付され，処遇計画立案の資料になります。

　鑑別業務の大部分は家庭裁判所から送致された収容少年についてのものですが，家庭裁判所の在宅事件の鑑別や，保護観察所，少年院，児童自立支援施設・養護施設からの依頼による鑑別も行い，処遇指針の再検討，処遇効果の検

語句説明
少年鑑別所法
旧少年院法に定められていた少年鑑別所に関する規定を独立させて，2014 年に新少年院法と同時に成立。少年鑑別所の設置，管理および収容者の処遇の基本原則を定める。

163

証などに役立てています。

②観護処遇

少年鑑別所に収容された少年の直接処遇にあたるのは法務教官です。少年鑑別所では，法務教官を中心に，生活指導，日記指導，読書，描画，貼り絵制作などを通じて，少年の情操の安定と内省の深化を図っています。これら鑑別所在所中の関わり全体を指して監護処遇と呼び，当然のことながら規律遵守の指導も含まれます。古くは，審判前（未決）の収容者に対する指導的関与に対して否定的な議論もありましたが，生活が乱れ，時に自暴自棄にさえなっている少年たちが，少年鑑別所に保護され規則正しい日々を過ごすことで格段に落ち着きを取り戻し，ようやく自分の犯した罪や将来について考えるようになることが多いため，矯正教育のように少年の課題に焦点化した働きかけはしないものの，情操に留意しながらの助言，指導や学習機会を提供することの意味は非常に大きいと考えられています。

少年たちは，観護処遇に従って安定した生活をしつつ，法務技官や家庭裁判所調査官の複数回の面接を受けることで，集中的に自分のことを考える機会を与えられているのです。

③非行，犯罪の防止に関わる地域援助

地域援助活動は，旧少年院法においても一般鑑別と称し，通常の鑑別業務に「支障を来さない範囲で応じることができる」ものとされていましたが，少年鑑別所法の施行に伴い，正規業務の一つに位置づけられました。これにより，少年鑑別所職員は，蓄積した専門知識，技能を生かして，個別の外来相談に加えて，学校，各種施設などとの連携を図ったり，研修会，講演会の講師を務めたりして，地域社会の非行防止に関わる幅広い依頼に応じるようになりました。その際には，少年鑑別所は「法務少年支援センター」という別名を用いることにしており，相談専用ダイヤルも設けています。

2　少年院法

現行の少年院法*は，2015（平成 27）年 6 月に改正，施行されました。旧少年院法は，少年鑑別所に関わる規定も含めて 20 条に満たないものでしたが，改正に際し，少年鑑別所法が別に制定されるとともに，従来，訓令，通達などで定められていた施設運用の細目が整備され，全 147 条に上る詳細な法律として整備されました。とりわけ矯正教育については，1 章分を割いてその目的，内容，計画，実施などが明確に記載され，社会復帰支援についても明示されたことは意義深いことです。

少年院*にも，少年鑑別所と同じく，法務技官（心理）と法務教官が勤務し，指導計画の作成，評価や種々の直接指導にあたっています。

語句説明

少年院法
少年院の設置，管理および収容者の処遇，矯正教育の基本原則などを規定した法律。1949 年施行の旧少年院法に代わり，2014 年成立（2015 年施行）。

少年院
少年院法に定められる法務省矯正局の施設。家庭裁判所による保護処分決定（少年院送致決定）を受けて入院する少年のほか，15 歳以下で懲役刑を受けた未成年が処遇される。

①少年院の種類

　旧少年院法では，初等少年院，中等少年院，特別少年院，医療少年院という名称を使って種別を表していましたが，この名称自体がラベリングになりかねないことを考慮し，新法では，a）第 1 種（心身に著しい障害のないおおむね 12 歳以上 23 歳未満のものを収容；旧法の初等・中等少年院に相当），b）第 2 種（心身に著しい障害がない犯罪傾向が進んだおおむね 16 歳以上 23 歳未満のものを収容；旧法の特別少年院に相当），c）第 3 種（心身に著しい障害があるおおむね 12 歳以上 26 歳未満のものを収容；旧法の医療少年院に相当），d）第 4 種（少年院において刑の執行を受ける者を収容；旧法には不存在）に改編され，さらに特定少年の特例の新設に伴い，e）第 5 種（保護観察中に重大な遵守事項違反があり，家庭裁判所の決定に基づいて入院するものを収容）が加わりました。

　少年院は，男女別に全国に 51 か所設置されています。

②矯正教育の目的と内容

　矯正教育とは「在院者の犯罪的傾向を矯正し，並びに在院者に対し，健全な心身を培わせ，社会生活に適応するのに必要な知識及び能力を習得させることを目的」（少年院法第 23 条）として，在院者の特性に応じ，体系的，組織的に行う教育活動です。

　矯正教育を行う少年院には第 1 種，第 2 種については短期，長期の別，義務教育課程，社会適応課程，支援教育課程の種別などが，在院者の類型，教育内容によってさらに細分化されて存在し，第 1 種には 10 通り，第 2 種には 4 通りの教育課程が存在しています。

　少年院では「個人別矯正教育計画」が策定され，個別の問題性に沿って，初期の課題，中期の課題などが定められ，その課題をクリアする形で教育が進行，評価されます。

　少年院の矯正教育は，a）生活指導（少年院法第 24 条），b）職業指導（第 25 条），c）教科指導（第 26 条），d）体育指導（第 28 条），e）特別活動指導（第 29 条）の 5 分野を柱にして行われますが，少年の課題を発見し矯正していくための核になるのは日々積み重ねられていく生活指導です。特別活動指導は，情操を豊かにするために行われるもので，社会貢献活動，野外活動，音楽，演劇など広範囲の活動について行われています。

　また，特定の非行につながる問題性を改善するために，被害者の視点を取り入れた教育，薬物非行防止指導，性非行防止指導，家族関係指導，暴力防止指導，交友関係指導の 6 つの特定生活指導が実施されています。近年では，認知行動療法に基づく処遇プログラムが取り入れられているほか，さまざまなグループワークや SST*，内観法など幅広い専門的技法を取り入れた指導プログラムが試みられています。

　少年院の典型的日課の例を表11-1に示します。

語句説明

SST
Social Skill Training
社会技法訓練と訳されることもあり，社会生活を営むうえで必要とされる基本的な技能を身につけられるようにする実践的プログラム。

表11-1　少年院における週間標準日課表の例

時刻	月	火	水	木	金	土	日
（各曜日の区分）	新入時教育／中間期教育／出準期教育	新入時教育／中間期教育／出準期教育	新入時教育／中間期教育／出準期教育	新入時教育／中間期教育／出準期教育	新入時教育／中間期教育／出準期教育	寮別	寮別
7:00						土・日は7:15分	
7:00–8:00	起床，洗面，身辺整理，清掃（月〜金）						
8:00–8:50	朝食・休憩（全曜日）						
8:50–9:15	教科教育（月〜金）					体育（〜9:45）	体育（〜9:45）
9:15–9:30	出寮・朝礼（月〜金）						
9:30–10:20	新入時教育／教科教育／職業補導	新入時教育／教科教育／職業補導	総合点検自己評価（被害者の視点を取り入れた指導）／基礎学習（漢字・珠算・読書・意見発表等）	新入時教育／教科教育／職業補導	新入時教育／教科教育／職業補導	教養講座（講話・VTR）	教養講座（講話・VTR）
10:30–11:20	新入時教育／教科教育／職業補導	新入時教育／教科教育／職業補導	情操講座（全体講話）／面接相談	新入時教育／教科教育／職業補導	新入時教育／教科教育／職業補導	教養講座（講話・VTR）	教養講座（講話・VTR）
11:35–12:00	教科教育（月〜金）					自主計画活動	自主計画活動
12:00–13:00	昼食・休憩（全曜日）						
13:00–13:10	出寮・昼礼	出寮・昼礼	出寮・昼礼	出寮・昼礼	出寮・昼礼		
13:10–14:00	月間目標点検集会	新入時教育／クラブ活動／社会適応訓練	基礎学習（珠算・ドリル学習）	新入時教育／教科教育／職業補導	新入時教育／教科教育／職業補導	自主計画活動（読書，レクリエーション，テレビ視聴等），入浴	自主計画活動（読書，レクリエーション，テレビ視聴等），入浴
14:10–15:00	面接相談	新入時教育／クラブ活動／社会適応訓練	入浴 身辺整理 役割集合	新入時教育／教科教育／職業補導	新入時教育／教科教育／職業補導	自主計画活動（読書，レクリエーション，テレビ視聴等），入浴	自主計画活動（読書，レクリエーション，テレビ視聴等），入浴
15:10–16:00	体育	問題群別指導	体育	体育	体育		
16:00–17:00	個別面接・身辺整理（月〜金）						
17:00–18:00	夕食・休憩（全曜日）						
18:00–18:30	日記指導（月〜金）						
18:30–19:55	進路別指導（月〜金）					自主計画活動（〜19:30）	自主計画活動（〜19:30）
20:00–20:50	自主計画活動（テレビ視聴・自主学習等）（全曜日）						
20:50–21:00	就寝準備（全曜日）						
21:00	就寝（全曜日）						

出所：法務省法務総合研究所（編）『平成17年版 犯罪白書』

③社会復帰支援

　少年院は，在院者の円滑な社会復帰を図るため，出院後に自立生活をするうえでの困難をもつ在院者には，その意向を尊重しながら，a）適切な住居その他の宿泊場所を得て，その宿泊場所への帰住を助ける，b）医療及び療養を受けることを助ける，c）修学又は就業を助ける，d）その他の必要な援助を行うなどの支援を行います（第44条1項）。以上のような支援は，効果をあげる

ために必要な限りで院外の場所で行うこともでき，また，保護観察所との連携を図るよう努めることが求められています（第 44 条 2 項，3 項）。

④仮退院，退院，収容継続

処遇の段階が最終段階に達して，仮退院させることが適切と考えられる場合には，少年院長は地方更生保護委員会に仮退院を許すべきとの申し出をします（第 135 条）。また，処遇の目的を達したと認めるときには，退院の申し出をします（第 136 条）。

成人に達したときは，退院させることが原則ですが，成人に達するとき，あるいは成人を過ぎて家庭裁判所の決定から 1 年が経過するときに至っても心身に著しい障害があり，犯罪的傾向が矯正されておらず，収容を継続することが適当と考えられるときには，家庭裁判所に収容継続の申請をしなければなりません（第 138 条）。ただし，保護観察中の重大な遵守事項違反によって，第 5 種少年院に入院している特定少年は該当しません。

3　更生保護法

更生保護法は，2008 年 6 月に，それまでの犯罪者予防更生法と執行猶予者保護観察法を統合・整理して施行された法律であり，法務省保護局の所管する保護観察所が担う保護観察制度の運用，再犯予防に関わる手続き等について定めています。この法律は成人の犯罪まで含む幅広いものですが，ここでは少年に関わるところのみ簡潔に記します。

①保護観察の実施

保護観察は，全国に 50 か所（都道府県に 1 か所以上）ある保護観察所が担っています。直接に少年の処遇にあたるのは，国家公務員である保護観察官と法務大臣から委嘱を受けた民間人である保護司です。保護観察を効果的に実施するためには，さまざまな社会資源との連携が欠かせず，前歴を承知したうえで雇用してくれる「協力雇い主」の開拓は重要なものです。

②保護観察の方法

各保護観察官は，自らの担当地区に所属する保護司にケース担当を依頼します。通常のケースでは，保護司が月に 2 回程度面接をし，保護観察官に報告書を提出，必要な場合には保護観察官が直接対象者に面接します。継続的に対象者と接触を保ち生活状況を把握するなかで，指導監督（保護観察の枠からの逸脱を防止する），補導援護（立ち直り支援を図る）に務めています。

従来は，保護司の自宅で面接が行われることが多かったのですが，とりわけ都市部の住居環境に鑑みて，近年は更生保護サポートセンターを設置し，面接に活用できるようになってきました。

③遵守事項と措置

保護観察対象者には，すべての対象者が守るべき一般遵守事項と対象者の個

別事情や課題によって決める特別遵守事項とが定められます。少年院仮退院者では，少年院での課題との連続性が保たれるように定められ，社会内処遇に移行した機会に公共の場の清掃活動や福祉施設での介助などが特別遵守事項として定められることがあります。

保護処分の項に記したように，経過が良好な場合には，良好解除措置がとられますが，少年院仮退院者で重大な遵守事項違反があった場合には，家庭裁判所に対して「戻し収容」の申請をすることができ，家庭裁判所が相当と判断すると少年院に戻されることになります。また，先述のように特定少年については保護観察中の重大な遵守事項違反によって，少年院収容の決定がされることがあります。

4 児童福祉法

児童福祉法*は，満 18 歳までの子どもの健全な育成，生活の保障，愛護を目指す児童福祉の基本法ですが，ここでは司法に関わる部分のみ触れます。

児童相談所長は，児童福祉法第 25 条による通告を受けた要保護児童及び少年法第 18 条 1 項の定めに従って家庭裁判所から送致された児童については，児童福祉法第 27 条の定めに従って，①児童又は保護者に訓戒，誓約書を提出させる（同 1 項 1 号），②児童又は保護者を児童福祉司等の指導に付する（同 1 項 2 号），③里親委託，児童養護施設，児童自立支援施設等に入所させる（同 1 項 3 号），④家庭裁判所に送致する（同 1 項 4 号）などの措置をとらなければなりません。また，少年法第 6 条 1 項に従って警察から送致された事件（触法少年の事件で，イ）故意の犯罪行為により被害者を死亡させた罪，ロ）イ）以外で，死刑又は無期若しくは短期 2 年以上の懲役若しくは禁錮にあたる罪の事件）については，家庭裁判所に送致しなければならない（少年法第 6 条の 7 第 1 項）とされています。

既述した少年法第 24 条 1 項 2 号の保護処分として，児童自立支援施設又は児童養護施設に送致された少年については，児童福祉法第 27 条の 2 の規定によって，入所措置を行うことになります。

児童相談所が，児童を里親委託，児童養護施設等に入所させる際に（上述の児童福祉法第 27 条第 1 項 3 号の措置），その措置が親権者や後見人の意に反するとき（同意が得られないとき）には，家庭裁判所の許可を得て，その措置を行うことができる（児童福祉法第 28 条 1 項 1 号，2 号）ことになっています。この事件は家庭裁判所においては，子の福祉に関わる事件として家事部が扱います（家事事件手続法別表 1，127 号事件）。

さらに，福祉の措置を行うにあたって，児童の行動の自由を制限したり，奪うような強制的措置*を必要とするときは，都道府県知事が家庭裁判所に事件を送致して判断を仰がなければならず（児童福祉法第 27 条の 3，少年法第 6 条の 7

語句説明

児童福祉法
児童の福祉に関わる公的機関の組織や各種の施設，およびその事業に関する基本原則を定める法律。

語句説明

強制的措置
具体的には，居室に鍵をかける，手錠などの拘束器具を使うなど，福祉的措置では通常許されない方法。家庭裁判所が許可する場合には，措置の限度日数を定める。

第 2 項），家庭裁判所は，強制的措置の期限や保護の方法その他を指示して，都道府県知事や児童相談所長に送致することができる（少年法第 18 条 2 項）とされています。

このように児童福祉法は，少年司法手続きの一端を担うとともに，児童相談所が，児童福祉の措置を行うにあたって，児童または関係者の人権を制限することが必要になるような局面においては，家庭裁判所の判断を得たうえで行うという仕組みができています。

4 │ 少年非行支援における課題

少年非行は，昭和 50 年代後半のピーク時に比較すると，数的にはおよそ 5 分の 1 以下に減少しています。他方で少年院収容者に占める実父母家庭をもつ者の比率は 50%余りから 30%程度にまで減り，逆に母親のみの一人親家庭の比率が 40%程まで増加していること，再非行少年率が着実に増加していることなどが顕著な変化として認められます。

非行少年の裾野は狭くなったものの，一定の条件を抱える子どもたちが非行という不適応に追いやられ，なかなか抜け出せない社会状況が強まってきているのではないでしょうか。このことは虐待，貧困など子どもをめぐるさまざまな困難ともつながるものであり，司法領域だけの現象ではなくなっているようにみえます。さまざまな領域で活動する公認心理師が大きな視野から子どもの問題を理解するとともに，まだまだ一般の人々には近寄りがたい司法制度の基本を理解し，被支援者が司法と関わりをもつことになった場合に，その出会いを有意義に生かしていくための助力ができることが望ましいと考えます。

考えてみよう

1. しばしば「責任をとらせる」という言い回しがされますが，罪を犯した未成年者が責任をとるということはどういうことだと思いますか。
2. 少年非行をさらに減少させるためには，どのようなことが必要だと考えますか。

🪶 本章のキーワードのまとめ

児童自立支援施設	児童福祉法第 44 条に定める児童福祉施設。不良行為があり，成育環境面の問題をもつ児童を入所または通所させ，自立に向けて指導する。
少年法	未成年者の犯罪行為等についての司法手続きを定めた刑事特別法。保護主義に立ち，刑罰の代わりに保護処分を用意する。2000 年以降，改正が繰り返されている。
家庭裁判所	全国に 50 庁あり，地方裁判所と並ぶ第一審裁判所。未成年者の刑事事件にあたる少年事件を扱う少年部と，家族・親族間の民事事件に相当する家事事件を主に扱う家事部がある。扱う事件の性質のために，人間関係諸科学を修めた家庭裁判所調査官を擁し，他の裁判所とは異なる手続きに従って審理する。
試験観察	少年法第 25 条の決定に基づき，家庭裁判所調査官の観察に付すること。中間処分であり，最終審判で，観察結果を判断材料に最終処分がなされる。
要保護性	少年審判の対象として，非行事実と並んで検討されるもので，通常①犯罪危険性，②矯正可能性，③保護相当性の 3 要素からなるとされる。
少年鑑別所	少年鑑別所法で定められた法務省矯正局の地方施設。家庭裁判所から送致された少年の鑑別，観護を行うとともに地域援助も業務とする。主として鑑別業務にあたる心理技官と観護業務にあたる法務教官が仕事をしている。
少年院	少年院法に定められる法務省矯正局の施設。家庭裁判所による保護処分決定（少年院送致決定）を受けて入院する少年のほか，15 歳以下で懲役刑を受けた未成年が処遇される。
保護観察	法務省保護局の機関。更生保護法に則り，保護処分としての保護観察のほか，成人の仮出所者などの社会内処遇を担う。保護観察官が地域の保護司と協力しながら処遇にあたる。
少年司法制度	刑事特別法である少年法によって定められた未成年の刑事事件等に対する司法手続と仕組み。成人刑事司法における刑事罰とは異なり，少年司法では，専門裁判所である家庭裁判所によって，少年の健全育成を視野に入れつつ，少年院送致，保護観察などの保護処分を中心に処遇，処分が行われる。

コラム 11　少年法改正の要点

　現行少年法は，1948 年の制定以降，2000（平成 12）年以降の数次の改正に至るまで，50 年以上も実質的改正がされませんでした。しかしこの間も議論がなかったわけではなく，特に 1966 年の改正構想を経て 1970 年に改正要綱が法務省により法制審議会に諮問されると，関係者の間で相当に厳しい議論がなされました。きわめて大雑把な言い方をすれば，現行少年法で，実質上少年審判手続きから排除されていた法務省（検察）側がより刑事司法的関与を拡げようとするのに対し，弁護士会，裁判所側は，戦後成果をあげてきた少年保護の基本理念を守ろうとする姿勢が強く，一致が得られなかったとされています。

　ただ，その一方でアメリカ合衆国連邦最高裁が，少年保護においても適正手続きは重視されるべきとの判決（ゴールト判決，ケント判決）を行った影響は大きいものでした。わが国の家庭裁判所は，司法制度のなかに明確に位置づけられ，地方裁判所などにも勤務する裁判官が担当することもあって，合衆国の一部にあったような極端な司法手続の軽視はなかったと考えられますが，少年の人権保障を軸に適正手続きの保証をめぐる意識は確実に高まりました。また，改正前の家庭裁判所の保護手続きでは，事件を立証する側の検察官の関与が認められていなかっ

たため，事実認定の点で争いを残したいくつかの重大少年事件を通して，保護手続きにおける事実認定を厳格に行うことの重要性は，関係者の間でも強く意識されるようになっていたのです。

　また，2022 年 4 月からは，民法の成人年齢引き下げに伴う改正により 18 歳以上を「特定少年」として特例的に扱うことになりました。

　近年の少年法改正の要点を便宜的にテーマ分けして表にしたものが表 1 です。詳細には述べられませんが，裁判官の指揮権を残したうえでの検察官関与と弁護士である付添人の導入により，事実認定と人権保障に関わる手続き面での整備が進んだこと，被害者の視点が導入されたことはおおむね支持されているようです。

　他方で，逆送可能年齢の引き下げや原則逆送規定，14 歳未満少年の少年院送致，刑事事件での刑期引き上げなどは，少年保護の理念の後退，事実上の厳罰化として反対意見も根強くあります。とりわけ，これらの法改正の多くが，社会的に注目された特異事件によって喚起された一般の人々の不安を背景になされたもので，戦後積み上げてきた保護，矯正実務の実証的知見を尊重していないとの指摘があることは知っておいてよいでしょう。

表 1　少年法改正の要点一覧

改正年	処分のあり方	審判等手続きの整備，適正化	被害者等関連
2000	①逆送可能年齢が 16 歳以上から 14 歳以上に引き下げ（20 条①） ②16 歳未満少年，少年院で懲役・禁錮執行が可能に（56 条③） ③原則逆送規定；故意の犯罪行為により被害者を死亡させた罪の事件で犯行時 16 歳以上の場合は原則逆送（20 条②）	①裁定合議制度の導入 ②検察官及び弁護士である付添人の関与導入 ③観護措置期間の延長（17 条④） ④抗告受理制度の導入 ⑤保護処分終了後の救済手続き整備	①被害者等への審判結果等通知 ②被害者等による審判記録の閲覧・謄写 ③被害者等からの意見の聴取
2007	●14 歳未満の少年も少年院送致可能に（24 条①但し書）	①触法事件の警察調査権限整備 ②一般的国選付添人制度導入	
2008		●少年の福祉を害する成人の刑事事件の管轄を家裁から地裁に移管	被害者等について ①意見聴取対象の拡大 ②記録閲覧・謄写範囲拡大 ③一定重大事件での審判傍聴 ④審判経過を説明する制度整備
2014	少年の刑事事件の処分規定内 ①不定期刑の長期上限を 10 年から 15 年，短期上限を 5 年から 10 年に引き上げ（52 条①） ②無期刑の緩和刑上限を 15 年から 20 年に引き上げ（51 条②）	●家裁の裁量による国選付添人制度と検察官関与制度の対象事件拡大	
2022	18 歳以上「特定少年」の特例的扱いを新設（民法の成人年齢引き下げに伴う） ・2000 年改正③の原則逆送規定に，「死刑又は無期若しくは短期一年以上の懲役若しくは禁錮にあたる事件」も加える（62 条②2 号）。 ・保護処分として 2 年の保護観察決定をするにあたっては，重大な遵守事項違反の際に少年院に収容する期間を 1 年以内の範囲で定めて決定しなければない（64 条②）。 ・61 条の推知報道の禁止から除外する（68 条）。 ・3 条 1 項三号のぐ犯から除外する（65 条）　など		

第 12 章

司法・犯罪領域の制度と法(3) 民事・家事

> この章では，家庭裁判所家事部で扱う家事事件を中心に学びます。心理専門職が支援する対象者の主訴の背景には，離婚，親子関係，遺産のもめごと，認知症の親の生活費など，家事事件が関係する困りごとが潜んでいることがあります。対象者の話に，家庭問題についての法律が絡んだ課題が出てきても，家事事件の概略が頭に入っていれば，慌てずに聞いていくことができます。

1 | 家事事件に関係する事例から

事例 1 令子さんのケース

マンションのドアを開けたとき，「何かおかしい」と令子さんは思いました。慌てて家に入ると，リビングの机の上には，「K 町に行きます。家庭裁判所で会いましょう。子どもたちのことは任せてください」という正人さんからのメモがありました。

令子さんと正人さんは共働き夫婦です。子どもが生まれてからの 5 年間，2 人はずっとぎくしゃくしていて，令子さんが正人さんの暴力でけがをしたこともありました。令子さんが同窓会に出かけることがきっかけで，2 人は大喧嘩になり，家事や育児の分担について激しく言い合いました。令子さんは，5 歳の昭子ちゃんと 3 歳の和人くんの泣き声と，正人さんの罵声を振り切って出かけました。

同窓会の 2 次会のあと，親友に，正人さんとのことを話していたら，すっかり遅くなり，令子さんは午後 8 時ごろ，正人さんに電話をしました。「何やってんだよ。いいよ。もう帰ってくんな」と，正人さんに怒鳴られ，令子さんは親友宅に泊まりました。子ども 2 人を寝かせる支度は大変だろうと思いました。「でも，たまには正人さんも，ひとりで苦労してみればいい」と令子さんは思ったのです。そして，翌日，夕方に帰宅すると，家はもぬけの殻でした。

正人さんの電話は，着信拒否となりました。夜，令子さんは K 町に行きましたが，正人さんの父親に，「諦めなさい。子どもたちも動揺するか

プラスα

家庭裁判所

家庭裁判所は本章で説明する家事事件や，20 歳未満の人の非行等の少年事件を扱う裁判所である。全国に 50 庁ある。

　ら，今夜は帰りなさい」と言われ，子どもに会うこともできませんでした。
　翌週，令子さんは会社を休み，家庭裁判所にやってきました。「家事手続き案内」というコーナーで，調停，離婚，子どもの親権，保全処分，財産分与のときのローンの処理などの説明を聞きました。家庭裁判所を後にした令子さんは，呆然としたまま，誰もいないマンションに戻りました。

　家庭裁判所家事部には，家族の生活の転換期，あるいは，重大な変化や決断の只中にいる人が，それぞれの解決を求めてやってきます。
　家事事件は，民事事件のなかの，家族や家庭に関する分野を扱う手続きです。当事者が自身の希望する解決を目指して主張するところは，一般の民事事件と共通ですが，家庭裁判所は，当事者の福祉を念頭において解決を図ります。その方法は，話し合いによって合意点を探る調停手続きや，裁判所が後見的立場で決定をする審判手続きです。家庭裁判所は，民法の第 4 編「親族」，第 5 編「相続」に記載されている内容を扱います。戸籍法，児童福祉法，児童虐待の防止等に関する法律（児童虐待防止法）なども密接に関わる法律です。手続きは，2013 年に施行された**家事事件手続法**と家事事件手続規則に則っています。
　また，人事訴訟は，同じく家庭裁判所が管轄するもので，婚姻，離婚，親子関係など，身分関係に影響を与えるものを扱う特別な裁判です。人事訴訟の手続きは，2004 年に施行された人事訴訟法という法律に則っています。

2 ｜ 家事事件と人事訴訟の手続き

1　家事事件

①家事審判

　家事審判は，裁判官（家事事件では「家事審判官」と呼ぶ）が決定を行う手続きです。裁判所は当事者から資料を提出させるほか，自ら調査を行い，判断の根拠となる材料を集めます。これを職権探知主義といいます。具体的には，証人を呼んで話を聞いたり，会社や公務所などから資料を取り寄せたりします。そして，家庭裁判所調査官（以下，家裁調査官という）は，裁判官の命令を受けて，家庭裁判所の内外で面接をしたり，子どもや高齢者など面接に工夫が必要な対象者の調査をしたり，探索的に資料を探したりするなど機動的に調査を行います。
　家事審判は，扱うことがらの性質により，次の 2 種類に分かれます（図12-1参照）。「別表」と呼ばれるのは，実際に家事事件手続法の末尾に，表が付い

プラスα
家庭裁判所の後見的立場
家庭裁判所は，法律判断だけでなく，家族の紛争の解決そのものを視野に入れて判断する。

家事事件手続法
2013 年 1 月 1 日から施行された家事事件についての法律。

プラスα
職権探知主義
一般的な民事訴訟事件の原則である弁論主義・当事者主義とは異なり，職権により事実の探知や必要な証拠調べを行うこと。家事事件が本質的に非訟事件であり，主張の巧拙で判断せず，証拠収集の力の弱い当事者でも不利にならないような，弱者保護の意味がある。

図12-1　家事事件の種類と流れ

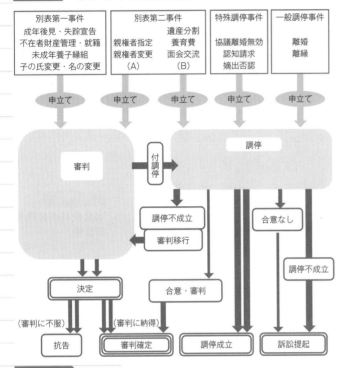

別表第一事件	別表第二事件	特殊調停事件	一般調停事件
成年後見・失踪宣告 不在者財産管理・就籍 未成年養子縁組 子の氏変更・名の変更	遺産分割 親権者指定 養育費 親権者変更 面会交流 (A)　　(B)	協議離婚無効 認知請求 嫡出否認	離婚 離縁

ているからです。

　i)　別表第一事件（公益性が高く，国が後見的な立場で判断すべきことがらについての事件）

　ii)　別表第二事件（当事者同士の話し合いで決める余地があるが，裁判官が決定を行うこともできる事件）

　これらの審判は，当事者が自己の責任において主張し，相手に反論していくという点で，当事者主義的な意味合いが強くなりますが，それでも，裁判官の判断は，当事者の主張の巧拙によらず，福祉的観点（特に未成年子の福祉）に配慮して行われます。

　裁判官が判断した決定は審判書という書面で示されます。審判の結果に不満がある場合は，審判書を受け取ってから2週間以内に抗告の手続きをとり，高等裁判所での判断を仰ぐことができます。つまり，抗告せず2週間が経過すると，審判書の内容が確定します。確定した審判書は，市長村役場に提出して，戸籍の届け出をしたり，不動産登記をしたり，銀行の預金を動かしたりすることができる，執行力のある書面です。

②家事調停

　家事調停（以下，「調停」という）は，家庭裁判所で当事者が話し合いをする手続きです。仲立ちは，調停委員会が行います。調停委員会は，通常，家事審判官（裁判官）1名と，家事調停委員（以下，「調停委員」という）男女1名ずつの，合計3名で構成されます。5年以上の業務経験のある弁護士が家事調停官として家事審判官の役割を務めることもあります。調停委員は，非常勤国家公務員の身分の民間人で，それぞれの専門分野の知見や，一般人としての人生経験を背景に，公正な話し合いのために尽力するボランティアです。

　調停委員が男女1名ずつとされているのは，夫婦，親子，きょうだいなど，多くの事件で当事者は男女双方から構成されているからです。調停委員の側の偏りを是正するというより，むしろ，当事者の側からみて，どちらか一方の性別に偏っていると感じられることを避ける機能が大きいと考えられます。

　通常，調停では，当事者がそれぞれ交互に調停室に呼び入れられ，調停委員を通して先方の主張を聞き，意向を調整していきます。当事者双方がミディエーター（調停者）の部屋に同席して進行する方法が一般的である欧米とは対

プラスα

別表第一事件
成年後見・未成年後見，不在者の財産管理，失踪宣告，未成年養子縁組，子の氏の変更，親権の喪失・制限，相続や遺言についての諸事，戸籍に関する決定，など。

別表第二事件
婚姻費用（家族の生活費）の分担，子どもの養育に関する事柄（面会交流，養育費など），親権者の変更，遺産分割，など。

家事調停官
家事事件手続法第250・251条で，任命，権限等について明記。弁護士経験をもつ法曹が関わることで，調停がよりいっそう，身近なものとなることが望まれる。

照的です。日本方式は現在でも有効に機能していますが，昨今，調停委員会も手続きの透明性を保つよう努めています。たとえば，調停開始時の説明を，極力双方当事者同席で行ったり，各期日の最後には，期日に合意が進んだ点と今後の解決課題となる点を双方当事者同席で確認する時間をもったりするなど，進行状況を可視化する努力が行われています。

家事調停は大きく分けて次の 3 種類となります（図 12-1 参照）。

i）別表第二事件調停

前述した別表第二事件の調停です。これらは，審判でも調停でも決めることができます。裁判所を通さずに当事者間で任意に決めてもよいもの（遺産分割協議や，子との面会交流の方法の決定など）と，必ず家庭裁判所で決定しなければいけないもの（親権者変更など）があります。どの事件も，審判の前に，まず調停を行う制度（調停前置主義）になっています。別表第二事件の調停は，不成立になると，審判手続きに移行します。

ii）特殊調停

協議離婚無効確認（協議離婚が無効であるとする申立て），親子関係不存在確認，嫡出否認（父母が婚姻中であるなど，嫡出推定を受ける状態で生まれた子に対し，父が，自分の子ではないことを確認する申立て），認知請求（嫡出でない子が，親に対し認知を要求する申立て）等，本来は人事訴訟で解決すべきことがらについて，一定の条件を満たす場合は合意に基づいて審判ができます。例をみてわかるように，これらは大変プライベートな内容を含みます。これらのことを，訴訟ではなく，特殊調停後に審判で決めることの利点は，家庭裁判所の審判手続きが非公開であり，プライバシーが守られるという点にあります。それとともに，これらの事項が，身分関係の変更・形成等の大切なことがらであるため，審判において，一定の事実確認を家庭裁判所で行い，家庭裁判所が責任をもって審理をするという意味合いもあります。特殊調停が不成立となった場合は，決定を求める側が家庭裁判所に人事訴訟を提起する必要があります。

iii）一般調停

上記の i）ii）以外の，家庭に関する紛争等の事件すべてを指します。代表的なのは，夫婦関係調整（離婚，あるいは円満調整）調停です。その他，内縁関係調整，離縁などの種類があります。

調停で合意した内容は，調停調書という文書にします。調停調書は，審判書と異なり，成立時点から有効で，確立した判決と同様の効力をもちます。調停調書では，「努力条項」を決めることも少なくありません。

プラスα
調停前置主義
審判申立てをされた別表第二事件は，，まず調停手続きに付される（付調停という）。

プラスα
努力条項
夫婦が「今後はなるべく会話を多くもち，お互い理解するよう努力する」などの条項。執行にはなじまないが，当事者にとっては意味がある。

2 人事訴訟

人事訴訟は，家庭裁判所で行われる民事裁判です。

人事訴訟で扱うのは，前項の家事調停の項で特殊調停として紹介した，婚姻の無効・取り消し，嫡出否認などの親子関係や戸籍の記載に関することがらや，一般調停として紹介した離婚，離縁などです。人事訴訟も調停前置主義が原則で，調停の不成立の後，手続きを希望する側の当事者が訴訟を提起し，それによって手続きが開始されます。

裁判手続きですから，審判や調停とは異なり，手続きは公開，つまり，第三者が法廷を傍聴できますが，証人尋問などで非常にプライベートな点や，子どもの福祉に影響がある点を扱うような場合は，裁判官の決定により非公開にすることができます（人事訴訟法第 22 条）。人事訴訟における裁判所の姿勢は，家事事件におけるような後見的要素が弱まり，自分の権利を主張する責任は，当事者自身にあります。ただし，ひとの身分関係は，第三者にも影響を与える公益的な性質のあることなので，裁判所は職権探知主義をとり，自ら調査を行うことができます（人事訴訟法第 20 条）。

人事訴訟が，2004 年に家庭裁判所に移管されたとき，離婚訴訟に併せて審議される親権者の指定，子との面会交流の取り決めなどの別表第二事件の内容の調査に，家裁調査官を活用することへの期待がありました。また，前述の証人尋問の非公開についての手続きが整理され，訴訟のなかで合意が整ったときに和解離婚・離縁などがスムーズに行えるようになりました。

人事訴訟の結論は，判決という形の文書で出され，提訴時に訴状に記載された事項それぞれについて，裁判官が決定をします。たとえば，離婚の事件では，離婚することそのものについて（離婚か，却下か）と，離婚の場合は未成年子それぞれについての親権者の決定をします。また，離婚に伴う財産分与や慰謝料についての判断が求められている場合は，それぞれについての決定も行います。判決は，執行力を伴う強力なものです。

判決の内容に不服がある場合は，2 週間以内に高等裁判所宛の控訴状を，原審（家庭裁判所）に提出し，高等裁判所での審理を求めることができます。たとえば，離婚そのものには不服はないけれど，子の親権者には不服がある，というような場合，親権者指定の部分についてのみ，控訴することもできます。

なお，裁判中に当事者の主張が変化し，「和解」が成立したときは，和解調書にその内容を記載し，訴訟を終えることもできます。部分的に話がまとまる場合（たとえば，離婚することと子の親権者については合意ができたが，養育費についてはまとまらないような場合）は，まとまった部分の和解をし，その余は引き続き裁判所で審理をし，判決を求めることができます。和解のときには，参与員という立場の民間人が立ち会い，社会通念や常識に照らして参考意見を述

プラスα

人事訴訟の家裁移管

2004 年までは，地方裁判所民事部で扱われていた。

プラスα

離婚時の親権者決定

離婚に際し，夫婦に未成年子がある場合は，親権者は必ず決め，届けなければならない（民法第 819 条，戸籍法第 76 条）。

参与員

徳望良識のある者として，あらかじめ登録されており，事件ごとに任命される。家庭裁判所の諮問機関として率直に意見を述べることが期待される。

表12-1　離婚の種類

協議離婚	「離婚届」を市町村役場に提出する。	(88.3%)
調停離婚	家庭裁判所の調停で離婚を決める。	(8.3%)
裁判離婚	家庭裁判所の人事訴訟で離婚が決まる。	(0.9%)
和解離婚	訴訟の中で合意して離婚する。	(1.3%)
審判離婚	調停成立まで到達しないが，裁判所の判断で離婚となる。	(1.2%)
認諾離婚	訴訟で争わず，提訴された通りに離婚が決まる。	(ごくわずか)

注：（　）内は，2020 年の比率
出所：総務省，2021（令和 2 年「人口動態統計」上巻　離婚　第 10.4 表より）

べる制度もできました（人事訴訟法第 9〜11 条）。

　また，和解はしないけれど，原告からの提訴内容に，被告が争わない場合は，訴状のままの内容を「認諾」という形で決めることもできます。

3　離婚のシステムと具体的な動き

　冒頭に紹介した令子さんの事例で，離婚のシステムをみていきましょう。

　令子さんと正人さんには，昭子ちゃん（5 歳）と和人くん（3 歳）という 2 人の未成年子があります。日本における離婚の方法は表 12-1 のとおりで，令子さん夫婦は，協議離婚届を書いて市町村役場に提出することでも離婚はできます。しかし，どの方法で離婚をするときにも，未成年の子それぞれについて親権者を定めることが必要です。

　令子さんの場合，そもそも，離婚自体に同意していませんし，何より，子どもたちの養育を正人さんに任せる気持ちは全くありません。現時点では，2 人が協議離婚をする余地はありません。

　実際には，正人さんはすぐに家庭裁判所に離婚調停の申立てをしました。正人さんは，子どもたちの住民票をすぐに K 町に移し，子どもたちは新しい保育園に通い始めました。令子さんが想像していたより，正人さんの離婚についての考えは，ずっと進んでいたのです。

　マンションで一人暮らしとなった令子さんのもとには，やがて家庭裁判所から調停の期日通知書が届きました。正人さんの書いた調停申立書の写しとともに，令子さんのほうの主張の概略や，調停日の希望などを書くアンケートも同封されていました。申立ての実情欄には，令子さんは，家庭や子育てを放擲するひどい妻・母であり，夫婦の間に愛情はないと書いてありました。また，離婚後，子育て補助をしてくれる親族のない令子さんと異なり，正人さんは K 町の実家において安定した子育て環境を提供できるとのことでした。令子さんは，離婚はしたくないという意向を書きましたが，子 2 人を自分が育てるという条件で離婚もやむなしとする可能性を書き添え，裁判所に返送しました。

民法第 770 条の離婚理由
①　配偶者の不貞行為
②　悪意の遺棄
③　3 年以上の生死不分明
④　治癒しがたい強度の精神病
⑤　その他，婚姻を継続し難い重大な事由

第 3 回目の調停期日から，令子さんは離婚には合意しました。調停委員から伝えられる正人さんの主張はあまりに頑なで，令子さん自身も正人さんから心が離れるのを再認識したからです。また，早く離婚し，子どもたちとの生活を再開したいと焦る気持ちもありました。令子さんは，正人さんは決して子煩悩な父ではなかったこと，子どもたちの前でも令子さんに暴言，暴力を行い，実際に負傷した経験もあることなどを積極的に主張しました。

調停では，子らの親権者のことで主張は平行線となりました。夫婦が別居してから 4 か月が経ち，正人さんは，子らがすでに K 町で安定して生活しており，令子さんのことは忘れていると主張しました。話し合いが拘泥するなか，家裁調査官が子らの生活状況を調査し，令子さんと子らは家庭裁判所の児童室で面会することになりました。家裁調査官の調査の結果，子らは正人さんの父母に大切に監護されており，生活状況や健康状態に問題はないとわかりました。しかし，家庭裁判所の児童室で令子さんと会った子らは，令子さんを忘れていることなど少しもなく，歓声を上げて飛びついてはしゃぎ，ひとしきり遊んだあと令子さんが 2 人を抱っこしていつもの子守歌を歌うと，昭子ちゃんは泣き，続いて和人くんも令子さんにしがみついて泣きました。久しぶりの対面のあと，2 人が令子さんと別れ，児童室を後にするには大変な時間がかかりました。

家裁調査官の調査報告書には，子らの生活の現状と令子さんとの面会の一部始終が書かれました。そして，別居後の正人さんの父母からのサポートが，突然令子さんと引き離された子を支えたことの尊さが特筆されていました。

正人さんは，別居後の K 町での子らの監護状況が，子らの福祉に適うものであったと十分に認められたことに満足しました。同時に，令子さんと子らとの面会の様子を突き付けられ，改めて子らの気持ちを考えました。正人さんは，令子さんが子ら 2 人の親権者となってマンションで生活を続けることに合意しました。子らは，正人さんとの定期的な面会交流を K 町の正人さんの実家で行うことになりました。マンションの名義，ローンの組替え，養育費の支払いについても話が調いました。成立のとき，調停委員会は，若い 2 人が最後は冷静に話し合いをしたことをたたえましたが，正人さんの子らの面前での暴力や，同窓会の日の令子さんの外泊が感情的であったことを憂え，今後，親として成長してほしいと付言しました。

令子さんの場合，調停で離婚が成立しましたが，もし親権について合意せず調停が不成立となると，離婚をしたい側が，家庭裁判所の人事訴訟係に離婚訴訟を提訴し，争いの舞台は訴訟へ移っていくことになります。裁判で離婚をするには，民法第 770 条にあげられた離婚の理由に照らし，主張していくことが必要です。

調停で決めたことがらが，調停条項どおりに行われないときは，権利のある

側が家庭裁判所に履行勧告を申し出ることができます。履行勧告では，家裁調査官が義務者に対し，書面や電話等で条項どおり実施するよう連絡します。履行勧告をしても実行されない場合は，強制執行ができます。養育費支払いの強制執行の場合は，正本送達を経て，地方裁判所の執行部が，義務者の給与を差し押さえるなどして取り立てることになります（直接強制）。ただし，面会交流の場合は，執行官による強制執行には馴染まず，約束が果たされないことに対して支払いを命じる方法（間接強制）を取らざるを得ないことがあります。

プラスα
履行勧告
調停条項だけでなく，審判，人事訴訟の判決についても，利用することができる。

正本送達
家庭裁判所で調停成立時に受け取る，調停条項が記載された書面。義務者が受け取ると，正本送達ができたことになる。

3 ｜ 家事事件に関連する重要な問題と枠組み

1 DV

　離婚などの背後に DV（Domestic Violence：ドメスティック・バイオレンス）の問題があることがあります。DV は本来，家庭内で行われるあらゆる暴力を指しますが，日本では一般的に，夫婦やパートナー間の暴力のことを指します。2001 年に制定された（2014 年から現在の名称）**「配偶者からの暴力の防止及び被害者の保護等に関する法律」**（以下「**DV 防止法**という」）は，被害者の訴えに応じて，保護命令を発し得ることを決めています。保護命令は，接近禁止命令（子に対するものを含む。DV 防止法第 10 条 1 項 1 号，同条 3 項），退去命令（同法第 10 条 1 項 2 号），ストーカー行為の禁止（同法第 10 条 2 項），被害者の同居親族へのストーカー行為の禁止（同法第 10 条 4 項）などがあり，地方裁判所が発するものです。DV 防止法でいう「配偶者」は，法律上の夫婦だけでなく，事実上の夫婦や，離婚後の元夫婦も含まれます。なお，15 歳以上の子に対する行為を制限する保護命令を発するには，子の同意が必要です。たとえば，同居中に暴力のあった父が，別居後，15 歳の息子と直接会って話をしようとするのを阻止するために，同居親である母が保護命令を求めるときには，息子の同意が必要になります。裁判所は，相手方を審問し，反論の機会を与えたのちに，保護命令の必要性の有無を判断します。

　保護命令の実効性は，管轄警察，**「配偶者暴力相談支援センター」「女性センター」**などの協働があって初めて得られるものです。保護命令に至るまでにはさまざまな経緯があり，暴力のサイクルに翻弄された，加害者・被害者間の関係性の歴史があります。保護命令を申し立てられた相手方もまた，強い被害感をもっていることが多く，両者の認識は大きく隔たりがちです。

　家庭裁判所には，保護命令を発された状態の当事者の事件が，調停や人事訴訟として係属することがあります。当事者同士が鉢合わせしてしまったり，内

プラスα
家庭内の暴力の種類（日本における一般的呼称）
① 夫婦間の暴力（DV）
② 子から親への暴力（家庭内暴力）
③ 親から子への暴力（児童虐待）
④ 介護を受ける老人への暴力（高齢者虐待）

プラスα
配偶者暴力相談支援センター
都道府県あるいは市町村が設置している相談機関。婦人相談所に置かれていることが多い。継続的な相談や支援，情報提供だけでなく，緊急時の対応も行っていく。

緒にしていた住所が伝わってしまったりすることがないよう，注意して手続き
を運営します。

2 面会交流

　単独親権制度をとるわが国では，父母が離婚すると，通常未成年子はどちら
かの親（通常は親権者）の住居に定住します。共同親権あるいは共同監護の制
度が定着している欧米の多くの国と異なり，非監護親は，子とのつながりの手
段として**面会交流**に強く期待します。

　面会交流のルールづくりは困難な作業で，子の年齢・性別，父母の住居の遠
近，経済状況や時間のゆとり，再婚の有無，離婚時の紛争における葛藤状態の
高さなど，さまざまな要因が絡み，適切な面会交流の形態は，個々の家族ごと
に異なります。非監護親と子が会って一緒に時間を過ごす直接的な面会交流だ
けでなく，手紙，電話，メールなどでの交流を行う間接的な形態が適切な場合
もあります。また，子についての情報（子の写真や動画，子の書いた作文や絵，
学校の成績通知表など）を監護親が非監護親に渡すような，片面的で子が関与
しない方法が適切な場合もあります。

　2012年の民法改正では，第766条の**離婚後の子の監護に関する事項の定
め等**において，離婚後の子と非監護親との関わり（面会交流）は，子の福祉を
尊重して決めることが明記されました。現在は，協議離婚届用紙にも，未成年
の子について「面会交流」「養育費の支払い」の取り決めをしたかどうかを記
載する欄があり，法第766条の内容が注意書きとして記載されています。

　面会交流は，離婚の調停や人事訴訟のなかで決めていくことができるほか，
面会交流についての調停や審判で決めることもできます（別表第二事件）。

　子が，実際に非監護親との交流を望まないこともあります。しかし，子が非
監護親を拒否することが，監護親の作為的な情報操作や働きかけの結果である
とき，子の状況を片親疎外（引き離し）症候群（Parental Alienation
Syndrome：PAS）という病理と考え，監護親の親権者適格性を否定する考え
方があります。子が示す拒否は，父母同居中の体験ばかりではなく，別居後に
紛争する父母の姿を見るなかで生じることもあり，子の拒否の現象がPASで
あるかどうかを見極めるのは難しいことです。現に子が面会交流に拒否的であ
るときは，子の心情を丁寧に聞き取り，子にとって実現可能な形態の面会交流
を模索することが現実的です。

　裁判所の手続きで定めた面会交流が実行されない場合は，前記の履行勧告や
強制執行手続きを行うことが考えられますが，金銭の取り立てのように，必ず
しも有効ではありません。そもそも，理由があって離婚・別居した夫婦が協力
するのは，子の養育のためであったとしても，難しいことです。父母の離婚が
子に与える影響が軽視できないことは，これまでの多くの研究が示してきてい

プラスα
共同親権・共同監護
親権を子の養育につい
ての重要な決定をする
法的側面（Legal
Custody）と，日々
の養育の物理的監護
（Physical Custody）
に分けて扱っている制
度もある。日本にも共
同親権制度を導入する
ことの可否について，
現在検討が進んでいる。

プラスα
**片親疎外症候群
（PAS）**
1985年にアメリカの
精神科医ガードナー
（Gardner, R. A.）博
士が提唱した概念。

ます。子は，親の離婚によって，大切なものを失い，それは取り返しがつきません。しかし，それは親にとっても同じことです。円滑な面会交流の実施は，離婚を経験し，自分自身が傷つきを抱えた親が，親の離婚を経験するわが子のために，超えられないものを超えて実行する尊い行いであるといえましょう。

3　子どもの手続き参加

父母が離婚をするときの決めごとは，子の親権者・監護者の決定，子の居所や養育費，非監護親との面会交流など，子の生活に直接の影響があります。

日本は 1994 年に，国連の「**児童の権利に関する条約**」（子どもの権利条約）を批准しました。条約の第 12 条には「……児童に影響を及ぼすすべての事項について自由に自己の意見を表明する権利を確保する。（中略）児童の意見は，その児童の年齢及び成熟度に従って相応に考慮されるものとする」とあります。国内法にも，子の意思を聞き，考慮する姿勢が浸透してきています。

2012 年の民法改正で，親が離婚に際し「面会交流」「養育費」などの決めごとをするときに，子の福祉を最優先することが明記されたのは前記のとおりです。2013 年施行の家事事件手続法では，第 65 条で，子が影響を受ける審判手続きでは，子の意思を把握し，妥当な範囲でその意思を考慮すると定めました。また，第 23 条では，未成年である子にも，弁護士である手続き代理人を，裁判所が選任し得ることになりました。この「子どもの手続き代理人」は，今後，さまざまな局面で子の手続き参加を支えていくと期待されます。支援の現場で子に接する心理職も子どもの手続き参加の流れを意識することが大事です。

4　「国際的な子の奪取の民事上の側面に関する条約」（ハーグ条約）

日本は 2014 年に，**ハーグ条約「国際的な子の奪取の民事上の側面に関する条約」**を批准しました。条約は 1980 年に採択されており，日本の加入は長く求められていました。

ハーグ条約とは，国際私法のルールを審議する国際機関であるハーグ国際私法会議で採択されるいろいろな条約の総称ですが，ここでは，「国際的な子の奪取の民事上の側面に関する条約」をハーグ条約と呼んで説明します。このハーグ条約は，その名のとおり，国境を越えて不法に連れ去られた，あるいは留め置かれた子を，速やかにもとの国（常居所地国）へ戻すこと，そして，国境を越えた親子の面会交流の権利を守ることを目的としたものです。日本の場合，申立てを受け付ける窓口機関である中央当局は外務省です。国内法として，「国際的な子の奪取の民事上の側面に関する条約の実施に関する法律」（ハーグ条約実施法）が定められ，裁判手続きや子の事情の調査や面接は，東京家庭裁判所・大阪家庭裁判所が担当します。ハーグ条約では，連れ去り 1 年以内の

プラスα
児童の権利に関する条約（子どもの権利条約）
1990 年に発効した国際条約。締約国は数年おきに条約の実施状況を「国連・子どもの権利委員会」に報告し，審査を受ける。

プラスα
子どもの手続き代理人
裁判所が必要であると判断したとき，子どものための弁護士を選任できる制度。家裁調査官とは異なる立場からの柔軟な活動が可能である。弁護士報酬についての取り決めや，紛争全体の解決に資する活動についての蓄積が望まれる。

申立ての場合，子をひとまず元の場所へ戻すことが大原則です。返還が逆に子を危険にさらす場合など，返還に不適切な場合の条件は限定的に示されています（第13条。ハーグ条約実施法では第28条）。

　返還援助は外国への返還と日本への返還の双方がありますが，年間約40事案です。このなかには，裁判所における調停を経て，自主的に返還が実現したり，返還せず解決したりする件も多くあり，2020年4月には，裁判所で子の返還が定められた後，迅速に返還手続きを執行するための代替執行手続き（強制的な子の返還）について，ハーグ条約実施法の改正が行われました。

5　児童虐待

　多くの関係機関による発生防止，早期発見，早期介入の努力にもかかわらず，児童虐待の通告件数は増え続け，子どもの命に関わる重大な事態も生じています。2020年4月には，「**児童虐待の防止等に関する法律**」（児童虐待防止法）と児童福祉法の改正が行われ，体罰禁止の明記や，子の安全確保が児童相談所の業務である旨の明文化が実現しました。

　ここでは，家庭裁判所が児童虐待に関わる場面を説明します。

①一時保護所への措置期間の延長（児童福祉法第33条）

　児童を児童相談所の「一時保護所」に措置する，あるいは児童養護施設等に一時保護委託する期間は2か月を超えることはできません。期間を延長するときは家庭裁判所の承認が必要で，家事審判が申し立てられます。

②親権者が不同意のときの施設等への措置（児童福祉法第28条）

　一時保護と異なり，施設（児童養護施設，児童自立支援施設など）への措置には親権者の同意が必要です。親権者の意に反しても施設への措置が必要だと考えられるとき，児童相談所は家事審判を申し立て，家庭裁判所の承認を得ます。

　なお，家庭裁判所は保護者に対する指導措置を，都道府県，つまり児童相談所に対して勧告することができます。これは，児童相談所がその後の親子への指導的関わりを継続していくために有効な勧告と期待されています。

③父母の親権の停止，親権喪失宣告

　親権の喪失というのは，大変大きな決定です。民法では，父母による虐待または悪意の遺棄があるとき，また親権の行使が著しく困難・不適当であって，子の利益が著しく害されているとき，親権を喪失させる（第834条）こととしています。期間を定めて親権を停止したり（第834条の2），親権全体ではなく，財産管理権だけを喪失させたり（第835条）することもあります。いずれも，子，親族，未成年後見人・後見監督人，検察官，児童相談所長に審判の申立権があります。

④親権の帰属や面会交流をめぐる紛争のなかでの，子への虐待の主張

　離婚の調停・裁判や，親権者変更や面会交流の家事事件の主張のなかで，子

プラスα
児童虐待に関する児童相談所の役割

児童相談所は，子育て指導や相談によって児童虐待を防止し，不適切な養育に陥らないよう家族を支援する機能と同時に，必要なときには子を親から引き離す機能を果たす。家庭裁判所の指導措置勧告は，この複雑な児童相談所の機能を側面から支えるものである。

プラスα
未成年後見人

未成年者に親権を行う人がないとき，家庭裁判所が選任する。未成年者の身上監護と財産管理を誠実に行うことが期待される。

後見監督人

未成年後見人の後見事務を監督する必要があるときに選任される。

への虐待行為が報告されることがあります。「あの人は体罰の躾をする虐待者
で，親権者としては不適格です」「子に対する連日の恫喝は心理的な虐待でし
た。子はあの人を怖がっていて，面会交流はできません」などの主張です。実
際に，児童相談所等への係属歴があることもありますが，多くは，確認するこ
とは困難で，子と面接をしても，真実を聞き出すことは不可能です。**司法面接**
の技法で虐待の有無を正しく聴取できるのは，時間が経っていないうちに初め
て行われる，訓練された専門家による面接のみです。このような主張に対し，
裁判所をはじめとする専門家は，過去の虐待の有無の確認に腐心するより，虐
待の主張で当事者が実現しようとしていることを見極めることが大切な場合も
少なくありません。

5　成年後見制度

　成年後見制度は，認知症・知的障害・精神障害などによって，判断能力が不
十分な人の生活と財産を守るため，2000 年に施行された制度です。それ以前
の禁治産・準禁治産宣告の制度は，大掛かりな鑑定が必要であったことや，戸
籍記載がなされることなど，利用しにくい点がありました。成年後見制度では，
法務局への登記は必要ですが，戸籍記載はなくなりました。本人の能力と必要
な支援の程度により，法定後見は，「後見」「保佐」「補助」と 3 段階の制度と
なり，鑑定の様式を定型化するなど，簡便になった部分があります（民法第
7 〜 19 条）。表 12-2 にそれぞれの段階の違いを大まかに示しました。いずれも，
申立てを行うことができるのは，本人，配偶者，4 親等以内の親族，検察官，
市町村長です。

　また，法定後見制度以外に，任意後見制度があります。任意後見制度では，
本人の判断能力が十分であるときに，任意後見人候補者を指定し，公正証書で

プラスα

司法面接
法廷において証拠たり
得る精度の高い供述の
聴取法。日本でも，特
に被虐待児に対する面
接法として広がってき
ている。

プラスα

後見人等の業務
後見人就任後は，家庭
裁判所や後見等監督人
に対して，被後見人等
の身上監護の状況と財
産管理の方法について
定期的に報告をし，監
督を受ける。親族には，
負担が大きい面がある。

表12-2　法定後見制度の比較

種別	後見	保佐	補助
本人の状況	常に判断能力が欠けている	判断能力が著しく不十分である	判断能力が不十分である
後見人等の名称	後見人	保佐人	補助人
代理権（後見人等が本人に代わって行う行為の範囲）	すべて	裁判所で個々に決定	裁判所で個々に決定
同意権（後見人等が同意をしないと本人だけではできない行為の範囲）	すべて	借金，重要な財産の処分，相続などの行為。裁判所で個々に決定したもの	裁判所で個々に決定

出所：最高裁判所発行のパンフレット「成年後見制度——利用をお考えのあなたへ」から抜粋・一部修正

契約を結んでおくことが必要です。後見事務が必要になったら，家庭裁判所に任意後見監督人選任事件を申し立て，任意後見契約の効力を発生させます。その申立ては，本人，4親等内の親族，任意後見人に就任する予定の人などが行うことができます。

　親族が後見人等に就任することもありますが，争いを避けるために，親族以外の専門家（社会福祉士，司法書士，弁護士など）を選ぶこともあります。第三者が就任した場合，公正な財産管理は期待できますが，本人に残されている，その人らしい生活を続ける力（残存能力）を発揮させるという点など，本人の個別性に即した配慮には弱点が生じがちです。

　2016 年に施行された「成年後見制度の利用の促進に関する法律」には，政府が「成年後見制度利用促進基本計画」を定めること，「成年後見制度利用促進会議」「成年後見制度利用促進専門家会議」を置くこと，地域コミュニティのなかの，成年後見人を担える人材・市民後見人の候補者を養成することなどが謳われました。裁判所では，申立書式の簡便化の努力が始まっています。親族の就任の利点を見直すことも課題となっていくでしょう。成年後見制度がより柔軟に活用され，被後見人の財産と QOL が守られることが期待されます。

▶付記
民法については，離婚後の共同親権の導入をめぐって検討がなされており，近々改正される可能性がある。

> **考えてみよう**
>
> 子どもにとって，親が離婚したと知るのはつらいことだと考え，「お父さん（お母さん）は亡くなった」と説明することは，子どもを守っていると考えられるでしょうか。賛成，反対の両意見について，根拠を考えてみましょう。

🪶 本章のキーワードのまとめ

家庭裁判所	家事事件および少年非行事件の第一審裁判所。各都道府県の県庁所在地に 1 庁ずつ（北海道のみ 4 庁）置かれている。人事訴訟事件は，裁判であるが，家庭裁判所で扱われる。
児童の権利に関する条約（子どもの権利条約）	1989 年に国連総会で採択され，1990 年に発効した国際条約。日本は 1994 年に批准した。締約国は，数年おきに国内の条約の実施状況を「国連・子どもの権利委員会」に報告し，委員会から「総括所見」という形で勧告を受ける。
家事事件手続法	2013 年 1 月 1 日から施行された家事事件についての法律。施行に伴い，家事審判法，家事審判規則は廃止された。家事事件種別を別表第一，第二に整理し，子の意見表明やその尊重などについても規定が改められた。
父母の親権の停止，親権喪失	民法第 834 条では，「虐待又は悪意の遺棄」があること，または親権の行使が著しく不適当であることなどが親権喪失の要件となっている。親権の停止，管理権の喪失はそれぞれ民法第 834 条の 2，同第 835 条に規定されている。
離婚後の子の監護に関する事項の定め等	民法第 766 条に，離婚後の子の監護に関する事項として，子の監護者，子と親との面会交流，監護費用についての取り決めが例示され，その決め方は「子の利益を最も優先する」と明示されている。
面会交流	父母の別居・離婚後に，子が，非監護親と交流すること。間接的方法や，子が関与せず情報のみ提供する方法など，工夫が必要な親子もある。また，子の成長に伴い，柔軟に方法を変化させることも大切である。
国際的な子の奪取の民事上の側面に関する条約（ハーグ条約）	国境を越えた子の連れ去りに対応する国際私法上の取り決め。1980 年に採択されていたが，日本の批准は 2014 年であった。国際的な面会交流への支援も行う。
配偶者からの暴力の防止及び被害者の保護等に関する法律（DV 防止法）	配偶者からの身体への暴力，心身に有害な影響を及ぼす言動についての法律。保護命令についての規定とともに，配偶者暴力相談支援センター，警察，福祉事務所等の協働について規定している。
配偶者暴力相談支援センター	配偶者暴力を解決あるいは配偶者暴力から緊急に逃れるための情報提供や身柄の安全確保などの最前線として機能する。都道府県，あるいは市町村によって設置されている。

児童虐待の防止等に関する法律（児童虐待防止法）	2000年に公布後，児童虐待の定義等，改正を繰り返し現在に至っている。2020年4月には児童福祉法とともに改正され，体罰の禁止が明文化された。
司法面接	面接時の誘導や暗示を排除し，事実に関する正確な記憶を聴取するために工夫された面接の技法。警察，児童相談所など，特に子どもから虐待の事実を聴取する現場で，取り入れる努力が行われている。
成年後見制度	高齢化社会への突入を踏まえ，介護保険制度と同時期の2000年に施行された，判断能力・認知能力が不十分な状態の人の暮らしと財産を守る制度。本人の残存能力を活用し，自己決定を尊重するのが理念である。
成年後見制度の利用の促進に関する法律	2016年4月に，「成年後見の事務の円滑化を図るための民法及び家事事件手続法の一部を改正する法律」とともに公布された。成年後見制度がより活用しやすくなるよう，国や地方公共団体などの責務や目標等を掲げた法律。市民後見人の地域における養成の取り組みなどにつながっている。

コラム 12　面会交流について一社会的支援を考える

面会交流支援の現場から

　援助者に手を引かれておずおず部屋に入り，久しぶりに父と会った 5 歳の男の子。父も硬くなっていましたが，しばらくすると賑やかなはしゃぎ声。時間はあっという間に過ぎます。でも，迎えに来た母に会うとその胸に飛びつき，父と楽しく遊んだことを詫びているようで痛々しくみえます。面会交流支援の現場ではそんなことがよく起きます。

　子どもは，父も好きで，母も大切です。父母が夫婦としては別れても，子どもには，父との世界と母との世界，両方の世界が不可欠です。面会交流は，子どもが父母双方の愛を実感し，その実像に触れながら育つ大切な機会です。

離婚前親ガイダンスと初期支援の必要性

　父母離婚後の子どもの養育をめぐっては，養育費と並んで面会交流の重要性の認識は高まってきています。

　しかし，多くのひとり親家庭は，経済的・時間的に余裕はなく，一方の面会親は孤独感と焦りから「なぜ，自分の子どもに，自由に会えないのだ」と通じない思いにいら立ち，過去の関係を蒸し返し，円滑な実施ができないことが少なくありません。

　「具体的な進め方も，心構えもわからない」との訴えや，「身近に具体的なモデルがない。サポートもない」という声など，混乱する家族の SOS も聞きます。

　一方で，関わりあいを避け，養育費も払わないまま消えていく面会親がいます。同居親も相手と関わらなくてよくなりほっとしていますから，子どもの抱える別居親不在の欠落感には気がつきません。

　以前の日本には，元夫婦が連絡を取り合う習慣は乏しく，面会交流実施のための経験知は不足していました。今も，養育費や面会交流等，離婚後の子どもの養育に関する協働のあり方の知識やスキルを学ぶ場—親ガイダンス—の社会的制度はありません。

　行政機関でパンフレット配布などの広報が始まりつつありますが，それだけでは不十分で離婚する父母を対象にした親ガイダンスや実際に役立つスキルの習得の場が必要です。

　面会交流は，特別なイベントではなく，日常の生活の延長で実現することが大切です。その際，アドバイザーのいる安全な交流の場があればと思います。気軽にアクセスできる，初めの一歩を支える初期支援の場があれば，縁が切れたり，葛藤を高めないですむと思うのです。

　子どもの問題を，疲弊した家族にすべてを負わせてはならない。今ほど，社会の支援が求められている時代はないと痛感しています。

支援機関の必要性

　いろいろないきさつを経て離婚に至った元夫婦が協力し合うのは，子どものためとはいえ，容易ではありません。特に背景に DV 問題があったり紛争が長期化するなどで葛藤が根深く，連絡が取りあえないこともあります。

　そんな父母の仲立をする第三者機関による支援が，民間や自治体などで拡がりつつあります。元家庭裁判所調査官が在職中のノウハウを生かし，家族問題の相談に対応する面会交流の支援機関として，FPIC があります。FPIC は，葛藤に巻き込まれた子どもに寄り添い守る「安全基地」となり，子どもの発達を促す面会交流実現のために活動しています。

　ただ，これらの活動は，まだまだ数も少なく，地域も限定されており，質・量ともに充実を求める要望があると聞いています。同じ志の仲間が増えることと，ネットワークづくりへの行政の支援を期待しているところです。

医師や公認心理師等の臨床家との連携の重要性

　援助機関を利用せざるをえない事例では，親が面会交流開始そのものに納得できていない場合など，実施困難とみえる事例が少なくありません。しかし，子どもの現実を受け止める力，成長する力には驚かされますし，子どもと援助者との信頼関係が，困難な事態打開のカギとなることも少なくありません。継続こそ力，地道な積み重ねが先につながると信じ，支援を続けています。

　ただ，なかには，「家裁でもどこでも私の気持ちは受け入れてくれなかった」と被害感を払拭できない PTSD 様の状態の方，精神的な問題を抱えている方，子どももふくめ，紛争の影響で問題がより顕在化している方もおり，対応に苦慮しています。面会交流に理解の深い精神科の医師や臨床家が増え，連携できることを期待しています。

第13章 産業・労働領域の制度と法

この章では，労働者のメンタルヘルスに関連する法律を概説します。具体的には労働条件に関するルール，労働災害を防止するためのルール，多様な「はたらく」を支援するルールに大別できます。産業・労働領域では強制力の異なるさまざまなルールがありますが，それらの関係性を理解し，組織の側も労働者の側もルールを守って働くことを支援するという視点が不可欠になります。

1 労働者を取り巻く法律に関係する事例

事例　山田さんを取り巻く多様なストレスとメンタル不調

　ある日企業が提携する外部相談室に，泣きはらした顔をした山田さんが突然やってきました。

　「建築設備関係の企業に入社して9か月が経ちます。この会社初の女性総合職であり，同期も先輩も上司もすべて男性，女性は事務職だけです。会社の女性活躍の方針のなかで，女性総合職第一号の私への期待値は高く，同期のなかでも抜擢人事として，大型案件を担当することになりました。仕事はわからないことだらけですが，先輩には根気強く指導をしてもらっており，その点は非常に感謝しています。「あなたは非常に優秀と評価されて採用されているから，頑張って」と励まされるのですが，夜は毎日終電近くまで残業，朝も早く来て勉強をし，休日も新人レポートに追われていて，もうこれ以上頑張れません」と訴えます。残業は会社にいる時間だけでも月に100時間を超えていました。

　「そして何よりも辛いのが，毎晩のように前田副部長が「遅くなったからご飯を食べて帰ろう」と私だけを誘い，お酒の勢いかのようにみせかけて肩を組んできたり，頭を撫でてきたりすることです。最初のうちは我慢していたのですが，最近ではだんだん怖くなってきてしまい，今日はついに会社に行くことができずに，どうすればよいかと考えていたときに，会社で受けたストレスチェックの結果と一緒にこの相談室の案内が書かれていたことを思い出して，今日ここにきました」と涙ながらに訴えます。話

　を聞いた公認心理師の片桐さんは，山田さんに心療内科の受診を促し，受
　診の結果 3 か月の休職の判断がなされました。

　産業・労働領域は「はたらく」ことを支援する領域です（坂井，2021）。メ
ンタルヘルス不調が想定される相談であっても治療の話に終始せず，労働者が
「はたらく」ことを継続できるようにルールを踏まえた支援が求められます。
　この事例の支援を考える際には，①山田さんが働いている環境（労働条件）
にルール違反がないか，②業務上の負荷やストレスを原因とする不調を防止し
（労働災害の防止），働きやすい環境づくりをするような対策がなされているか，
③差別などのない平等な環境で働けるような取り組みがなされているか，の 3
つの方向性に関する法律を踏まえることが求められます。
　これらの法律の関係性を図13-1に示しました。以下，それぞれの内容につ
いて，順番に解説していきたいと思います。

図13-1　産業・労働領域の支援で押さえておきたいルールの全体像

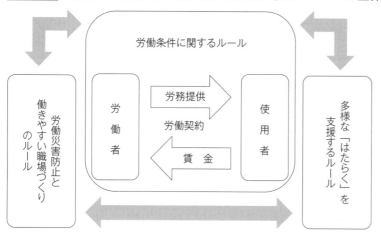

2 ｜ 労働条件に関する法律

1 　労働基準法

　労働基準法は，労働条件の最低基準について定めた法律です。日本国憲法第
27 条第 1 項には「すべて国民は，勤労の権利を有し，義務を負ふ」と，労働
に関する権利と義務を定めていますが，労働者と使用者の関係においては労働
者の方が弱者の立場に置かれやすい（不利な条件を強いられる可能性がある），
という問題があります。そこで同条第 2 項で「賃金，就業時間，休息その他

の勤労条件に関する基準は，法律でこれを定める」とし，労働者が人間らしい生活を営むことができるような労働条件の最低基準を定めた法律として，労働基準法が1947（昭和22）年に制定されました。

労働基準法には，「解雇制限」「賃金」「労働時間」「休憩」「休日」「時間外及び休日の労働」「時間外，休日及び深夜の割増賃金」「年次有給休暇」「就業規則」などが定められています。そして労働基準法から派生して，1959（昭和34）年に最低賃金法，1972（昭和47）年に労働安全衛生法がつくられています。

産業・労働領域の心理援助職として働くときに，労働基準法のなかでも特に理解しておくべき重要な内容が，時間外及び休日の労働について定めた，労働基準法第36条です。そもそも労働基準法の第32条では「使用者は，労働者に，休憩時間を除き一週間について四〇時間を超えて，労働させてはならない」と，時間外労働や休日労働を禁止しています。このような制約を取り除き，時間外・休日労働をするための例外について定めたものが第36条です。同条には「使用者は，当該事業場に，労働者の過半数で組織する労働組合がある場合においてはその労働組合，労働者の過半数で組織する労働組合がない場合においては労働者の過半数を代表する者との書面による協定をし，厚生労働省令で定めるところによりこれを行政官庁に届け出た場合においては，……その協定で定めるところによつて労働時間を延長し，又は休日に労働させることができる」と定められており，労働者の過半数を代表すると認められる者と「時間外・休日労働に関する協定届」（通称36協定届；サブロク協定届）を締結し，同協定届を労働基準監督署に届けることによって，時間外・休日労働は可能になります。

さらに時間外・休日労働の時間数は，月45時間，年360時間という上限が，2019年4月から大企業を対象に，2020年4月からは中小企業も対象に法的拘束力をもつようになっています。このような時間外・休日労働時間の原則を知っておくことは非常に重要ですが，現実には月に45時間以上の残業をしなければいけない状況に対する例外（特別条項）があったり，仕事の特性としてこのような労働時間の制約を適用しない仕事があったりします。時間外・休日労働の時間が多い状況があったときに，そこにルール違反が生じている可能性があるということに気づき，実態を判断できる会社の人事部などに確認を求める客観性が求められます。

そしてもう一つ，常時10人以上の労働者を使用する会社（使用者）は，就業規則を作成しなければなりません（労働基準法第89条）。就業規則には，始業及び終業の時刻，休憩時間，休日，休暇，賃金，退職に関する事項などを記載することが求められています。休職の期間や職場復帰の要件，ハラスメントの禁止に関する事項などが定められていることもありますので，働く人の支援

プラスα

特別条項

36協定届に特別条項を書き加えることで，①年6回まで，②年720時間以内（時間外労働の時間），③単月100時間未満（時間外労働＋休日労働の時間），④2～6か月の平均80時間以下（時間外労働＋休日労働の時間）の範囲での残業が可能となる。

をする際には，その人がどのような就業規則をもつ組織で働いているのかを理解することが必要です。

2 労働契約法

従業員が組織に雇用されて働くときには，労働契約という当事者間の合意に基づく約束事が取り交わされています。具体的には従業員は組織に対して労働を提供し，その対価として賃金を得るという約束事です。

労働契約についての法律として，**労働契約法**があります。労働契約法で理解しておくべき大事なポイントは，第5条に示されている安全配慮義務です。第5条には，「使用者は，労働契約に伴い，労働者がその生命，身体等の安全を確保しつつ労働することができるよう，必要な配慮をするものとする」と定められています。すなわち，使用者は労働の対価として賃金を支払うだけでなく，従業員が健康で安全に仕事をすることができるよう配慮する義務も同時に負っているということを示しています。また，労働者の側にも事業者が取り組む健康障害や労働災害を防止するための措置を守る義務（自己保健義務）がある，という考え方もあります（労働安全衛生法第26条）。

本節で取り上げた労働契約，就業規則，労働基準法は，働いている人たちを取り巻く労働条件に関する主だったルールです。労働基準法は労働条件の最低限を示すことで働く人を守る法律であり，労働契約や就業規則は働く人たちの権利を保障すると同時に義務を課すルールです。特に労働時間や給与や休日・休暇に関する相談を受けた際には，クライエントを取り巻くルールそのものが不適切なものでないかを客観的に確認しつつ，クライエントの問題に対して解決の支援をすることが求められます。

なおこれらのルールの効力関係について，就業規則は法令又は当該事業場について適用される労働協約に反してはならないとされており（労働基準法第92条），就業規則の基準より低い（悪い）条件で取り交わされた労働契約は，低い（悪い）条件の部分のみ無効となり，就業規則の基準が適用されます（労働契約法第12条）。

3 労働災害の防止と働きやすい職場づくりのための法律・指針

1 労働安全衛生法

労働安全衛生法は，**労働災害***を防止する活動等を通じて，労働者の安全と健

語句説明

労働災害
労働者の就業に係る建設物，設備，原材料，ガス，蒸気，粉じん等により，又は作業行動その他業務に起因して，労働者が負傷し，疾病にかかり，又は死亡すること（労働安全衛生法第2条）。

康を守り，働きやすい職場づくりとすることを目的とした法律であり，1972年に労働基準法から派生してつくられました。産業・労働領域で働く心理援助職の活動に密接に関わる法律であるといえます。

　労働安全衛生法は，労働災害防止計画，安全衛生管理体制，労働者の危険又は健康障害を防止するための措置，機械等並びに危険物及び有害物に関する規制，労働者の就業に当たっての措置，健康の保持増進のための措置，免許，事業場の安全・衛生に関する改善措置，監督，罰則等について定めています。

　理解しておくべき内容としてまずあげられるのは，同法第3章の「安全衛生管理体制」についてです。安全衛生管理体制では，心理援助職が組織のなかで支援をする際に連携し得る相手と場について説明がなされています（表13-1参照）。このなかでも特に重要なのは産業医です。メンタルヘルス不調者の支援においては，主治医は病気を治療することが目的であるのに対して，産業医は会社で働ける状態であるかを判断することが目的であると理解すると，産業医の役割がわかりやすいでしょう。また企業内で働く心理援助職は，その役割によっては衛生委員会や安全衛生委員会に参加を求められることがあります。

　そしてもう一つ，同法第7章の「健康の保持増進のための措置」についても重要です。健康診断（第66条の1），長時間残業時の医師による面接指導等（第66条の8），ストレスチェック（第66条の10），トータル・ヘルスプロモーション・プラン（第69条の1），メンタルヘルスケア（第69条の1），快適な職場づくり（第71条の2）などについて定められています。次に産業・労働領域の心理援助職として理解しておくことが必須である，「労働者の心の健康の保持増進のための指針」（メンタルヘルス指針）と，「心理的な負担の程度を把握するための検査及び面接指導の実施並びに面接指導結果に基づき事業者が講ずべき措置に関する指針」（ストレスチェック指針）について説明します。

2　メンタルヘルス指針

　正式名称を，「**労働者の心の健康の保持増進のための指針**」（2015年改正）といいます。この指針ではメンタルヘルスケアの原則的な実施方法等が定められており，事業者はこの指針に基づいて各事業場の実態に即した形での積極的な取り組みが推奨されています。具体的には「4つのメンタルヘルスケアの推進」「メンタルヘルスケアの具体的進め方」等について定められています。

① 4つのメンタルヘルスケアの推進

　図13-2に，指針において求められる4つのケアの関係性を示しました。心身の健康管理の基本は自助努力です。自分の健康状態に自分で気づき，対処法を知り，実際に対処するという「セルフケア」が求められます。しかしなかには自分のストレスに自分で気づけない人，わかってはいても対処できない人もいます。職場としてそういう人たちにいち早く気づき対処するのが管理監督者

192

表13-1　安全衛生管理における連携の主な「相手（人）」と「場」

人	
総括安全衛生管理者	・業種の区分に応じ，一定の規模の事業者において選任する ・事業の実施を総括管理する者が担当する ・安全管理者，衛生管理者を指揮し，業務の総括管理をする
安全管理者	・一定の業種において，常時 50 人以上の労働者を使用する事業場で選任する ・安全管理者になるためには，実務経験と講習受講が必要 ・健康障害や労働災害の防止に関する業務のうち，安全管理に携わる ・一定の規模以上では，少なくとも 1 人を専任の安全管理者とする必要
衛生管理者	・すべての業種において，常時 50 人以上の労働者を使用する事業場で選任する ・衛生管理者は専属であることが必要 　（2 人以上いるとき，うち 1 人は専属でなくてもよい） ・衛生管理者になるためには，実務経験と試験合格が必要 　（第一種と第二種の 2 つの資格があり，業種により必要な資格が異なる） ・健康障害や労働災害の防止に関する業務のうち，衛生管理に携わる ・一定の規模以上では，少なくとも 1 人を専任の衛生管理者とする必要
安全衛生推進者等	・安全衛生推進者等とは，安全衛生推進者と衛生推進者を指す ・常時 10 人以上 50 人未満の労働者を使用する事業場で選任する ・安全管理者の選任要件に該当する業種においては安全衛生推進者を，それ以外の業種においては衛生推進者を選任する ・安全衛生推進者等になるためには，実務経験と講習受講が必要 ・業務は安全管理者，衛生管理者と同様
産業医	・常時 50 人以上の労働者を使用する事業場で選任する ・常時 1,000 人以上の労働者を使用する事業場または特定の業務（危険作業，深夜業など）に常時 500 人以上の労働者を従事させる事業場の産業医は，専属であることが必要 ・常時 3,000 人を超える労働者を使用する事業場では，2 人以上の産業医を選任
場	
安全委員会	・安全管理者と同じ業種において，50 人もしくは 100 人以上（業種による）の労働者を使用する事業場で設置 ・月に 1 回以上開催し，議事録は 3 年保存 ・メンバー：総括安全衛生管理者もしくはそれに準ずる者（議長）1 名 　　　　　安全管理者　1 名以上 　　　　　当該事業場の労働者で安全に関し経験を有する者　1 名以上
衛生委員会	・常時 50 人以上の労働者を使用する事業場で設置 ・月に 1 回以上開催し，議事録は 3 年保存 ・メンバー：総括安全衛生管理者もしくはそれに準ずる者（議長）1 名 　　　　　衛生管理者　1 名以上 　　　　　産業医　1 名以上 　　　　　当該事業場の労働者で衛生に関し経験を有する者　1 名以上
安全衛生委員会	・安全委員会と衛生委員会の両方を設置しなければいけないときは，それに代えて安全衛生委員会を設置することができる

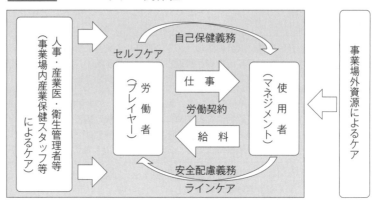

図13-2　4つのケアの関係性

（図中のテキスト）

人事・産業医・衛生管理者等（事業場内産業保健スタッフ等）によるケア

事業場外資源によるケア

自己保健義務
セルフケア
労働者（プレイヤー）

仕事
労働契約
給料

使用者（マネジメント）

安全配慮義務
ラインケア

による「ライン*によるケア（ラインケア）」です。

　職場のなかではセルフケアとラインケアの両輪で，メンタルヘルスケアがなされていくことが理想ですが，メンタルヘルス対策を職場任せにするのは現場に負担の高いことであるため，労働者や管理監督者の支援を行ったり，制度や体制づくりをしたりする，現場への側面支援が求められます。これが「事業場内産業保健スタッフ*等によるケア」です。

　会社のなかで，セルフケア，ラインケア，事業場内産業保健スタッフ等によるケアの3つを活用し，メンタルヘルスケアを行うことが基本です。しかし，なかには社内だけで対応していくにはノウハウがないことや，コストが高いと判断されることがあります。そのようなときには事業場外（社外）のリソースを活用しましょうという対応が「事業場外資源*によるケア」です。

　セルフケアは問題や不調発生の未然防止（一次予防），ラインケアは問題や不調の早期発見・早期対応（二次予防），事業場内産業保健スタッフ等によるケアは休職者の発生時の対応などの事後対応（三次予防）の側面が強いといえます。

②メンタルヘルスケアの具体的進め方

　4つのケアを具体的に推進する方法として，以下の取り組みを積極的に推進することが有効であるとされています。

- メンタルヘルスケアを推進するための教育研修・情報提供：
  （労働者/管理監督者/事業場内産業保健スタッフ等に対するもの）
- 職場環境等の把握と改善：
  （相談室の設置，労働時間の改善，ハラスメントの防止など）
- メンタルヘルス不調への気づきと対応：
  （ストレスチェック，管理監督者による相談対応など）
- 職場復帰における支援：

語句説明

ライン
日常的に労働者と接する，職場の管理監督者（上司その他労働者を指揮命令する者）をいう。

事業場内産業保健スタッフ等
事業場内産業保健スタッフ（産業医等，衛生管理者等および事業場内の保健師等）および事業場内の心の健康づくり専門スタッフ（精神科・心療内科等の医師，精神保健福祉士，心理職等），人事労務管理スタッフ等をいう。

事業場外資源
事業場外でメンタルヘルスケアへの支援を行う機関および専門家をいう。

プラスα

メンタルヘルス指針の内容を学ぶには
大阪商工会議所が行っているメンタルヘルスマネジメント検定が有効である。

（事業場の実態に即した職場復帰支援のプログラムの作成と運用）

　メンタルヘルス指針には，「誰と連携して誰に対して何をするのか」というメンタルヘルス対策の全体像が示されており，産業・労働領域での活躍を目指す心理援助職にとって基本中の基本の内容であるといえます。

3　ストレスチェック指針

　正式名称を，「心理的な負担の程度を把握するための検査及び面接指導の実施並びに面接指導結果に基づき事業者が講ずべき措置に関する指針」（2018年改正）といいます。2014年に前述の労働安全衛生法が改正され，ストレスチェック制度が創設されたことを機に定められました。ストレスチェックは従業員のメンタルヘルスに関する個人情報という，個人情報のなかでも特に機微な情報を取り扱うことになるため，実施について細かい取り決めが定められています。

　ストレスチェック制度全体の流れを図13-3に示しました。ここではストレスチェック全体の特徴を説明したうえで，事業者，労働者それぞれの立場で，理解しておくべき点を整理したいと思います。

　まずストレスチェック制度自体の特徴として，その目的が一次予防であるということがあげられます。病気の人を探し出すための制度ではなく，病気にならないように従業員のセルフケアの一助として活用されることが期待されています。ストレスチェックは「仕事のストレス要因」「心身のストレス反応」「周

プラスα

ストレスチェック制度の実施に関する具体的な進め方や具体例
「労働安全衛生法に基づくストレスチェック制度実施マニュアル」（厚生労働省，2021年改訂）を参照のこと。

職業性ストレス簡易調査票
ストレスチェック指針において推奨されている，ストレスに関する調査票。以下の厚生労働省ホームページが詳しい。
https://www.mhlw.go.jp/bunya/roudouki jun/anzeneisei12/（2022.11.2. アクセス）

図13-3　ストレスチェック制度の流れと公認心理師が関わり得る側面

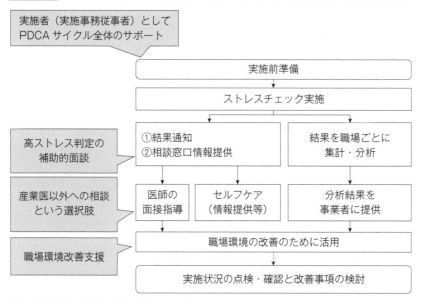

出所：厚生労働省（2016a改訂）をもとに作成

語句説明

実施者

医師，保健師または厚生労働大臣が定める研修を終了した歯科医師，看護師，精神保健福祉士若しくは公認心理師が実施者になることができる。

実施事務従事者

実施者のほか，実施者の指示により，ストレスチェックの実施の事務（個人の調査票のデータ入力，結果の出力または記録の保存（事業者に指名された者に限る）等を含む）に携わる者をいう。

参照

ストレスチェック制度における公認心理師の役割については，坂井(2020)（『公認心理師の職責』第13章）を参照。

囲のサポート」の3領域を含むことが必要であり，職業性ストレス簡易調査票（57項目）を利用することが推奨されています。

事業者にとって，ストレスチェックの実施は義務です。常時50人以上の労働者を使用する事業場において，年に1回以上のストレスチェックを実施することが義務づけられています（50人未満の労働者を使用する事業場においては努力義務です）。事業者は法律に基づきストレスチェックの基本方針を表明し，衛生委員会等において規定を定め，医師等を実施者*に指名し，実施者の指示のもとにストレスチェックを実施します。そして結果を実施者から直接本人へフィードバックさせ，その結果が高ストレスと認められ本人から申し出があった場合には医師による面接指導を実施し，面接指導を実施した医師から就業上の配慮の必要性について意見を聴き，その意見を勘案して適切な措置を講じます。また実施者にストレスチェックの結果の集団分析を行わせ，事業者はその結果を勘案し，必要に応じて適切な措置を講じることも努力義務となっています。

一方労働者にとっては，できる限りすべての労働者が受けることが望ましいという前提はあるものの，ストレスチェックの受検は義務ではありません。その理由として，すでにメンタルヘルス不調で治療中の人には受検の負担が高いということに配慮する意図があります。そして受検した結果に応じ，セルフケアや相談窓口に関する情報提供がなされます。なかでも高ストレスだった場合には，事業者に対して医師による面接指導を申し出ることができます。この申し出をした際には，申し出た人が高ストレスの結果だったのかを確認する目的で，この時にはじめて事業者によるストレスチェックの結果確認がなされます。なおストレスチェックを受けないこと，結果が高ストレスであること，医師による面接指導を受けないことや希望することなどを理由に，不利益な取り扱いをすることは禁止されており，安心して受検ができるようになっています。

産業・労働領域において，はじめて公認心理師が法律上に位置づけられたのがストレスチェック制度です（坂井，2019）。公認心理師は講習を受けることで，ストレスチェックの実施者になることができるようになりました。図13-3のなかの吹き出し部分に示したように，実施者でなくとも実施のサポートをしたり，産業医面談を補完する機能を果たしたり，高ストレス職場の職場環境改善を支援するなどさまざまな側面で専門性を発揮することができます。ストレスチェック制度自体は，常時50人以上の労働者を使用する事業場であれば病院でも学校でも実施が求められますので，領域を問わず公認心理師の活躍が期待できるといえます。

4 心の健康問題により休業した労働者の職場復帰支援の手引き

メンタルヘルス不調で休職してしまった人に対して職場復帰支援をするとき

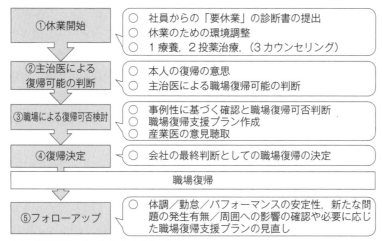

図13-4　職場復帰支援の流れ

①休業開始
- ○ 社員からの「要休業」の診断書の提出
- ○ 休業のための環境調整
- ○ 1 療養, 2 投薬治療, (3 カウンセリング)

②主治医による復帰可能の判断
- ○ 本人の復帰の意思
- ○ 主治医による職場復帰可能の判断

③職場による復帰可否検討
- ○ 事例性に基づく確認と職場復帰可否判断
- ○ 職場復帰支援プラン作成
- ○ 産業医の意見聴取

④復帰決定
- ○ 会社の最終判断としての職場復帰の決定

職場復帰

⑤フォローアップ
- ○ 体調／勤怠／パフォーマンスの安定性, 新たな問題の発生有無／周囲への影響の確認や必要に応じた職場復帰支援プランの見直し

出所：厚生労働省（2012改訂）をもとに作成

には,「心の健康問題により休業した労働者の職場復帰支援の手引き」(2012年改訂)に基づいて支援が行われます。この手引きは法律ではないのですが,メンタルヘルス指針のなかに示されている職場復帰における支援の実践のために,理解しておくことが非常に重要な内容です。この手引きでは,職場復帰支援の流れを5つのプロセスに分けて説明しています（図13-4参照）。

第1ステップは病気休業開始および休業中のケアです。「何の病気でいつからいつまで休む必要があるのか」について書かれた休業の診断書を主治医に書いてもらい,それを会社に提出することで,病気による休業は開始されます。病気休業中の支援は主治医を中心になされます。主治医による療養・投薬の治療と連携する形で,主治医が必要と認めるときには療養の仕方や気持ちの整理などを目的とした心理援助職によるカウンセリング支援が行われることもあります。

第2ステップは主治医による職場復帰可能の判断です。本人の職場に復帰したいという意思と,主治医の職場復帰可能の判断が出揃った時点がステップ2です。ここで注意が必要なのは,この時点での主治医の判断は「職場から離れた療養環境下においては,日常生活に支障がない程度に回復している」という判断であり,「職場というストレス環境下で,体調を崩さずに求められる業務遂行能力を発揮できる」状態を保障するものではないということです。

第3ステップは職場復帰の可否の判断および職場復帰支援プランの作成です。職場に復帰することができる状態であるかどうかについて,組織として責任をもって判断をするために,復帰できる状態かどうかの情報収集と評価を行います。具体的には,病気が回復しているかという疾病性[*]に基づく確認を前提に,会社に間に合う時間に起床し,身支度をし,遅刻せずに通勤できるかどうか,就業該当時間に家の外（図書館など）でインプット（仕事に関連する資料の

語句説明

疾病性
病気の状態かどうか,症状があるかどうかなど,専門家が判断する観点でクライエントを理解すること。

語句説明
事例性
仕事や生活などの環境との相互作用場面のなかで，「仕事でミスが発生している」「夫婦喧嘩が絶えない」など，客観的な事実として確認ができる支障・問題があるかどうかという観点でクライエントを理解すること。

プラスα
「まずは元の職場への復帰」の原則
たとえより好ましい職場への配置転換や異動であったとしても，新しい環境への適応にはある程度の時間と心理的負担を要し，そこで生じた負担により疾患が再燃・再発するリスクがあるといわれていることから，まずは元の慣れた職場で経過を観察することが望ましいとされている。しかし，そもそも元の職場への異動等が発症の誘因となっているケースや，元の職場での仕事に危険作業が伴う場合などには総合的な判断が求められる。

語句説明
職場復帰支援プラン
職場復帰をする労働者について，労働者ごとに具体的な職場復帰日，管理監督者の就業上の配慮および人事労務管理上の対応等の支援の内容を，当該労働者の状況を踏まえて定めたもの。

理解など）やアウトプット（レポート作成など）ができるか，日中の活動に支障をきたす眠気がないか，仕事で関わる人と問題なくコミュニケーションがとれるか，夜間や休日に疲労を回復することができるかどうかといった職業生活リズムの維持に関わることなど，事例性*に基づく確認がなされます。また休職に至るまでのストレス要因の振り返りや再発予防策の検討状況の確認，希望する復帰先（「まずは元の職場への復帰」という原則がある）や就業上の配慮の必要性の有無などについて確認することで，職場復帰支援プランを作成するための材料を得ます。

第4ステップは最終的な職場復帰の決定です。第3ステップまでに得た情報をもとに，最終的な職場復帰の判断をするのは組織です。ただし従業員の体調に関する判断になりますので，産業医がいる場合には産業医の意見を参考に，職場復帰は判断されます。すなわち第3ステップまでの主治医や心理援助職などの判断は産業医に集約されるように，情報収集することが求められます。

第5ステップは職場復帰後のフォローアップです。職場復帰は入念な事前準備をしていても，不測の事態が起こることがあります。職場復帰後の状態について，特に事業場内産業保健スタッフ等の健康管理の立場から，本人や上司にフォローアップを行い，必要に応じて産業医面談を勧めたり，職場復帰支援*プランのスケジュールの見直しを提言したりすることが求められます。

最後に，そもそもどのくらいの回復状態であれば復帰を認めるのかという判断の基準は，職場によりさまざまです。最初は半日勤務できればよいなどの段階的な復職を認める職場もあれば，定時の時間勤務ができなければ復職を認めないと高いハードルを求める職場もあります。職場復帰に関して事業場としてのルールをもつ場合には就業規則に記載することが通常ですので，それらのルールを確認のうえ支援することが求められます。ルールをもたない場合には，職場復帰支援の仕組みづくりのキーパーソンとして，心理援助職の活躍が期待されます。

5　過労死等防止対策推進法

過労死等防止対策推進法において「過労死等」とは，「業務における過重な負荷による脳血管疾患若しくは心臓疾患を原因とする死亡若しくは業務における強い心理的負荷による精神障害を原因とする自殺による死亡又はこれらの脳血管疾患若しくは心臓疾患若しくは精神障害をいう」（第2条）と定義されています。仕事に関連した脳血管疾患，心臓疾患，精神障害とこれらに起因する自殺や死亡（過労死という形の労働災害）をなくし，「仕事と生活を調和させ，健康で充実して働き続けることのできる社会の実現に寄与する」，ということがこの法律の目的です（第1条）。

具体的には，国に対しては「過労死等の防止のための対策を効果的に推進す

る」こと，地方公共団体に対しては「国と協力しつつ，過労死等の防止のための対策を効果的に推進するよう努め」ること，事業主に対しては「国及び地方公共団体が実施する過労死等の防止のための対策に協力するよう努め」ること，国民に対しては「過労死等を防止することの重要性を自覚し，これに対する関心と理解を深めるよう努め」ることを求めています（第 4 条）。また過労死等防止啓発月間の設定（第 5 条），過労死等防止対策大綱を政府が定めること（第 7 条），相談体制の整備等（第 10 条）についても言及されています。

6　心理的負荷による精神障害の認定基準

　職場でメンタルヘルス不調者や自殺者が発生してしまったときに，それが職場のストレスによる労働災害に該当するかどうかを判断する基準が「**心理的負荷による精神障害の認定基準**」（2020 年改正）です。認定の要件は，具体的には以下の 3 つです。

①対象疾病を発病していること。
②対象疾病の発病前おおむね 6 か月の間に，業務による強い心理的負荷が認められること。
③業務以外の心理的負荷及び個体側要因により対象疾病を発病したとは認められないこと。

　①の対象疾病というのは，主としてICD-10 の F2 から F4 に分類される精神障害と説明されています。
　②のポイントの 1 つ目は，メンタルヘルス不調者や自殺者が発生してしまったときには，過去半年間の勤務状況がチェックされるということです。ポイントの 2 つ目は，業務における強い心理的負荷の判断は二段階でなされているということです。第一段階として「特別な出来事」に該当する出来事があるかどうかの判断がなされます。この特別な出来事に該当することは，それだけで心理的負荷が「強」と判断されます。「特別な出来事」というのは，「心理的負荷が極度のもの（生死に関わり一生働けなくなるような業務上の病気やケガ，強姦等の本人の意思を抑圧して行われたセクシュアルハラスメントなど）」と，「極度の長時間労働（発症直前の 1 か月におおむね 160 時間，3 週間であれば 120 時間以上の時間外労働）」です。「特別な出来事」には該当しないと判断されるときには，第二段階として「具体的出来事」（表13-2参照）に当てはめることで，心理的負荷を総合評価します。
　「特別な出来事」に該当する，もしくは「具体的出来事」に当てはめた心理的負荷の総合評価が「強」に該当する場合に，③の業務以外の心理的負荷の要因が「ない」，個体側要因（働く前からの精神障害の繰り返しや重度のアルコール

プラスα
ICD-10 の精神障害の分類
ICD-10 の F2 から F4 は以下のとおりです。
F2：統合失調症，統合失調症型障害及び妄想性障害
F3：気分[感情]障害
F4：神経症性障害，ストレス関連障害及び身体表現性障害

表13-2	心理的負荷を判断する具体的出来事の類型

出来事の類型
① 事故や災害の体験
② 仕事の失敗，過重な責任の発生時
③ 仕事の量・質
④ 役割・地位の変化等
⑤ パワーハラスメント
⑥ 対人関係
⑦ セクシュアルハラスメント

出所：厚生労働省（2020）をもとに作成

依存状況など）が「ない」と判断されれば，その精神障害は労働災害であると認定されます。

4 | 多様な「はたらく」を支援する法律

1 男女雇用機会均等法

　男女雇用機会均等法の正式名称は「**雇用の分野における男女の均等な機会及び待遇の確保等に関する法律**」であり，雇用の分野における男女の平等を目指すとともに，働く女性の妊娠中・出産後の健康の確保を目的にしています（第1条）。

　心理援助職に関係の深い内容として，「性別を理由とする差別の禁止」「セクシュアルハラスメント（セクハラ）とマタニティハラスメント（マタハラ）等の防止の取り組み」が定められています。職場におけるセクハラ（同性やLGBTQに対する差別的な言動を含む）防止については，「事業主が職場における性的な言動に起因する問題に関して雇用管理上講ずべき措置についての指針」（2016a）に，職場におけるマタハラ等の防止については，「事業主が職場における妊娠，出産等に関する言動に起因する問題に関して雇用管理上講ずべき措置についての指針」（2016b）に具体的な内容が示されています。

　性別にかかわらずあらゆる差別をなくしていくという方向性を社会がもっているのはいうまでもないことです。心理援助職がこれらの問題に関わるときには，法の趣旨を十分に理解し，相談対応や研修などを通じて，今後のより良い職場づくりを目指していくことが重要です。差別やハラスメントの問題対応は

プラスα

LGBTQ
レズビアン（Lesbian；女性に性的関心をもつ女性），ゲイ（Gay；男性に性的関心をもつ男性），バイセクシュアル（Bisexual；男性にも女性にも性的関心をもつ人），トランスジェンダー（Transgender；出生時の身体的な性別とは異なる性別であると感じている人），クエスチョニング（Questioning；自分の性的なあり方を模索している人）の総称。

行為者を罰することに焦点があたりがちですが，そこだけで終わると職場がかえってギクシャクしてしまうので注意が必要です。

2　労働施策総合推進法

労働施策総合推進法の正式名称は「**労働施策の総合的な推進並びに労働者の雇用の安定及び職業生活の充実等に関する法律**」であり，労働者それぞれの多様な事情に応じた雇用の安定，職業生活の充実，労働生産性の向上を促進することにより，労働者の職業の安定と経済的社会的地位を向上させることを目的としています（第1条）。

この法律は2019年に改正され，パワーハラスメント（パワハラ）に関する防止対策を2020年6月から大企業において義務化，2022年4月から中小企業においても義務化し（第30条の2），「**職場におけるハラスメント防止対策**」はさらに強化されました。職場におけるパワハラ防止については，「事業主が職場における優越的な関係を背景とした言動に起因する問題に関して雇用管理上講ずべき措置等についての指針」（2020）に具体的な内容が示されています。

職場は仕事をする場所であり，そのためであれば厳しい指導もなされることがあると思います。指導する側の多くはプレイヤーも兼ねていて自分でも仕事をしているので，「どうしてわからないの？」「何度も言っているのに」など，ついつい気持ちがこもってしまうことがあります。このような「ネガティブな気持ち」と，仕事をできるようにするための「指導」が混ざると，深刻なハラスメント問題になりがちです。指導する側の余裕のない気持ちは，指導される側に向けても解決できません。指導する側もサポートを得ることで気持ちに余裕をもち，冷静に対応をしていくことが，個人の人格を尊重した適切な指導につながります。

3　障害者雇用促進法

障害者雇用促進法の正式名称は「**障害者の雇用の促進等に関する法律**」であり，障害者が自立的に，安定して職業生活を営めるようになることを目的としています（第1条）。この法律で意味する障害者とは身体障害，知的障害，精神障害（発達障害を含む），その他の心身の機能の障害があることで，長期にわたり仕事をするうえでの制限があったり，仕事をすること自体が難しい人を指します（第2条）。障害者も社会を構成する一員として，障害者なりのパフォーマンスを発揮してもらおうということが，基本的理念として掲げられています（第3条）。

障害者の雇用を促進するための機関として公共職業安定所，障害者職業センター，障害者就業・生活支援センター（通称ナカポツ）の役割等を定めていたり，障害者雇用率や特例子会社についてこの法律で定めているということを，

プラスα

障害者が働くことに関わるその他の法律

障害者が働くことへの支援という意味においてはほかに，障害者総合支援法（就労移行支援，就労継続支援），障害者差別解消法（合理的配慮），発達障害者支援法（発達障害者の就労の支援）などを理解しておくことも望まれる。

心理援助職として知っておくべきでしょう。

4 労働者派遣法

労働者派遣法の正式名称は，「**労働者派遣事業の適正な運営の確保及び派遣労働者の保護等に関する法律**」です。「労働者派遣事業の適正な運営」と「派遣労働者の保護」に分かれていますが，心理援助職に特に関わりが深いのは後者です。

組織で働くときの雇用形態は，大きく正規社員と非正規社員に分けることができ，非正規社員はさらに契約社員，嘱託社員，パートタイマー，アルバイト，派遣社員などに分かれています。これらのなかでも派遣社員の保護，雇用の安定，福祉の増進等を目的としています（第1条）。

派遣社員は派遣元の企業から派遣先の企業に派遣され，派遣先の企業で仕事をします。つまり所属している会社と仕事をする場所が異なる働き方です。派遣社員に対する責任は派遣元が負っていますが，実際の指揮命令系統や種々の管理は現場で行われており，目が行き届かない部分があるため，この法律において特例的に派遣先企業にも責任の分担を定めています。具体的には，労働時間・休憩・休日管理等は，派遣先企業が行います。なお，一般健康診断，ストレスチェックについては派遣元企業が行うことが求められます。

産業・労働領域では，法律の改正が頻繁になされますし，本章冒頭の事例を見てもわかるとおり相談者の問題に複数の法律が関連していることが多くあるので，難しくそしてわかりづらく感じられるかもしれません。すべてのルールを理解し，判断する必要はありませんが，「ルールを満たしていない部分があるかもしれない」ということを支援の際に意識し，相談者や組織に対して，ルールを守ることで達成しようとしている「より良い働き方」を目指した話し合いを促すことが，この領域における心理援助職の重要な役割の一つといえます。

プラスα
派遣労働者のストレスチェック
派遣労働者のストレスチェックに関する事項は，ストレスチェック指針に定められている。

考えてみよう

1. 事例の山田さんを支援するうえで，どの法律・指針・ルール等の，どの部分を理解しておくことが求められるでしょうか。考えてみましょう。
2. 事業場外資源によるケアにおける事業場外資源には，どのようなものがあるでしょうか。具体的に調べてみましょう。

🪶 本章のキーワードのまとめ

労働基準法	労働条件の最低基準を定めた法律であり，解雇の制限，賃金，労働時間，休憩，休日，時間外及び休日の労働，時間外，休日及び深夜の割増賃金，年次有給休暇，就業規則などについて言及されている。
労働安全衛生法	労働災害を防止する活動等を通じて，労働者の安全と健康を守り，働きやすい職場づくりをすることを目的とした法律である。
労働契約法	労働契約に関する基本的事項を定めた法律であり，なかでも労働者が心身ともに安全な状態で働けるように配慮することを使用者に求めた安全配慮義務（第5条）が重要である。
障害者の雇用の促進等に関する法律〈障害者雇用促進法〉	障害者が自立的に，安定して職業生活を営めるようになることを目的とした法律。
雇用の分野における男女の均等な機会及び待遇の確保等に関する法律〈男女雇用機会均等法〉	雇用の分野における男女の平等を目指すとともに，働く女性の妊娠中・出産後の健康の確保を目的とした法律。
労働者派遣事業の適正な運営の確保及び派遣労働者の保護等に関する法律〈労働者派遣法〉	労働者派遣事業の適正な運営と派遣労働者の保護を通じて，派遣労働者の雇用の安定と福祉の増進に資することを目的とした法律。
労働者の心の健康の保持増進のための指針	メンタルヘルス指針とも呼ばれ，企業におけるメンタルヘルス対策の全体像が示されている。4つのケアが継続的に行われることが重要とされている。
ストレスチェック制度	一次予防を目的としていて，50人以上の人が働く職場に実施義務がある。公認心理師は実施者になることができ，産業・労働分野以外でも関わる制度である。
過労死等防止対策推進法	労働災害をなくし，仕事と生活を調和させ，健康で充実して働き続けることのできる社会の実現に寄与することを目的とした法律。
労働災害	仕事が原因で労働者が怪我をしたり，病気をしたり，死亡したりすること。
心理的負荷による精神障害の認定基準	職場でメンタルヘルス不調者や自殺者が発生してしまったときに，それが職場のストレスによる労働災害に該当するかどうかを判断する基準。
労働政策の総合的な推進並びに労働者の雇用の安定及び職業生活の充実等に関する法律（労働施策総合推進法）	労働者それぞれの多様な事情に応じた雇用の安定，職業生活の充実，労働生産性の向上を促進することにより，労働者の職業の安定と経済的社会的地位を向上させることを目的とした法律。パワハラ防止について定められている。
職場におけるハラスメント防止対策	法律上，ハラスメント防止対策が求められているのは，セクハラ，マタハラ等，パワハラについてである。

コラム13 障害者雇用促進法

「障害者の雇用の促進等に関する法律」（以下「障害者雇用促進法」）は，障がい者の雇用促進と職業の安定，また職業生活における自立を図るため，具体的な雇用促進に関する措置を定めた法律です。障がい者本人への支援措置はもちろん，事業主の雇用義務が規定されています。障がい者の就労のかたちは大きく2つに分かれます。それは雇用契約をもとに一般企業や特例子会社，重度障害者多数雇用事業所などで働く一般就労と，福祉的支援を得ながら就労移行支援事業所や就労継続支援事業所などで働く福祉的就労です。前者は「障害者雇用促進法」，後者は「障害者総合支援法」で具体的な内容が定められていますが，ここでは，前者の障がい者の一般就労に関する「障害者雇用促進法」について理解を深めていきましょう。

本法律の歴史的変遷をたどると，現在までの背景を理解することができます。戦後の障がい者雇用は，「職業安定法」（1947）「職業訓練法」（1958）などの一般労働者の雇用施策の一部として始まり，その後障がい者独自に制定された法律は，身体障がい者を対象にした「身体障害者雇用促進法」（1960）でした。その16年後の1976年には，さらなる障がい者の雇用の定着を目指し，身体障がい者の雇用が事業主の義務となりました（法定雇用率制度）。これにより，事業主は労働者の一定割合の身体障がい者を雇うことを義務化され，法定雇用率を下回る場合は雇用納付金を徴収されるようになったのです。そして，それまで雇用率の算入対象であった障がい者の範囲が，身体障がい者だけでなく知的障がい者も適応されるようになりました。この適応範囲の変更に伴い，法律名も「障害者の雇用の促進等に関する法律」（1986）と改名され，10年後1996年の改正では，事業主に知的障がい者の雇用も義務化されることとなりました。実に身体障がい者の雇用義務化から20年後のことでした。さらに，障がい者雇用支援は拡充され，2002年の改正では，障害者就業・生活支援センター事業，職場適応援助者（ジョブコーチ）事業などが実施されるようになりました。そして，障害者雇用政策で一番遅れていた精神障がい者の雇用は，ようやく2006年の改正時に雇用率に算入が認められるようになり，その12年後の2018年の改正で，精神障がい者の雇用も義務化されるようになりました。これは身体障がい者雇用義務化から42年後のことです。現在の雇用対象の障がい者は，身体・知的・精神の障がいがあり，それぞれに身体障害者手帳，療育手帳，精神障害者保健福祉手帳を保持していることが必要になります。事業主が法定で定められた1.8%の雇用率は，2013年から引きあげられ，さらに今後も2.7%まで段階的に引き上げられる予定です。2023年現在，雇用率は従業員数43.5人以上の事業主に適用され，民間企業，国・地方自治体，都道府県の教育委員会などの事業主区分によって2.3〜2.6%まで幅があります。雇用率の算出では，特定短時間労働者はハーフカウント（0.5人）をしたり，重度障がい者にはダブルカウント（1人）をしたりするような規定も設けられています。そして，事業主が毎年の障がい者雇用報告を怠ったり，虚偽の報告をした場合は30万円以下の罰則規定があります。さらに従業員数100人超の事業主において雇用率が著しく低い場合には，ハローワークによる雇用計画の指導が実施されたり企業名が公表されたりします。別途障害者雇用納付金を支払う必要もあります。一方で，雇用率を超えて雇用している場合は障害者雇用調整金が支給されます。

このように本法律は，改正を重ねて障がい者雇用の拡大を図っています。事業主は，障がい者の雇用義務だけでなく，採用や待遇，教育や福利厚生等に関しても差別することが禁止され，一般労働者とともに均等な労働の機会を与え，障がいを理由とした不当で差別的な取り扱いをしてはならないとされています。また，「障害者差別解消法」（2016）で定められた合理的配慮の提供は，本法律においても定められており，そして直近の2020年の改正では，積極的に雇用する事業主に助成金（「特別給付金」）の支給や優良事業主への「もにす認定制度」が追加されました。このように「障害者雇用促進法」は，障がいを理由に働く権利が制限されることなく，多様な個性や能力を活かした労働の機会を促進し，障がい者と積極的に共生する社会をつくることを願って定められた法律なのです。

あらためて，なぜ 関係行政論を学ぶのか

> この章では，心の問題を扱う公認心理師が，なぜ関係行政論として「保健医療」「福祉」「教育」「司法・犯罪」「産業・労働」の5分野にわたる法律や制度を学ばなければいけないのかを検討します。心理支援は，当初は個人開業（プライベイト・プラクティス）モデルに基づく私的活動として始まりました。しかし，その後は生活支援モデル，生物ー心理ー社会モデル，コミュニティモデルなどに基づく公的社会サービスとして発展してきています。公認心理師は，心理支援を公的社会サービスとして提供し，国民の心の健康の保持増進に寄与することを目的としています。その公認心理師の活動目的が，幅広い関係行政論の学習とどのように関連しているのかをみていきます。

1 ｜ なぜ，関係行政論を学ぶのか

　公認心理師は，公認心理師法の第2条の第1項と第2項に規定されているようにクライエントが抱えている心理的問題を査定し，その問題の解決や改善を支援することを主な業務としています。通常，心理的問題というのは，個人が抱えている困りごとです。したがって，公認心理師は，個人の心理的な動きを知ることが重要であり，そのために知識や技能を習得すればよいと考えがちです。

　ところが，本書の各章で学んできたように公認心理師になるためには，個人の心理的動きとは関係のない法律や制度，つまり関係行政論を，多岐にわたり学ばなければなりません。公認心理師になるために学ぶ関係行政論の広範囲に及ぶ内容を知り，これでは法学部の授業ではないかと思った方もいるのではないでしょうか。

　では，心理査定*や心理支援*を主な業務とするのにもかかわらず，個人の心理とは一見関連がないと思われる関係行政論を学ぶのは，どのような理由からでしょうか。単純に国家資格になったからでしょうか。しかし，考えてみると，日本には，公認心理師以外にもたくさんの国家資格があります。それらの国家資格の多くは，必ずしもこれだけ多岐にわたる法律や制度を学ぶ必要はないのです。それでは，どのような理由で公認心理師は，このような多様な関係行政論を学ばなければいけないのでしょうか。

　本章では，公認心理師の業務のあり方を規定する活動モデルの観点から，そ

語句説明
心理査定
公認心理師法では心理査定を「心理に関する支援を要する者の心理状態を観察し，その結果を分析すること」と定義している。

心理支援
公認心理師法では心理支援を「心理に関する支援を要する者に対し，心理に関する相談に応じ，助言，指導その他の援助を行うこと」と定義している。

の意味をあらためて考えてみます。そうすることで，関係行政論を学ぶことの意義を認識することができると考えるからです。

2 ｜ 公認心理師法成立の意味

　2015 年に**公認心理師法**が国会で成立し，2017 年に施行されたことで心理職の国家資格化が実現しました。公認心理師が誕生したことは，日本の心理支援のあり方に根本的な変化をもたらしました。それまでは，日本の心理職は民間団体の認定制度によって規定されているだけでした。それが，国公認の資格である国家資格として社会制度のなかに正式に位置づけられることになったわけです（下山・慶野，2020）。

　しかし，公認心理師の誕生は，単に心理職の身分が民間資格から国家資格になっただけの変化ではありませんでした。同時に心理支援の方法が根本的に変化したのです。つまり，国家資格化によって心理支援の目的やモデルが変化し，それにともなって心理職になるために学ぶ知識と技能が大きく変わりました。そして，カリキュラムも新しいものとなりました。単に身分の変化にとどまらない，本質的な変化が起きたのです。

　このような変化は，心理職の活動モデルの変化といえるものです。この活動モデルの変化は，欧米の心理職においては，1990 年代に生じ，現在ではすでに定着したものとなっています（Llewelyn & Aafjes-van Doorn, 2017）。

1　「個人開業」モデルから「公共サービス」モデルへ

　臨床心理学の起源の一つにフロイト（Freud, S.）が創始した精神分析があります。精神分析は，クライエントが何らかの心理的問題（精神症状を含む）の改善や解決を求めて，セラピスト（精神分析家）が個人開業しているオフィスを訪れて治療を受けるというものでした。多くの場合，オフィスに来談して治療を受けるのは，クライエント一人であり，クライエントとセラピストが一対一で面接をする個人心理療法でした。

　このような心理支援の形態は，**個人開業（プライベイト・プラクティス）モデル**と呼ばれます。個人開業モデルでは，クライエントがセラピストのオフィスに来談し，個人契約を結び，個人心理療法を受けるという形態が基本となっており，心理支援は私的活動として行われていました（下山・石丸，2020）。

　日本では，1980 年代以降，夢分析や箱庭療法といった技法を用いるユング（Jung, C. G.）の分析療法が心理支援の主要な方法となっていました。ユングはフロイトの弟子で，精神分析の系譜に位置づけられており，心理支援の方法

プラスα

臨床心理士
日本における民間団体の認定制度によって規定された心理職の代表的資格として「臨床心理士」がある。臨床心理士は，1988 年に発足した日本臨床心理士資格認定協会によって認定された。同協会は，1990 年に文部科学省が認可する財団法人となり，2013 年に内閣府認可の公益財団法人に移行した。

プラスα

フロイト
医師で神経生理学者であったフロイトは，19 世紀後半にウィーンで神経症（特にヒステリー）の治療を行う個人開業を開始した。当初は，催眠療法によって治療を行っていたが，次第に自由連想法や夢分析などを用いる精神分析療法を創始した。

は個人開業モデルでした。したがって，公認心理師法が成立する以前の日本の心理支援では個人開業モデルが主流モデルであり，心理職の教育でもそのモデルに従って訓練プログラムが形成されていました。

　それに対して公認心理師法の条文では，本書第1章でみたように第1条で公認心理師の目的を「公認心理師の資格を定めて，その業務の適正を図り，もって国民の心の健康の保持増進に寄与すること」と規定しています。つまり，心理支援の目的は，「国民の心の健康の保持増進に寄与すること」と定義されたのです。これは，公認心理師の業務は私的活動ではなく，国民から付託された**公的社会サービス**であることが明確に示されたことを意味します。ここにおいて心理支援のあり方は，個人的な治療から公的社会サービスへと質的に転換が生じました。

2　医学モデルから生活支援モデルへ

　この転換は，単に心理支援が私的活動から公的社会サービスへと切り替わったというだけではありませんでした。心理査定や心理支援の中身にも本質的な変革をもたらしました。心理査定や心理支援においては，対象とする問題をどのように理解するのかが中心的課題となります。そして，その問題をどのように理解するかによって，心理支援において改善の方針が変わってくるのです。なお，心理支援の対象となる問題には，心理的な問題に加えて精神障害も含まれます。

　障害概念については，世界保健機関（World Health Organization：WHO）が1980年に，**医学モデル**に基づいて器質障害[*]（impairment），能力低下[*]（disability），社会的不利[*]（handicap）といった3つのレベルで構成される障害概念を提示していました。この障害概念では，器質障害が能力低下や社会的不利をもたらすことが前提となっており，器質障害を改善する医学的治療がまず優先されるものと位置づけられていました。

　その後WHOは，2001年に『国際生活機能分類——国際障害分類改訂版』を示し，新たな障害概念を定義しました。新たな障害概念では生活機能に注目し，器質障害である心身機能・身体構造の障害があっても，個人の心理や社会のあり方に関して工夫や支援をすることで，生活機能の内容や程度は改善されるとみなし

語句説明

器質障害
身体的レベルの問題で，形態面での損傷や生理的な異常によって発現する障害。

能力低下
個人差レベルの問題で，実生活上の行動の遂行が適切にできない事態。

社会的不利
社会レベルの問題で，その特性への理解や配慮不足から個人が受ける不利な状況。

図終-1　旧来の医学モデルに基づく障害概念

器質障害	・身体的レベル（主に脳）の問題で，形態面での損傷や生理的な異常（生物・身体的な制約） 例）精神障害，知能障害，発達障害，etc...
↓	
能力低下	・個人差レベルの問題で，実生活上の遂行の不全（心理・行動的な制約） 例）可動範囲の制限，集中力の減退，自信の欠如 etc...
↓	
社会的不利	・社会レベルの問題で，その特性への理解や配慮不足から個人が受ける不利（社会・生活的な制約） 例）行動の抑制によって，社会的活動（教育，仕事）の機会が限定される，対人関係の維持が困難になる etc...

医学中心モデルに基づき，器質障害を病因とみなし，身体・生理要素に介入する入院治療や薬物療法を優先し，心理社会的要素を軽視

ました。つまり，1980 年の医学モデルの障害概念では，器質障害の影響を固定的なものとみなしていました（図終-1）。それに対して 2001 年の**生活機能モデル**では，障害は固定的なものではなく，むしろひとつの個性とみなしました（図終-2）。そして，支援の目標は，障害のある人がそのような個性を抱えつつ生活しやすいように生活環境を改善し，積極的に社会参加できるように援助していくこととなりました（下山，2008）。

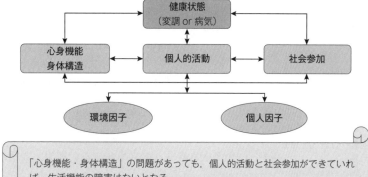

図終-2　新たな生活機能モデル

健康状態
（変調 or 病気）

心身機能
身体構造　　　個人的活動　　　社会参加

環境因子　　　　　　　個人因子

「心身機能・身体構造」の問題があっても，個人的活動と社会参加ができていれば，生活機能の障害はないとなる。

●個人因子（心理）や環境因子（社会）の変化で個人活動と社会参加は改善。
●心理社会的因子を変化させることで器質障害は固定的でなくなる。

　このような障害概念の変化は，心理支援の方向性に本質的な影響を与えるものでした。それまでは，心理支援の対象となる，精神障害がある場合には，医学モデルを前提とし，医学的治療を優先すべきという理解となっていました。しかし，2001 年に示された生活機能モデルでは，精神障害があったとしても，心理的因子や社会的因子を改善することによって生活機能は改善されるという，新たな理解が提示されたのです。

　したがって，心理支援の方針も，単純に医学的治療を優先するのではなく，生活機能の改善を優先するという方向転換が生じました。上述したように個人開業モデルが主流であった日本の心理支援においても，心理支援を公的社会サービスとする公認心理師法が施行されたことで，生活機能モデルが採用されることになりました。公認心理師法は，このような点でも日本の心理支援のあり方に本質的な変革をもたらしました。

3 | 公認心理師の活動モデル

　医学モデルから生活機能モデルへの転換のポイントは，前述のように障害理解において，それまで重視されていた生物的要因に加えて心理的要因や社会的要因が組み込まれたことでした。それは，"クライエント自身が自己の障害をどのように認知しているのか"という心理的要因や，"障害の発生・維持・悪化に関わる環境はどのようなものか"という社会的要因が注目されるようになったということです。心理的要因はクライエントの主体性の尊重に，社会的要因

語句説明

権利擁護
アドボカシー（advocacy）の日本語訳。個人や集団のニーズを理解し，それを代弁して社会に働きかけていく活動。

生物−心理−社会モデル
問題は，生物的要因だけでなく，心理的要因や社会的要因などが複合的に組み合わさって成立するという考え方。それによって医療職，心理職，社会福祉職などが連携や協働して問題解決にあたることの必要性が示された。

は社会生活の尊重につながりました。具体的には，主体性の尊重は，クライエントの権利擁護[*]，インフォームドコンセント（説明と同意）や説明責任の重視に結びつきました。社会生活の尊重は，生活の質（quality of life：QOL）の重視や心理社会的バリアフリーの促進に結びつきました。

1　「生物−心理−社会モデル」と連携・協働による支援

生物的要因と同等に心理的要因や社会的要因が重視されたことは，医学が問題理解の前提としていた生物モデルから**生物−心理−社会モデル**[*]に転換がなされたことも意味しています。その結果，支援の方法も本質的な変換がなされました。

生物−心理−社会モデルでは，生物，心理，社会の要因に関わる**多職種チーム**で連携・協働してクライエントの生活機能を高める介入や支援が前提となります。問題改善に向けて多職種がチームを組んで支援することも推奨されるようになりました。具体的には生物的要因については医療職や看護職，心理的要因については心理職，社会的要因については社会福祉職や行政職が連携や協働，さらにはチームによるサービスを提供することになります。

このような連携・協働の重視は，公認心理師法第42条で「業務を行うに当たっては，その担当する者に対し，保健医療，福祉，教育等が密接な連携の下で総合的かつ適切に提供されるよう，これらを提供する者その他の関係者等との連携を保たなければならない」と規定されています。この点で公認心理師には，各活動分野間の連携，職種間（多種職）の連携，関係者との連携，地域との連携といった多様な連携を義務づけられています。

2　「コミュニティ」モデルと関係行政論の学習

公認心理師では，これまで述べたように活動モデルが個人開業モデルから公的社会サービスモデル，そして生活機能モデルに変化しました。その結果，心理支援サービスは，クライエントが居住し働く社会的場，つまりコミュニティにおいて提供されるようになりました。その点で公認心理師には，**コミュニティモデル**が採用されています（高畠，2011）。

公認心理師法第2条第4項では，公認心理師の業務を「心の健康に関する知識の普及を図るための教育及び情報の提供を行うこと」と規定しています。これは，心の健康を高めるための積極的な啓発活動や，問題が起きないようにするための予防活動が業務に含まれることを示しています。個人ではなく，集団や地域を対象とした，心の健康の水準を高めるコミュニティモデルの活動となります。

また，コミュニティモデルでは，問題が生じている地域，あるいはその問題の対処を管轄する機関を通して心理支援サービスが提供されることになります。

このようにサービスを提供する地域や機関を管轄する単位が行政区分となります。そして，公認心理師が関わる領域は，具体的には「保健医療」「福祉」「教育」「司法・犯罪」「産業・労働」の 5 分野となります。そのため 5 分野の法律や制度を含む関係行政論を学ぶことが必要となります（髙坂，2021）。

公認心理師法第 2 条では公認心理師の職務を「保健医療，福祉，教育その他の分野において，心理学に関する専門的知識及び技術をもって，次に掲げる行為を行うこと」となっています。これは，5 分野において公認心理師の業務が実施されることを示しています。また，先に引用した公認心理法第 42 条においては，「保健医療，福祉，教育等が密接な連携の下で総合的かつ適切に提供される」となっています。したがって，公認心理師は，各分野の境界を超えて連携が重要となるので，5 分野全般の法律や制度などの関係行政論を幅広く学ぶことが必須となるわけです。

4 ┃ 発達障害支援における 法律と制度の役割

これまで公認心理師の活動では，個別分野を超えた法律や制度が関連することを説明してきました。それを受けて，ここで一例として「発達障害の支援」について取りあげてみましょう。**発達障害**[*]の支援は，公認心理師にとっては重要な業務となっています（下山，2018）。しかし，発達障害が，正式な診断分類に取りあげられたのは 1987 年の DSM-Ⅲ-R[*]であり，比較的新しい概念でした。そのため，当初はアセスメントの方法も支援法も定まらず，当事者やその家族は社会的に非常に不利な立場におかれました。そこで，政府は発達障害の理解と支援のための法律と政策を矢継ぎ早に定め，行政的な施策を展開しました。

発達障害者支援法が 2005 年に施行され，2006 年に障害者雇用促進法が改正され，2007 年には特別支援教育の推進を目的に学校教育法の改正がありました。2007 年には障害者権利条約に署名しています。また，発達障害支援と密接に関わる障害者虐待防止法が 2011 年に，障害者総合支援法が 2013 年に施行となりました。

発達障害支援のための法制度が整うのに伴って，国の施策としては支援体制の整備が重要な課題となりました。そこで，ペアレントメンターの養成，アセスメントツールの導入，ペアレント・トレーニングとソーシャルスキル・トレーニングの普及の整備を骨子とする事業が推奨されました。

さらに，2013 年に障害者差別解消法が成立し，2016 年には改正障害者雇用促進法とともに施行されることになりました。法律によって，発達障害を含

語句説明

発達障害
脳機能の特性を一次障害として，幼児期のうちから発生する行動面や情緒面に特徴がある状態。自閉スペクトラム症，注意欠如・多動症，学習症，チック症，吃音などが含まれる。適応困難が生じやすく，2 次障害としてさまざまな問題行動や精神症状を呈することがある。

DSM-Ⅲ-R
DSM とは，アメリカ精神医学会が出している Diagnostic and Statistical Manual of Mental Disorders の略語である。日本語訳は，「精神疾患の診断・統計マニュアル」となる。DSM-Ⅲ-R とは，その第 3 版の改訂版を意味する。

む障害者の差別禁止と合理的配慮が国民の義務として求められることになりました。合理的配慮とは，障害者が社会的活動にアクセスし，参加する際に不利にならないように，つまりイコールアクセスを可能にするための適切な配慮をすることです。

　このようにして現在では，公認心理師による発達障害の支援サービスは，5分野全体に関わるものとなりました。子どもであれば教育分野，成人であれば産業・労働分野などとなります。二次障害として精神症状がみられる場合は保健医療分野，生活支援が必要な場合は福祉分野，さらに社会的問題行動がみられる場合は司法・犯罪分野などとなります。

5 ｜ おわりに

　公認心理師の活動は，公的社会サービスとして提供されることが目指されています。そのため，法律や制度を前提とし，社会施策の一環として実施されることが多くなります。また，国民のニーズに応える社会的責任を果たすことも求められます。

　このように国家資格である公認心理師は，社会制度のなかで国民の心の健康の保持増進のために働く義務と責任を負うことになりました。そのような義務と責任を果たすために法律，制度，行政の仕組みを知り，それを前提として働く必要があるということになります。

考えてみよう

あなたが関心のある心理的問題や精神障害をひとつ取りあげてみましょう。そして，その問題や障害の解決や改善を支援する際に，どのような法律や制度が関わってくるのかを検討してみましょう。

🖋 本章のキーワードのまとめ

公認心理師法	2015 年に成立し，2017 年に施行された心理職の国家資格化のための法律。第 1 章　総則，第二章　試験，第三章　登録，第四章　義務等，第五章　罰則，附則から構成されている。
臨床心理士	公益財団法人日本臨床心理士資格認定協会によって認定される心理職の資格。日本臨床心理士資格認定協会は 1988 年に発足し，1990 年に文部科学省が認可する財団法人となり，2013 年に内閣府認可の公益財団法人に移行した。
個人開業（プライベイト・プラクティス）モデル	クライエントがセラピストのオフィスに来談し，個人契約を結び，個人心理療法を受けるという形態が基本となっている心理支援サービスのあり方。心理支援は私的活動として行われている。
公的社会サービス	営利目的の私的活動ではなく，国民から付託され，税金を用いて行政機関が実施するサービスを意味する。公認心理師法の条文では，第 1 条で公認心理師の目的を「公認心理師の資格を定めて，その業務の適正を図り，もって国民の心の健康の保持増進に寄与する」と規定している。したがって，公認心理師は，公的社会サービスとして心理支援を提供することを目的としたものであることがわかる。
医学モデル	身体的な形態面での損傷や生理的な異常によって発現する器質障害が能力低下や社会的不利をもたらすことを前提とし，器質障害を改善する医学的治療がまず優先されるものと位置づけるモデル。
生活機能モデル	WHO が，新たな障害概念を定義するため 2001 年に示した『国際生活機能分類──国際障害分類改訂版』に基づくモデル。生活機能に注目し，器質障害である心身機能・身体構造の障害があっても，個人の心理や社会のあり方に関して工夫や支援をすることで，生活機能の内容や程度は改善されるとみなす。障害は固定的なものではなく，むしろひとつの個性とみなすという特徴をもつ。支援の目標は，個性を抱えつつ生活しやすいように生活環境を改善し，積極的に社会参加できるように援助していくこととなる。
生物-心理-社会モデル	問題は，生物的要因だけでなく，心理的要因や社会的要因などが複合的に組み合わさって成立することを前提とする障害理解のモデル。それによって医療職，心理職，社会福祉職などが連携や協働して問題解決にあたることが示された。
コミュニティモデル	クライエントが居住し，働く社会的場，つまりコミュニティにおいてサービスを提供することを前提とするモデル。コミュニティモデルでは，問題が生じている地域，あるいはその問題の対処を管轄する機関を通して心理支援サービスが提供される。また，問題が起きてから対応するのではなく，問題が起きないようにするための啓発活動や予防活動が重視される。公認心理法では，集団や地域を対象として，心の健康の水準を高めるコミュニティモデルが採用されている。
多職種チーム	生物-心理-社会モデルに基づいて，生物，心理，社会の要因に関わる多職種が協働してチームを組み，クライエントの生活機能を高める介入や支援を行うこと。具体的には生物的要因については医療職や看護職，心理的要因については心理職，社会的要因については社会福祉職や行政職が協働してサービスを提供する。
発達障害	脳機能の特性を一次障害として，幼児期のうちから発生する行動面や情緒面に特徴がある状態。自閉スペクトラム症，注意欠如・多動症，限局性学習症，チック症，吃音などが含まれる。適応困難が生じやすく，二次障害としてさまざまな問題行動や精神症状を呈することがある。

引用文献・参考文献

●第1章

引用文献

橋本和明（2019）．犯罪心理鑑定の意義と有用性についての研究　花園大学社会福祉学部研究紀要，**27**，1-10.

中川高男（1989）．受任者の注意義務　幾代通・広中俊雄（編）　新版注釈民法（16）債権（7）雇傭・請負・委任・寄託（pp. 225-226）有斐閣

野島一彦（2018）．日本の臨床心理学　野島一彦・岡村達也（編）　公認心理師の基礎と実践 3　臨床心理学概論　遠見書房

参考文献

伊藤直文（2015）．心理臨床の倫理と社会常識　伊藤直文（編）　心理臨床講義　金剛出版

津川律子・元永拓郎（編）（2009）．心の専門家が出会う法律（第 3 版）　誠信書房

関根豪政・北村貢（編著）（2020）．体験する法学　ミネルヴァ書房

●第1章コラム

引用文献

村本詔司（2012）．職業倫理　伊原千晶（編著）　心理臨床の法と倫理　日本評論社

西島梅治（1973）．プロフェッショナル・ライアビリティ・インシュアランスの基本問題　有泉亨（監修）石田満・宮原守男（編）現代損害賠償法講座 8　日本評論社

●第2章

参考文献

道垣内弘人（2010）．プレップ法学を学ぶ前に（第 2 版）弘文堂

吉田利弘（2022）．元法制局キャリアが教える法律を読む技術・学ぶ技術　ダイヤモンド社

芦部信喜・高橋和之（補訂）（2019）．憲法（第 7 版）岩波書店

下山晴彦・岡田裕子・和田仁孝（編）（2021）．公認心理師への関係行政論ガイド　北大路書房

●第3章

引用文献

解説教育六法編修委員会（2019）．解説教育六法 2019（p.205）　三省堂

文部科学省　令和 2 年度児童生徒の問題行動・不登校等生徒指導上の諸問題に関する調査結果　https://www.mext.go.jp/a_menu/shotou/seitoshidou/1302902.htm（最終アクセス日：2022 年 11 月 30 日）

文部科学省　教育委員会の組織のイメージ　https://www.mext.go.jp/a_menu/chihou/05071301.htm（最終アクセス日：2022 年 11 月 30 日）

参考文献

相川裕（2015）．学校・教育に関連する法律的基礎知識と実践応用　森岡正芳ほか（編）臨床心理学，**15**（2），172-177.

藤井穂高（編著）吉田武男（監修）（2018）．教育の法と制度　ミネルヴァ書房

菱村幸彦（編著）（2015）．教育法規の要点がよくわかる本（新訂版）教育開発研究所

坂田仰・黒川雅子・河内祥子・山田知代（2017）．新訂第 3 版 図解・表解 教育法規　教育開発研究所

●第3章コラム

引用文献

小林英二・三輪壽二（2013）．いじめ研究の動向――定義といじめ対策の視点をめぐって茨城大学教育実践研究，**32**，163-174.

毎日新聞（2019）．いじめ防止対策推進法 改正案　対応「懲戒」賛否　重大事態を回避／現場が萎縮（2019 年 2 月 27 日東京朝刊）Retrieved from https://mainichi.jp/articles/20190227/ddm/041/010/043000c（最終アクセス日：2019 年 4 月 14 日）

阪根健二・青山郁子（2011）．全国各自治体でのいじめ増減傾向の推認といじめ研修の地域差・内容・定着度――教育委員会担当者への質問紙調査より　生徒指導学研究，**10**，47-56.

田中早苗（2007）．Q10 国公立の学校と私立の学校での，学校の負う責任の違いは？　三坂彰彦・田中早苗（編著）Q&A 子どものいじめ対策マニュアル――解決への法律相談（pp. 34-35）明石書店

戸田有一（2010）．児童・青年の発達に関する研究動向といじめ研究の展望　教育心理学年報，**49**，55-66.

戸田有一（2013）．いじめ研究と学校における予防実践支援　発達心理学研究，**24**，460-470.

著者不詳　公開年不詳　Veileder til opplæringsloven kapittel 9a--elevenes skolemiljø（教育法 9a のガイド　生徒の学校環境）

Retrieved from https://www.nfk.no/_f/p34/i22051624-8f32-4dff-bac7-68ba31dfc7f4/veileder_til_opplaringsloven_9a.pdf（最終アクセス日：2019 年 4 月 14 日）

● 第 4 章

引用文献

厚生労働省 社会・援護局障害保健福祉部企画課（2002）．「国際生活機能分類－国際障害分類改訂版－」（日本語版）の厚生労働省ホームページ掲載について https://www.mhlw.go.jp/houdou/2002/08/h0805-1.html（最終アクセス日：2019 年 4 月 13 日）

厚生労働省大臣官房統計情報部（2007）．生活機能分類の活用に向けて（案）──ICF（国際生活機能分類）：活動と参加の評価点基準（暫定案）．https://www.mhlw.go.jp/shingi/2007/03/dl/s0327-5l.pdf（最終アクセス日：2019 年 4 月 13 日）

厚生労働省障害保健福祉部企画課（2013）．障害者総合支援法について　保健師中央会議　平成 25 年 7 月 9 日　https://www.mhlw.go.jp/stf/shingi/2r98520000036ouk-att/2r98520000036ozu.pdf（最終アクセス日：2019 年 4 月 6 日）

厚生労働省 障害福祉サービス等報酬改定検討チーム（2018）．平成 30 年度障害福祉サービス等報酬改定の概要（案） https://www.mhlw.go.jp/file/05-Shingikai-12201000-Shakaiengokyokushougaihokenfukushibu-Kikakuka/0000193391.pdf（最終アクセス日：2019 年 4 月 28 日）

厚生労働省 社会・援護局障害保健福祉部 障害福祉課 地域生活支援推進室（2018）．市町村・都道府県における 障害者虐待防止と対応の手引き https://www.mhlw.go.jp/file/06-Seisakujouhou-12200000-Shakaiengokyokushougaihokenfukushibu/0000211202.pdf（最終アクセス日：2019 年 4 月 30 日）

厚生労働省 社会・援護局障害保健福祉部 企画課（2022）．障害者の日常生活及び社会生活を総合的に支援するための法律等の一部を改正する法律案（令和 4 年 10 月 26 日提出）概要　https://www.mhlw.go.jp/content/001000995.pdf（最終アクセス日：2022 年 11 月 30 日）

松井亮輔（2008）．障害者権利条約──採択までの経緯，内容，意義および批准への課題　精神神経学雑誌，110（12），1180-1185

文部科学省 障がい者制度改革推進会議（2010）．資料 3 － 3　障害者制度改革の推進のための基本的な方向（第一次意見） http://www.mext.go.jp/b_menu/shingi/chukyo/chukyo3/siryo/attach/1295934.htm（最終アクセス日：2019 年 4 月 6 日）

村瀬嘉代子ほか（2015）．厚生労働科学研究費補助金 厚生労働科学特別研究事業　心理職の役割の明確化と育成に関する研究　平成 26 年度 総括・分担研究報告書 https://mhlw-grants.niph.go.jp/niph/search/NIDD00.do?resrchNum=201405017A（最終アクセス日：2019 年 4 月 13 日）

内閣府（2015）．平成 27 年版 障害者白書　勝美印刷

内閣府（2016）．平成 28 年版 障害者白書　勝美印刷

二本柳覚（編著）（2018）．これならわかる＜すっきり図解＞障害者総合支援法（第 2 版）　翔泳社

野﨑和義（監修）（2018）．ミネルヴァ社会福祉六法 2018〔平成 30 年版〕ミネルヴァ書房

社会保険研究所（2021）障害者福祉ガイド（令和 3 年 4 月版）社会福祉保険研究所

上田敏（2005）．ICF（国際生活機能分類）の理解と活用が「生きること」「生きることの困難（障害）」をどうとらえるか　きょうされん

全国社会福祉協議会（2021）．障害福祉サービスの利用について（2021 年 4 月版）https://www.shakyo.or.jp/download/shougai_pamph/date.pdf（最終アクセス日：2022 年 11 月 27 日）

参考文献

中央法規出版編集部（2016）．改正障害者総合支援制度のポイント（平成 30 年 4 月完全施行）──新旧対照表・改正後条文　中央法規出版

菊池正治・清水教惠・田中和男ほか（編著）（2014）．MINERUVA 福祉専門職セミナー⑦　日本社会福祉の歴史 付・史料（改訂版）ミネルヴァ書房

内閣府（2021）．障害者白書令和 3 年版　勝美印刷

全国社会福祉協議会（2021）．障害者福祉サービスの利用について（2021 年 4 月版）https://www.shakyo.or.jp/download/shougai-pamph/date.pdf（最終アクセス日：2022 年 11 月 27 日）

● 第 4 章コラム

引用文献

文部科学省（2007）．「発達障害」の用語の使用について https://www.mext.go.jp/a_menu/shotou/tokubetu/main/002.htm（最終アクセス日：2023 年 1 月 22 日）

黒田美保（2018）．公認心理師のための発達障害入門　金子書房

● 第 5 章

引用文献

厚生労働省子ども家庭局家庭福祉課（2020）．令和 2 年度全国児童福祉主管課長・児童相談所長会議資料

厚生労働省雇用均等・児童家庭局（2017）．市区町村子ども家庭支援指針

厚生労働省雇用均等・児童家庭局（2018）．児童相談所運営指針

参考文献

中央法規出版編集部（編）（2017）．改正　児童福祉法・児童虐待防止法のポイント　中央法規

厚生労働省雇用均等・児童家庭局（2017）．児童家庭福祉の動向と課題

小口尚子・福岡鮎美（1995）．子どもによる子どものための「子どもの権利条約」　小学館

新たな社会的養育の在り方に関する検討会（2017）．新しい社会的養育ビジョン

●第6章

参考文献

『社会福祉学習双書』編集委員会（編）（2022）．高齢者福祉（社会福祉学習双書　第3巻）全国社会福祉協議会

介護支援専門員テキスト編集委員会（編）（2021）．介護支援専門員基本テキスト（九訂版）　長寿社会開発センター

認知症介護研究・研修仙台センター（2009）．施設・事業所における高齢者虐待防止学習テキスト　認知症介護研究研修仙台センター（https://www.dcnet.gr.jp/　学習支援／高齢者虐待防止教育関連　からダウンロード可能　最終アクセス日：2022年10月7日）

●第6章コラム

引用文献

厚生労働省（2018）．「地域共生社会」の実現に向けた包括的な支援体制の整備等について

参考文献

生活保護制度研究会（編）（2018）．生活保護のてびき　第一法規

●第7章

引用文献

島崎謙治（2011）．日本の医療——制度と政策　東京大学出版会

米村滋人（2016）．医事法講義　日本評論社

手嶋豊（2015）．医事法入門　有斐閣

参考文献

小松秀樹（2006）．医療崩壊——「立ち去り型サボタージュ」とはなにか　朝日新聞社

樋口範雄（2007）．医療と法を考える——救急車と正義　有斐閣

伊藤周平（2008）．後期高齢者医療制度——高齢者からはじまる社会保障の崩壊　平凡社

●第8章

引用文献

厚生労働省ホームページ（2011）．精神保健福祉法について　https://www.mhlw.go.jp/kokoro/nation/law.html（最終アクセス日：2022年11月18日）

橋本明（2016）．精神医療ミュージアム移動展示プロジェクト6　私宅監視と日本の精神医療史　都立松沢病院

呉秀三・樫田五郎（1918（2000））．精神病者私宅監置ノ実況及ビ其統計的観察．国立国会図書館デジタルコレクション

厚生労働省（2001）．身体拘束ゼロへの手引き　https://www.fukushihoken.metro.tokyo.lg.jp/zaishien/gyakutai/torikumi/doc/zero_tebiki.pdf（最終アクセス日：2022年11月18日）

参考文献

広田伊蘇夫（2007）．立法百年史——精神保健・医療・福祉関連法規の立法史　批評社

公益社団日本精神科病院協会（監修）（2015）．三訂　精神保健福祉法の最新知識——歴史と臨床実務　中央法規

岩上洋一・全国地域で暮らそうネットワーク（2018）．精神障害者の地域移行支援・地域定着支援・自立生活援助導入ガイド　金剛出版

●第8章コラム

引用文献

アルコール健康障害対策基本法（概要）PDF https://www.mhlw.go.jp/file/06-Seisakujouhou-12200000-Shakaiengokyokushougaihokenfukushibu/gaiyou_2.pdf（最終アクセス日：2023年1月15日）

参考文献

アルコール健康障害対策推進基本計画：厚生労働省（平成28年5月）https://www.mhlw.go.jp/file/06-Seisakujouhou-12200000-Shakaiengokyokushougaihokenfukushibu/keikaku_1.pdf（最終アクセス日：2023年1月15日）

依存症対策全国拠点機関設置運営事業実施要綱：厚生労働省（平成29年6月）https://www.mhlw.go.jp/file/05-Shingikai-12205250-Shakaiengokyokushougaihokenfukushibu-Kokoronokenkoushienshitsu/04_1.pdf（最終アクセス日：2023年1月15日）

●第 9 章

引用文献

日本公衆衛生協会 (2017). 我が国の精神保健福祉〈精神保健福祉ハンドブック〉平成 27 年度版　日本公衆衛生協会

岡田隆志 (2020). 都道府県の保健所における精神保健福祉業務の専従職員配置に関する調査　公衆衛生誌, 67 (9), 609-619.

厚生労働省　厚生労働白書＜平成 26 年版＞健康長寿社会の実現に向けて――健康・予防 元年　厚生労働省 https://www.mhlw.go.jp/wp/hakusyo/kousei/14/（最終アクセス日：2022 年 12 月 10 日）

(財) 健康・体力づくり事業財団　健康日本 21　http://www.kenkounippon21.gr.jp/（最終アクセス日：2022 年 12 月 10 日）

厚生労働省　在宅医療の推進について https://www.mhlw.go.jp/stf/seisakunitsuite/bunya/0000061944.html（最終アクセス日：2022 年 12 月 10 日）

三菱 UFJ リサーチ＆コンサルティング　2017　平成 28 年度 老人保健事業推進費等補助金 老人保健健康増進等事業 地域包括ケアシステム構築に向けた制度及びサービスのあり方に関する研究事業 報告書　https://www.murc.jp/sp/1509/houkatsu/houkatsu_01/h28_01.pdf（最終アクセス日：2022 年 12 月 10 日）

厚生労働省　受動喫煙対策　https://www.mhlw.go.jp/stf/seisakunitsuite/bunya/0000189195.html（最終アクセス日：2022 年 12 月 10 日）

参考文献

植村勝彦・高畠克子・箕口雅博・原裕視・久田満 (2017). よくわかるコミュニティ心理学（第 3 版）　ミネルヴァ書房

岡檀 (2013). 生き心地の良い町――この自殺率の低さには理由がある　講談社

隅田好美・藤田博志・黒田研二 (2018). よくわかる地域包括ケア　ミネルヴァ書房

●第 9 章コラム

引用文献

勝又 陽太郎 (2016). 第 2 章 自殺対策について　金子和夫 (監修) 津川律子・元永拓郎 (編) 心の専門家が出会う法律――臨床実践のために (pp. 16-23) 誠信書房

厚生労働省 (2022). 自殺総合対策大綱　厚生労働省　Retrieved from https://www.mhlw.go.jp/stf/taikou_r041014.html（最終アクセス日：2023 年 2 月 7 日）

●第 10 章

引用文献

壁屋康洋 (2012). 触法精神障害者への心理的アプローチ　星和書店

検察庁ホームページ　成人犯罪者処遇の流れ http://www.kensatsu.go.jp/gyoumu/keiji_jiken.htm（最終アクセス日：2019 年 1 月 28 日）

毎日新聞 (2017). 刑の一部執行猶予「施設で更生」約束破り続出　導入 1 年 https://mainichi.jp/articles/20171024/k00/00e/040/244000c（最終アクセス日：2018 年 12 月 24 日）

参考文献

林幸司 (2001). 精神鑑定実践マニュアル　金剛出版

五十嵐禎人・岡田孝之 (2019). 刑事精神鑑定ハンドブック　中山書店

内閣官房　再犯防止対策推進会議 https://www.cas.go.jp/jp/seisaku/saihanboushi/（最終アクセス日：2019 年 1 月 28 日）

●第 11 章

引用文献

法務省法務総合研究所 (編) 犯罪白書　平成 17 年版

法務省法務総合研究所 (編) 犯罪白書　令和 3 年版

参考文献

澤登俊雄 (1994). 少年法入門　有斐閣ブックス

門本泉 (編著) (2019). 司法・犯罪心理学　ミネルヴァ書房

須藤明 (2019). 少年犯罪はどのように裁かれるか　合同出版

●第 12 章

引用文献

総務省統計局・独立行政法人統計センター (2021). 令和 2 年人口動態統計　上巻　離婚第 10.4 表 離婚の種類別に見た年次別離婚件数及び百分率 (e-stat.go.jp)（最終アクセス日：2021 年 11 月 1 日）

参考文献

Wallerstein, J.S., Lewis, J.M., & Blakeslee, S. (2000). The Unexpected Legacy of Divorce: A 25 Year Landmark Study. New York: Hyperion. (ウォラースタイン, J.S., ルイス, J.M. & ブレイクスリー, S.　早野依子 (訳)

　　（2001）．それでも僕らは生きていく——離婚・親の愛を失った25年間の軌跡　PHP）

子どもの権利条約NGOレポート連絡会議（編）（2020）．子どもの権利条約から見た日本の課題——国連・子どもの権利委員会による第4回・第5回日本報告審査と総括所見　アドバンテージサーバー

Fuhrmann, G. S. W. & Zibbell, R. A. (2012). Evaluation for Child Custody. Oxford Univrsity Press. （フールマン, G.S.W. & ジーベル, R.A.　田高誠・渡部信吾（訳）（2016）．離婚と子どもの司法心理アセスメント　金剛出版）

●第13章

引用文献

厚生労働省（2012改訂）．「心の健康問題により休業した労働者の職場復帰支援の手引き」http://kokoro.mhlw.go.jp/guideline/files/syokubahukki_h24kaitei.pdf（最終アクセス日：2019年8月23日）

厚生労働省（2015改正）．「労働者の心の健康の保持増進のための指針」https://www.mhlw.go.jp/houirei/doc/kouji/K151130K0020.pdf（最終アクセス日：2021年8月19日）

厚生労働省（2016改正 a）．「事業主が職場における性的言動に起因する問題に関して雇用管理上講ずべき措置についての指針」https://www.mhlw.go.jp/file/06-Seisakujouhou-11900000-Koyou kintou jidou katei kyoku/0000133451.pdf（最終アクセス日：2021年8月19日）

厚生労働省（2016改正 b）．「事業主が職場における妊娠，出産等に関する言動に起因する問題に関して雇用管理上講ずべき措置についての指針」https://www.mhlw.go.jp/file/06-Seisakujouhou-11900000-Koyoukintou jidou kateikyoku/0000132960.pdf（最終アクセス日：2021年8月19日）

厚生労働省（2018改正）．「心理的な負担の程度を把握するための検査及び面接指導の実施並びに面接指導結果に基づき事業者が講ずべき措置に関する指針」https://www.mhlw.go.jp/bunya/roudoukijun/anzeneisei12/pdf/150511-2.pdf（最終アクセス日：2021年8月19日）

厚生労働省（2020）．「事業主が職場における優越的な関係を背景とした言動に起因する問題に関して雇用管理上講ずべき措置等についての指針」https://www.no-harassment.mhlw.go.jp/pdf/pawahara_soti.pdf（最終アクセス日：2021/08/23）

厚生労働省（2020改正）．「心理的負荷による精神障害の認定基準について」https://www.no-harassment.mhlw.go.jp/pdf/pawahara_soti.pdf（最終アクセス日：2021/08/23）

厚生労働省（2021改訂）．「労働安全衛生法に基づくストレスチェック制度実施マニュアル」https://www.mhlw.go.jp/content/000533925.pdf（最終アクセス日：2021年8月17日）

坂井一史（2019）．Q&A23　公認心理師はストレスチェックの実施者になれるか　平木典子・松本桂樹（編著）公認心理師分野別テキスト5　産業・組織分野（p. 128）創元社

坂井一史（2021）．産業・労働分野におけるチーム・アプローチ　熊野宏昭・下山晴彦（編）シリーズ「現代の臨床心理学」第3巻　臨床心理介入法　東京大学出版会

坂井一史（2020）．産業・労働分野で働く　下山晴彦・慶野遥香（編）公認心理師の職責　ミネルヴァ書房

参考文献

金子和夫監修　津川律子・元永拓郎（編）（2016）．心の専門家が出会う法律（新版）　誠信書房

大阪商工会議所（編）（2021）．メンタルヘルス・マネジメント検定試験公式テキスト　Ⅰ種マスターコース（第5版）　中央経済社

石嵜信憲（編著）（2013）．健康管理の法律実務　中央経済社

石嵜信憲（編著）（2020）．ハラスメント防止の基本と実務　中央経済社

●終章

引用文献

髙坂康雄（2021）．深堀り！関係行政論　教育分野　北大路書房

下山晴彦（2008）．臨床心理アセスメント入門　金剛出版

下山晴彦（監修）（2018）．公認心理師のための「発達障害」講義　北大路書房

下山晴彦・慶野遥香（編著）（2020）．公認心理師スタンダードテキストシリーズ1　公認心理師の職責　ミネルヴァ書房

下山晴彦・石丸径一郎（編）（2020）．公認心理師スタンダードテキストシリーズ3　臨床心理学概論　ミネルヴァ書房

高畠克子（2011）．臨床心理学をまなぶ5　コミュニティ・アプローチ

林　創（編）（2019）．公認心理師スタンダードテキストシリーズ12　発達心理学　ミネルヴァ書房

Llewelyn, S. & Aafjes-van Doorn, K. (2017). Clinical Psychology: A Very Short Introduction Oxford University Press. （下山晴彦（編訳）（2019）．臨床心理学入門　東京大学出版会）

参考文献

下山晴彦・岡田裕子・和田仁孝（編）（2021）．公認心理師への関係行政論ガイド　北大路書房

元永拓郎（編）（2020）．公認心理師の基礎と実践23　関係行政論（第2版）　遠見書房

Marzillier, J. & Hall, J. (1999). What is clinical psychology 3rd edition Oxford University Press（下山晴彦（編訳）（2003）．専門職としての臨床心理士　東京大学出版会）

このページでは，「考えてみよう」の回答例や回答するためのヒントを示しています。自分で考える際の参考にしましょう。

■**第1章**（11ページ）

　私たちの平穏な社会生活も多くの法律によって支えられています。多くの方は戸籍を持っています。これは，「出生届け」が戸籍法に基づいて提出されたからです。また，父母が婚姻関係にある中で出生届けがされた場合は，子は民法上の「嫡出子」（民法第772条）という身分を得ます。また，親には子どもを養育するための「親権」（民法第818〜824条）が定められています。

　両親が離婚した場合も戸籍法に基づいて離婚届けをしますし，離婚には，協議による場合（民法第763条）も裁判（民法第770条）あるいは調停（家事事件手続法第244条）による場合があります。両親が離婚しても，子どもは戸籍筆頭者（わが国の場合96％は父）の戸籍に入ったままなので，戸籍筆頭者でない親と同居して，そちらの戸籍に入るときには，家庭裁判所で「子の氏変更」の審判（家事事件手続法第160条）を必要とします。また，家族や親族が亡くなったときにも，戸籍法上の「死亡届け」が必要で，その後には，相続（民法第882条）が開始しますが，事情によっては相続放棄（民法第938条）をすることもできます。

　日常的なことでも，買い物をすれば，民法上の「売買」（民法第555条）行為をしていることになるので，何か不備や間違いがあれば，法律に訴える（られる）こともあります。買い物で被害に遭ったときには，消費者契約法，特定商取引法などいわゆる消費者保護法制による救済を求める方法もあります。これ以外にも，自分自身が交通事故を起こすと，民事責任や刑事責任がそれぞれ問われることがあります。

　このように，私たちはそれと意識しないまま，多くの「法律」に囲まれ，多くの場合はそれに守られて日常の生活を過ごすことができているのです。これ以外にも，病院に行く，学校に入るといった当たり前の経験の中で，実は法律に関わっているという事柄はたくさんあるはずです。

■**第2章**（25ページ）

1. 目次の構成は，法律によって細かい部分は異なっていますが，共通する部分があるはずです。冒頭に「総則」があり，その後，法制度に基づく関係機関についての規定，末尾のほうには費用や罰則についての規定が置かれています。さらに条文の見出しを眺めてみてください。たとえば「総則」には，法律の目的や定義，各機関の責務などの規定があります。それぞれの法律が，似たような内容と配列で構成されていることが見てとれるでしょう。この作業を通して，多くの条文によって構成される法律であっても，中身はどのようなことが書かれているのか，全体像が見えてくると思います。

2. 対象となる相談者や被援助者の生活状況を，教育，保健・医療，福祉，産業・労働，司法・犯罪のそれぞれについて，当てはまりそうな法制度を考えてみましょう。本書の目次や，各章の項目を眺めていると，該当する法制度が見つかるはずです。制度の細かい内容を調べる前に，検討すべき事柄の大枠を把握しましょう。

■第3章 (40ページ)

・法律そのものを見る機会はあまり多くないかもしれません。それだけに，教育基本法や教育に関する法を体系的にまとめた教育小六法を見てみると，新鮮な発見があると思います。ネットでの法律の検索には e-Gov 法令検索（https://elaws.e-gov.go.jp/）が便利です。
・いじめ防止基本方針は，各自治体や学校ごとにつくられています。共通する部分と，独自の取り組みの部分がありますので，いくつかを比較してみてください。そして，地域性や教育方針など，どんな背景があるのかを考えてみてください。
・どんな合理的配慮の例があるのかを考えることは，障害をもつ人が生活のなかでどんな困難に直面しているのかを知ることにつながります。周りの人たちのちょっとした努力で取り除ける社会的障壁も多いかもしれません。

■第4章 (57ページ)

歩道や駅のホームなどでよく見かける，点字ブロック（視覚障害者誘導用ブロック）について考えてみましょう。

点字ブロックは，視覚障害者が安全に移動するのを助けるものとして，1965年に日本で考案され，その後は海外でも取り入れられるようになりました。現在，点字ブロックについては，2006年に施行されたバリアフリー法に定められており，バリアフリー法を受けて策定されたガイドラインや，各自治体の条例等に基づいて設置されています。

あなたが道を歩いている時，向こうから白杖を使用する視覚障害者が一人でやって来るとしましょう。点字ブロックの上には自転車が置かれ，このままでは進路が妨げられる状態です。このような場面に遭遇した時，あなたならどうしますか。他にも，安全な移動が妨げられる場面において，どのようなことが考えられるでしょう。

視覚障害者にとって役に立つ点字ブロックは一方で，歩行に支障がある人や高齢者にとっては，安全な歩行を妨げる障壁となることもあります。法律に基づいて環境が整うことと同時に，的確な理解を基にささやかな気遣いがお互いにできると，障害の有無や健康状態にかかわらず，安全に安心して生活できる社会に一歩近づけるのではないでしょうか。

■第5章 (76ページ)

2000年に児童虐待防止法が制定され，以降，児童相談所の権限強化を中心に，介入と保護に関する制度強化を図ってきました。

世界の虐待防止の取り組みを俯瞰すると，80年代までの児童虐待への対応は，児童を危

害から保護することに焦点をあてた「児童保護」志向と予防に焦点をあてた「家族・児童福祉サービス」志向に世界は大きく分かれていました。アメリカやイギリスは前者を重視し、後者は北欧やドイツ、フランス等の取り組みが該当します。しかし 90 年代に入って、「児童保護」志向であったアメリカやイギリスでも、介入し保護しただけではその後経過も思わしくなく、重症化する前の段階で、家庭訪問等を行うなど予防的な支援が効果的との認識をもつようになりました。

　児童虐待が深刻化する背景に、子どもの貧困、家庭の孤立、家庭内 DV、親の精神疾患や薬物やアルコール問題、居所の頻繁な移動などがリスクとなることがわかってきました。早期支援は、虐待と関連するこうした家庭問題に早期に気づき、子どもへの必要な配慮や支援を開始することです。もちろん日本でも予防的な支援が必要として、市町村の子育て支援の強化や、母子保健分野での特定妊婦に対する周産期支援の強化が図られつつあります。しかし、児童虐待は介入と保護の権限をもっている児童相談所に任せていけばいいという認識は根強く、早期支援のための取り組みは不十分と言っていいでしょう。

　日本でも世界的な動向から学び、早期支援についての認識の共有と機関協働による予防的支援の充実強化が強く望まれます。このためには、市町村の子育て支援や母子保健だけでなく、保育所や学校など、日常的に子どものそばにいる支援者が、子どもへの配慮と支援を開始することです。市区町村に設置された要対協は、重要な協働支援の枠組みですが、縦割りの弊害等があり形骸化したところが多いのが現状です。虐待の重症化を防ぎ、早期支援のための地域の生きたネットワークの構築こそが重要となるでしょう。

■第6章 (94ページ)

1. 景子さんの希望、夫と娘ができること、サービスに期待することを整理しながら、皆が納得する最も良い支援方法を共有していくことが必要であり、その過程で意思決定や動機づけを支援することが重要です。

2. 地域で暮らしていくためには、医療・介護だけでなく、生活の基盤を支えたり、ちょっとした生活上の困難を支援したりすることが重要です。しかし、すべてを支援してしまうと自立を損ないやすい。自分でできることは、可能な限りその行動を継続することによって、生活の自立を保つことが促進されます。そのために、認知記憶機能の現況、自分でできることと難しくなっていること等をアセスメントし、動機づけが失われないような適切なレベルの目標設定をすることが必要です。

■第7章 (112ページ)

　まず、医師との関係に注意して公認心理師法を参照することが必要ですが、それだけでなく、他の医療従事者との連携にも気を配るべきです。

■第8章 （126ページ）

　まず前提として，個別面接をはじめとした心理支援を開始するにあたっては，支援の枠組みや利用上の設定などを患者さんに説明し，そして共有しておく必要があります。医療領域であれば，主治医をはじめとした多職種チームで治療の中で公認心理師も支援を行っていくことになるため，たとえば「面接中のお話で，治療上必要であると思われることは他のスタッフにも伝えさせていただきたい。その際には，あなたにもそのことを了解いただいた上でお伝えしていく」などと説明し，同意を得ていくかたちが考えられます。（参照：公認心理師法・第41条（秘密保持義務），および第42条（連携））

　しかし，その上でもこの例のように，患者さんから「他のスタッフには伝えないでほしい」と言われる場面に相対することがありえます。公認心理師としては，ともすれば職業倫理的なジレンマに陥る状況ともいえるかもしれません。こうした課題を考える際に指針の1つとなるのが，いわゆる生命医学倫理の四原則です（注：医療倫理，臨床倫理の四原則とも言われます）。「自律（自己決定）尊重」「無危害」「善行」「公正（正義）」の4つから成る倫理原則なのですが，この4つの視座に照らし合わせて「できるだけ最善と考えられる選択」を検討していきます。

　このケースであれば，まず患者さん自身が納得して服薬を選べる（あるいは選ばない）ことは「自律尊重」にあたるでしょう。一方で主治医が把握しないままに服薬中断に至ることが，病状や治療上「無危害」ではない懸念もあります。他方，そもそもなぜ患者さんが服薬を止めたいと考えているのかを聴いていくと，「実は副作用と，あとは眠気が辛くて。今はいいけど退院後の生活や，これから再就職することを考えた時に心配で……」というような話が出てくるかもしれません。このことを「善行」，言い換えれば患者さんの最善に沿って考えていくことと，前の「無危害」とが両立できる方策を，患者さんと共に見出していくことができれば，「自己決定」もまた尊重できるのではないでしょうか。また非自発的（もしくは法的強制力をもった）入院でスタートしたケースにおいては「公正」さが一層，その後の治療や支援の継続に大きく影響してくるものと思われます。

　このような判断や対応を，面接を担当している公認心理師自身が行っていくのはもちろんのこと，多職種チーム，そして患者さんと共に検討していくプロセスこそが，治療や支援の取り組みそのものとして非常に重要であると思われます。

　参考文献：Beauchamp, T. L. & Childress, J. F. (1st ed.1979) Principles of Biomedical Ethics. Oxford University Press（立木教夫・足立智孝（監訳）（2009）生命医学倫理（第5版）麗澤大学出版会）

■第9章 （141ページ）

1. はじめに，あなたが知っている心の健康課題を思い浮かべてみましょう。統合失調症，うつ病，依存症，認知症，職場や学校への不適応，ひきこもり，被虐待，DV，自殺，自傷……課題は多岐にわたり，そしてさらに増えつつあります。依存症を例にとれば，アルコール，薬物をはじめ，ギャンブル，窃盗症，インターネット，ゲームなど，対象者層も年齢も

広がりを見せています。

　こうした課題のある人への治療や支援はどのように行われているでしょうか。また，その家族等への影響は見過ごされていないでしょうか。さらに，こうした心の健康課題に対する社会一般の人々の理解は進んでいるでしょうか。偏見や誤解は解消へ向かっているでしょうか。さまざまな視点から考えてみましょう。

2.　少子高齢化が進行し，家族や地域社会も変容しつつある社会におけるこころの健康課題は複雑化しています。たとえば，ひきこもり支援における「8050問題」は，特定の家族成員の課題が時間経過とともに介護や孤立孤独の課題となって現れることを示しています。こうした多面的で複合化した課題に対しては一つの職種だけによる支援では必要なサービスを届けることは困難です。支援者たちはどのように連携協働し，各職種は支援のどの部分を担うことができるでしょうか。心理師の専門性，強みはどのような点でしょうか。

■第10章 (153ページ)

1.　本人の意思で来所して心理面接を行う場合には，比較的本人の動機づけが高く，本人の主訴に従って治療契約を結ぶことができるでしょう。一方で強制力がないため，本人が来所しなくなれば支援は中断します。犯罪行為やその要因を面接で取り扱うことに対し，本人が反発すると，強制力がなければ支援が中断することも少なくないので，公認心理師が本人の望まない話題に踏み込みづらくなることも生じます。逆に保護観察や医療観察法などの強制力のある場合，本人に治療動機づけが低く，拒否的になることも多い反面，本人の望まない話題に踏み込んだとしても法的な強制力が支援の中断を防いでくれます。また犯罪行為を起こした人に法的な強制力がはたらいている状況での支援では，本人の主訴を法的な要請（再犯防止など）とつないでいくことも求められます。よって，本人の意思で来所した場合には「今日はどのようなことでいらっしゃいましたか？」と主訴を尋ねることから始まりますが，たとえば犯罪を起こした後の保護観察であれば「今回保護観察処分となりました。ここでの面接では～」と制度による要請を説明し，「あなたはどう思いますか？」と本人の理解を引き出し，目標を共有することから始めることになります。

2.　覚醒剤を含む違法薬物の使用の問題について，公認心理師として関わる際には，「その薬物が，どのように機能していたか（どのような役割を果たしていたのか）」という視点をもって理解を深めていくといいでしょう。このクライエントは，夫婦関係においても職場においても，①相手にイライラすることがあるようですし，②そのイライラを相手に伝えるなどの解決よりは，なかったことにして忘れるために覚醒剤が役立っていたといえます。ということは，①相手にイライラしてしまう認知そのものに問題がありそうならばそれについて介入することや（たとえば，すべき思考が強すぎて，相手が自分の思うように動かないことについて不満をもつ傾向が明らかになれば，相手への要求水準を下げるような思考に修正するなど），②イライラの根本の問題に対して解決ができていない様子が伺えれば，対処のパターンを一緒に振り返り，対処行動を見直すことが必要でしょう。また，こうした問題は，

同居中のご両親などの家族関係，薬物再使用防止プログラム内の人間関係，新しい職場での人間関係でも出てくるはずです。近況を尋ねながら，こうした問題をクライエントと共有しながらプログラムを展開していくことが役に立つでしょう。

またクライエントはこれから仕事を探す予定ですし，将来的には一人暮らしの希望があります。保護観察官と連携して，協力雇用主などの協力を得て仕事を探したり，住居を探す手伝いもできるでしょう。薬物依存からの回復のために自助グループや地域の保健福祉センターで実施されているプログラム，民間団体のプログラムなどの情報を提供し，参加を検討してもらうのもよいでしょう。

■第11章（169ページ）

1．成人の場合は，刑法をはじめとする刑罰法令によって，犯罪に対する刑事罰が定められており，その刑に服することが一つの責任の果たし方（刑事責任），また，被害者からの請求に対して損害賠償などを行うのが二つ目の責任の果たし方（民事責任）になります。更に，法的なものではありませんが，名前が広く知られ，失職したりコミュニティから排斥されたりという社会的制裁もあり，これも当然受けるべき「責任」だという声があります。

さて，この「責任」をとるということは，立場，視点のとり方によってずいぶん違ってくるもので，それは成人でも同じことなのですが，とりわけ罪を犯したのが未成年である場合には，その差異の幅が大きくなるように思います。

ここには，おそらくたったひとつの正解はなく，各人の中でこの「幅」意識しながらも自分の態度・視点を作っていくことが大切だと考えますので，考えるために「問い」をいくつか提供してヒントにしたいと思います。

① 「被害者のことを考えたら厳罰に」と言われることがありますが，被害者の感情はそれほど単純なものでしょうか。極刑を望む被害者遺族がいる一方で，加害者の死刑を望まず「生きて悩み続けて欲しい」「いつか本当のことを話して欲しい」と語る遺族がいるのはのはなぜでしょうか。

② 社会の中で生きる場を失った人が，軽微な犯罪を繰り返して，「社会より居心地の良い」刑務所に入っていくような場合，これは罰になっているのでしょうか。

③ 懲役15年という判決は16歳の未成年と56歳の成人にとって，同じでしょうか。31歳と71歳で社会に戻る人の残された人生（失った時間）の重みは同じでしょうか。

④ 一度罪を犯した人は，その事実によって仕事を失い，名前をネット上で晒されるのはしようがないことなのでしょうか。社会にとって利益になるでしょうか。

⑤ 極めて過酷な環境で育った子どもが非行化し，罪を犯した場合，その子どもに責任を問い，厳しく処分することは罪の自覚を高めるでしょうか。

⑥ 過酷な環境に置かれ続けた子どもに目を向けなかった社会（学校，公的機関，地域社会）の「責任」はどこかで問われるでしょうか。

⑦ 収容された施設（少年院，刑事施設）の中で，ひどい扱いをされた人と手厚く再教育を

されてきた人とどちらの隣人になりたいですか。

⑧ あなたは，非行を犯した人について，「犯罪の責任を自覚して欲しい」「社会的責任を自覚できる人に成長して欲しい」という希望を持ちたいですか？「どうせ変わりはしない」「悪い人は一生出てきてほしくない」と考えますか？

2. この答えも，前の質問に挙げたヒントを通じて考えることができると思います。

① 予防的施策；「よい刑事政策はよい社会政策である」という言い方がされます。起きた犯罪への対応も大切ですが，犯罪が起きにくい社会を作ることは，遠回りのようでいて重要なものです。生育環境に恵まれず，心に傷を負う子ども達に目が行き届く社会（もしくは支援システム）をいかにして作るか，考えてみましょう。

子ども達への教育的働きかけ，問題を抱えた家族の発見と援助の方法を考えてみましょう。

② 非行者に対する施策；再非行を防ぐために必要な教育，社会的支援を充実すること，個々の子どもの抱えている問題に対応した丁寧な教育的働きかけの充実を考える方向性ととにかく厳しく取り締まり，処罰する方向性があると考えられます。どちらに親近感を持ちますか。

厳罰化は，処罰の厳しさそれ自体は非行への抑止効果を持たない。非行から離れつつある非行少年が，様々な支援を受けて，社会の厳しさを受け止める（責任を感じること）ができるようになって初めてその意味を理解できるものだという意見もあります。

■第12章（184ページ）

子どもを守ろうとして，大人たちがつく嘘（この場合は，離婚して会えなくなる親を「亡くなった」と説明すること）は，許されない偽善だ，と考えるのは当然のことです。しかし，あからさまに真実の一側面を子どもに突きつけることだけが，誠実なわけでもありません（例えば，「お父さんは浮気をして，家族を捨てていった」とだけ教えること）。父母が別れる背景は，実際にはもっと複雑なものです。子どもへの説明そのものが，家族を取り巻く文脈の中にあります。子どもの理解度や心情，説明を聞く子どもや，説明する大人を支える体制などの色々な事情の中で，適切な説明が定まってくることでしょう。

■第13章（203ページ）

1. 「夜は毎日終電近くまで残業」「休日も新人レポートに追われていて」「残業は会社にいる時間だけでも月に100時間を超」

→労働基準法第36条：時間外及び休日労働にルール違反はないか

→労働契約法第5条：会社・上司は従業員の安全や健康に配慮しているか

→所属企業の就業規則：始業時間・終業時間はどうなっているか

→メンタルヘルス指針：4つのケアが実行されているか

→心理的負荷による精神障害の認定基準：会社にとっての労災リスク

「毎晩のように前田副部長が『遅くなったからご飯を食べて帰ろう』と私だけを誘い，お酒

の勢いかのようにみせかけて肩を組んできたり，頭を撫でてきたりすること」

→所属企業の就業規則・コンプライアンスマニュアル・ハラスメント防止規定等：所属企業の個別のハラスメントに対するルールの確認

→セクハラ指針：副部長の言動はセクハラに該当する可能性があるか

→パワハラ指針：副部長の言動はパワハラに該当する可能性があるか

「会社で受けたストレスチェックの結果」

→ストレスチェック指針：ストレスチェック制度や結果の意味

「3か月の休職」

→所属企業の就業規則：所属企業の個別の職場復帰支援や病気休職のルールの確認

→心の健康問題により休業した労働者の職場復帰支援の手引き：職場復帰支援の一般的な考え方や流れの理解

2. メンタルヘルスに関し専門的な知識を有する各種の事業場外資源の例としては，以下などがあげられます。

・中央労働災害防止協会
・産業保健総合支援センター
・自殺対策推進センター
・精神保健福祉センター
・勤労者メンタルヘルスセンター
・地域障害者職業センター
・医療機関（精神科，心療内科）
・民間の EAP（Employee Assistance Program）企業

■ 終　章（212ページ）

　本章で一例として取り上げた発達障害の場合を参考として考えてみるのが良いでしょう。発達障害では，二次障害としてさまざまな問題行動や精神症状が発現します（林，2019）。その結果，子どもであれば教育分野，成人であれば産業・労働分野，二次障害として精神症状がみられる場合は保健・医療分野，生活支援が必要な場合は福祉分野，さらに社会的問題行動がみられる場合は司法・犯罪分野といったように複数の分野で心理査定や心理支援をすることになり，それぞれに関係する法律や制度が関わってきます。そのように一次的な障害や問題だけでなく，二次的な問題行動や精神症状も含めて，その問題がどの分野の法律や制度と関わっているのかを検討する必要があります。

執筆者紹介 (執筆順)

伊藤直文　(いとう・なおふみ, 大正大学名誉教授)
　　　　　編著者まえがき・第1章・コラム01・第11章・コラム11

岡田裕子　(おかだ・ゆうこ, 早稲田大学臨床法学教育研究所招聘研究員, 神楽坂ストレス
　　　　　クリニック臨床心理士・公認心理師) 第2章・コラム02・コラム07

卯月研次　(うづき・けんじ, 甲南女子大学人間科学部教授) 第3章

戸田有一　(とだ・ゆういち, 大阪教育大学教育学部教授) コラム03

西牧陽子　(にしまき・ようこ, 大正大学心理社会学部講師) 第4章

黒田美保　(くろだ・みほ, 田園調布学園大学人間科学部教授) コラム04

増沢　高　(ますざわ・たかし, 子どもの虹情報研修センター) 第5章

佐藤治美　(さとう・はるみ, バット博士記念ホーム) コラム05

内藤佳津雄　(ないとう・かつお, 日本大学文理学部教授) 第6章

渡邉秀明　(わたなべ・ひであき, 元杉並区杉並福祉事務所高井戸事務所
　　　　　生活保護担当ソーシャルワーカー) コラム06

岡島美朗　(おかじま・よしろう, 自治医科大学附属さいたま医療センター
　　　　　メンタルヘルス科教授) 第7章

淵上奈緒子　(ふちがみ・なおこ, 平川病院心理療法科科長) 第8章

檜原広大　(ひばら・ひろお, カウンセリングルームセコイア室長) コラム08

徳丸　享　(とくまる・あきら, 立正大学心理学部准教授) 第9章

勝又陽太郎　(かつまた・ようたろう, 東京都立大学人文社会学部准教授) コラム09

壁屋康洋　(かべや・やすひろ, 国立病院機構榊原病院主任心理療法士) 第10章

中島美鈴　(なかしま・みすず, 九州大学学術協力研究員) 第10章

須藤　明　(すとう・あきら, 文教大学人間科学部教授) コラム10

岡本潤子　(おかもと・じゅんこ, 帝京大学文学部准教授) 第12章

山口美智子　(やまぐち・みちこ, 公益社団法人家庭問題情報センター常務理事) コラム12

坂井一史　(さかい・ひとし, 住友商事グループ
　　　　　SCGカウンセリングセンターセンター長付) 第13章

隅谷理子　(すみたに・みちこ, 大正大学心理社会学部専任講師,
　　　　　キューブ・インテグレーション株式会社) コラム13

下山晴彦　(しもやま・はるひこ, 跡見学園女子大学心理学部教授) 終章

監修者

下山晴彦（しもやま・はるひこ，跡見学園女子大学心理学部教授）

佐藤隆夫（さとう・たかお，人間環境大学総合心理学部教授）

本郷一夫（ほんごう・かずお，東北大学名誉教授）

編著者

伊藤直文（いとう・なおふみ）
立教大学大学院文学研究科心理学専攻修士課程修了
現在：大正大学名誉教授，大正大学カウンセリング研究所顧問
主著：『心理臨床における実践的アセスメント』（単著）金剛出版，2022 年
　　　『心理臨床講義』（編著）金剛出版，2015 年

岡田裕子（おかだ・ゆうこ）
上智大学大学院博士後期課程満期退学（心理学専攻）
現在：早稲田大学臨床法学教育研究所招聘研究員
神楽坂ストレスクリニック臨床心理士・公認心理師
主著：『難しい依頼者と出会った法律家へ──パーソナリティ障害の理解と支援』（単著）日本加除出版
　　　2018 年
　　　『公認心理師への関係行政論ガイド』（編著）北大路書房，2021 年

下山晴彦（しもやま・はるひこ）
東京大学大学院教育学研究科博士課程中退，博士（教育学）
現在：跡見学園女子大学心理学部教授
主著：『公認心理師の職責（公認心理師スタンダードテキストシリーズ①）』（共編著）
　　　ミネルヴァ書房，2020 年
　　　『臨床心理学概論（公認心理師スタンダードテキストシリーズ③）』（共編著）
　　　ミネルヴァ書房，2020 年

公認心理師スタンダードテキストシリーズ㉓
関係行政論

2023 年 4 月 30 日　初版第 1 刷発行　　　　　〈検印省略〉

定価はカバーに
表示しています

監 修 者	下	山	晴	彦	
	佐	藤	隆	夫	
	本	郷	一	夫	
編 著 者	伊	藤	直	文	
	岡	田	裕	子	
	下	山	晴	彦	
発 行 者	杉	田	啓	三	
印 刷 者	坂	本	喜	杏	

発行所　株式会社　ミネルヴァ書房
607-8494　京都市山科区日ノ岡堤谷町 1
電話代表 (075) 581 - 5191
振替口座 01020 - 0 - 8076

© 伊藤・岡田・下山ほか，2023　冨山房インターナショナル・新生製本

ISBN978-4-623-08633-7

Printed in Japan

公認心理師スタンダードテキストシリーズ

下山晴彦・佐藤隆夫・本郷一夫　監修

全23巻

B5判／美装カバー／各巻200頁程度／各巻予価2400円（税別）

❶ 公認心理師の職責
下山晴彦・慶野遥香 編著

❷ 心理学概論
サトウタツヤ・佐藤隆夫 編著

❸ 臨床心理学概論
下山晴彦・石丸径一郎 編著

❹ 心理学研究法
三浦麻子・小島康生・平井　啓 編著

❺ 心理学統計法
星野崇宏・岡田謙介 編著

❻ 心理学実験
高橋康介・山田祐樹 編著

❼ 知覚・認知心理学
佐藤隆夫・金谷英俊 編著

❽ 学習・言語心理学

❾ 感情・人格心理学
内山伊知郎 編著

❿ 神経・生理心理学
宮川　剛・望月　聡 編著

⑪ 社会・集団・家族心理学
北村英哉 編著

⑫ 発達心理学
林　創 編著

⑬ 障害者・障害児心理学
本郷一夫・大伴　潔 編著

⑭ 心理的アセスメント
本郷一夫・吉田沙蘭 編著

⑮ 心理学的支援法
下山晴彦・森田慎一郎 編著

⑯ 健康・医療心理学
鈴木伸一 編著

⑰ 福祉心理学
渡部純夫・本郷一夫 編著

⑱ 教育・学校心理学
小野瀬雅人 編著

⑲ 司法・犯罪心理学
原田隆之 編著

⑳ 産業・組織心理学
島津明人 編著

㉑ 人体の構造と機能及び疾病
熊野宏昭 編著

㉒ 精神疾患とその治療
滝沢　龍 編著

㉓ 関係行政論
伊藤直文・岡田裕子・下山晴彦 編著

ミネルヴァ書房

https://www.minervashobo.co.jp/